从零开始
看懂盘口分析

林菊芳◎编著

图解
实战版

中国铁道出版社有限公司
CHINA RAILWAY PUBLISHING HOUSE CO., LTD.

U0649113

内 容 简 介

本书通过大量真实的股价走势进行实战分析，向读者介绍了各种股市行情下的个股走势分析技巧。

全书共9章，共计103项知识点，内容包括了解盘口基础知识、了解盘口要素、解密盘中买卖盘、掌握大盘盘口、认识K线及形态、看懂盘面量价关系、解读盘口的线与势、利用指标看盘以及分析主力意图。通过对本书的学习，读者可以快速掌握盘口信息，分析盘口数据，准确把握市场行情，及时做出正确的投资决策，获得收益。

无论是新进股民，还是股票投资爱好者，相信都可以在本书中学到看盘的基础知识以及实战技法，以便在之后的投资实战中从容应对股市变化。

图书在版编目（CIP）数据

从零开始看懂盘口分析：图解实战版 / 林菊芳编著 . —北京：

中国铁道出版社有限公司，2019.9

ISBN 978-7-113-26046-0

Ⅰ . ①从… Ⅱ . ①林… Ⅲ . ①股票投资—基本知识

Ⅳ . ① F830.91

中国版本图书馆 CIP 数据核字（2019）第 140038 号

书　　名：从零开始看懂盘口分析（图解实战版）
作　　者：林菊芳

责任编辑：张亚慧　　　　　　　　读者热线电话：010-63560056
责任印制：赵星辰　　　　　　　　封面设计：**MXK** DESIGN STUDIO

出版发行：中国铁道出版社有限公司（100054，北京市西城区右安门西街 8 号）
印　　刷：三河市兴达印务有限公司
版　　次：2019 年 9 月第 1 版　　　2019 年 9 月第 1 次印刷
开　　本：700mm×1000mm　1/16　印张：15.5　字数：229 千
书　　号：ISBN 978-7-113-26046-0
定　　价：55.00 元

版权所有　侵权必究

凡购买铁道版图书，如有印制质量问题，请与本社读者服务部联系调换。电话：（010）51873174
打击盗版举报电话：（010）51873659

如今，股票早已成为人们热衷的投资理财工具之一，其之所以受到投资者们青睐，原因在于其风险与收益适中，操作方法与难度适中，入市门槛较低，适合广大投资者。但我们发现，股票虽然能够使投资者们赚钱获益，在具体实战中却不是人人都赚得盆满钵满，有很多人遭受了巨大的经济损失。究其原因，除了个人投资炒股的心理之外，还有方式、方法的区别。很多投资者普遍存在跟风投资以及盲目追涨的情况。因此，炒股必须有理有据，有法可依。

炒股方法指投资者借助各类数据指标分析股市行情，研判后市走向。其中盘口为炒股中的重要信息，它不仅显示出了股票的各种信息，各类数据指标也暗藏了众多市场信息。所以投资者需要看懂盘口，掌握分析方法，准确把握股市行情。

本书就盘口的相关内容进行了详细介绍，帮助投资者快速掌握分析盘口的方法，以便投资者领会盘口的各种含义。

本书内容

本书共9章内容，主要从基础入门、了解动向、技术分析以及分析庄家这4个方面对盘口进行分析，并利用最新行情数据进行讲解，具体内容安排如下表所示。

部分	内容介绍
基础入门 （第1～2章）	本部分为看盘前的准备内容，主要介绍了盘口的基础知识，帮助投资者认识盘口，对盘口有一个初步印象
了解动向 （第3～4章）	本部分通过介绍买卖盘以及大盘盘口的相关信息，帮助投资者分析市场变化，快速掌握市场动向
技术分析 （第5～8章）	本部分主要介绍K线和形态、量价关系、盘口的线和势以及股市中各类指标的实际运用，对盘口进行技术分析，从而帮助投资者找到股票的买卖信号点
分析庄家 （第9章）	本部分主要介绍庄家的行为，包括建仓、洗盘、拉升以及出货，在了解庄家的真正意图之后，投资者可以紧跟庄家做出及时的买入卖出操作

本书特点

知识结构完整，内容全面

本书的知识结构完整，将原本零散的知识点进行了系统地整理与归纳，帮助读者在加深理解的同时，也对盘口知识有更全面、系统地掌握，并搭配图表，以帮助读者快速理解。

典型案例，实战解析

本书在介绍的过程中列举了大量最近行情数据的典型案例，运用相应的盘面知识对其进行技术分析，在帮助读者快速掌握知识的同时，加深对知识点的认识和理解。

以图展示，清晰直观

本书在实战讲解过程中配以具体的股价走势图，充分展示各类股市信息，并结合当前知识内容配以文字说明，使读者查看图片的同时，直观、清晰地了解盘中数据的变化。

NO.形式编写，碎片化学习

本书以NO.的方式进行编号，方便读者快速找到知识点的对应位置，进行快速地阅读与学习。每个NO.为独立的知识点，其内容量不大，读者可以利用碎片化的时间来进行学习，简单方便。

本书读者

无论是初入股市的新手，还是已在股市中投资多年的资深股民，相信都可以在本书中学到盘口分析的相关实战技巧，从而更好地把握盘口信息，敏锐察觉盘口变化，了解市场行情以及主力动向。

由于编者经验有限，加之时间仓促，书中难免会有疏漏和不足之处，恳请专家和读者不吝赐教。再则，股市有风险，投资需谨慎。

编　者

2019年6月

目录
CONTENTS

从零开始
看懂盘口分析

第 1 章

基础入门，新手看懂盘口必备

要想学会炒股，必先学会看盘。什么叫"盘"？怎么看盘？如何看懂盘口的各种技术信息？在看盘之前，我们需要了解一些与股市、看盘相关的基础常识，以便游刃有余，轻松入门炒股。

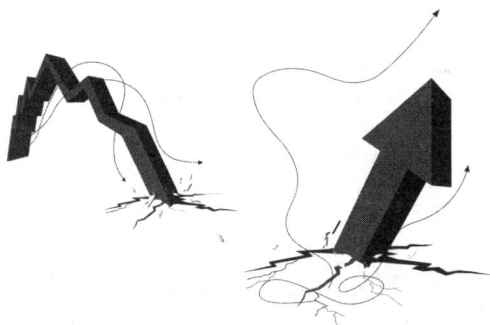

1.1 看盘必知股市术语

在看盘实操之前，一头雾水不知从何处入手的新人们，需要了解一些股票术语，为看盘奠定坚实的基础。

NO.001 股市入门概念

股票是股份证书的简称，它是股份公司为筹集资金而发行给股东作为持股凭证并借以取得股息和红利的一种有价证券。它可以转让、买卖或作价抵押。

我国上市公司的股票按照发行地的不同可以分为 A 股、B 股、H 股、N 股、S 股以及 L 股等，各自的含义如表 1-1 所示。

表 1-1　不同发行地点的股票的含义

股票类别	含义
A 股	A 股又被称为人民币普通股票，指由我国境内公司发行，供境内机构、组织或个人（不含台、港、澳投资者）以人民币认购和交易的普通股股票
B 股	B 股又被称为人民币特种股票，是中国境内上市的外资股。以人民币标明面值，以外币认购和买卖，是供境内外投资者买卖的股票
H 股	H 股也称国企股，指在内地注册，在香港特别行政区上市的外资股，因香港英文单词 "Hong Kong" 首字母为 "H" 而得名 H 股
N 股	N 股指在我国内地注册，在纽约上市的外资股，因纽约英文单词 "New York" 首字母为 "N" 而得名 N 股
S 股	S 股指在我国内地注册，在新加坡上市的外资股，因新加坡英文单词 "Singapore" 首字母为 "S" 而得名 S 股
L 股	L 股指在我国内地注册，在伦敦上市的外资股，因伦敦英文单词 "London" 首字母为 "L" 而得名 L 股

此外，沪深交易所对财务状况或其他状况出现异常的上市公司股票交易进行特别处理（Special Treatment），并在简称前冠以 "ST" 名称，这类

股票有如下几种。

- ◆ S——还没有完成股改。
- ◆ ST——公司经营连续两年亏损，特别处理。
- ◆ SST——公司经营连续两年亏损，特别处理并且还没有完成股改。
- ◆ *ST——公司经营连续 3 年亏损，退市预警。
- ◆ S*ST——公司经营连续 3 年亏损，退市预警并且还没有完成股改。

在人们约定俗成的称呼中，还有"白马股""蓝筹股""黑马股""妖股"等一些分类术语，各自的含义如表 1-2 所示。

表 1-2　股票分类术语指代的含义

股票分类术语	含义
蓝筹股	蓝筹是西方赌场中最为值钱的一种筹码，因而投资者把那些在其所属行业内占有重要支配性地位、业绩优良、成交活跃、红利优厚的大公司股票称为蓝筹股
红筹股	在中国境外注册、在香港上市的中资控股和主要业务在中国大陆的股票
白马股	这是指如"白马王子"一般优秀，业绩稳定优良，回报率高，具有较高的投资价值和成长性的，比蓝筹股略逊一筹的股票
黑马股	这是指投资者本来不看好，却忽然异军突起，价格大幅度脱离过去的价位在短期内大幅上涨的个股
龙头股	这是指某一时期起到领军作用，对同行业板块的其他股票具有影响和号召力的股票，它的涨跌会引起同行业板块的股票产生连锁反应
白菜股	指股票单价偏低，通常在 10 元以下的个股，白菜股通常分布于蓝筹板块，并不意味着没有投资价值
妖股	这是指暴涨暴跌、走势奇特、缘由不明的个股

在股票交易软件中，每一只个股以 6 位数的股票代码命名，例如个股郑州银行的代码为（002936），如图 1-1 所示，左侧一排个股都以不同的代码命名，这些数字都具有一定含义。

	代码	名称		涨幅%	现价	涨跌	买价	卖价	总量	现量	涨速%	?
1375	002936	郑州银行	N	0.52	5.80	0.03	5.79	5.80	170490	30	-0.16	
1376	002937	兴瑞科技	N	2.24	35.08	0.77	35.05	35.08	61263	1	0.37	
1377	002938	鹏鼎控股	N	2.14	25.83	0.54	25.82	25.83	74447	2	0.04	
1378	002939	长城证券	N	2.14	14.30	0.30	14.30	14.31	289648	10	0.28	
1379	002940	昂利康	N	-3.53	42.08	-1.54	42.08	42.13	21284	5	0.43	
1380	002941	新疆交建	N	-2.41	34.77	-0.86	34.75	34.76	65089	22	0.52	
1381	002942	新农股份	N	-4.79	31.98	-1.61	31.96	31.98	31645	1	-0.08	
1382	002943	宇晶股份	N	-1.82	37.25	-0.69	37.20	37.25	12492	6	0.08	
1383	002944	华林证券	N	0.92	14.19	0.13	14.19	14.20	217104	69	0.21	
1384	002946	新乳业	N	-2.86	17.69	-0.52	17.68	17.69	71500	16	0.34	
1385	002947	恒铭达	N	-3.81	44.45	-1.76	44.46	44.47	28896	72	-0.28	
1386	002948	青岛银行	N	0.67	7.49	0.05	7.48	7.49	194161	24	0.27	
1387	002949	华阳国际	N	-1.94	30.77	-0.61	30.76	30.77	45540	7	0.29	
1388	002950	奥美医疗	N	-4.89	35.40	-1.82	35.40	35.41	124412	38	-0.47	

行情报价　资金驱动力　资金博弈　　多股同列　综合排名　定制版面

分类　A股　中小　创业　CDR　B股　基金　债券　股转　板块指数　港美联动　自选　板块

图 1-1 股票代码

- ◆ 上海证券交易所的股票代码第一位是产品标识，第二、三位是业务标识，第四、五、六位是顺序编码区。

- ◆ 深圳证券交易所编码原则上有所差别，前两位为证券种类标识区，首位为证券产品的大类标识，第二位为证券产品大类下衍生的证券标识，后四位为顺序编码区。

小贴士 *怎样进行股票交易*

股票的交易单位为"股"，100 股 =1 手，委托买入数量必须为 100 股或其整数倍。股票交易时间是在工作日的上午 9:30 ~ 11:30 以及下午 13:00 ~ 15:00。股票交易是一种竞价交易，其原则为价格优先、时间优先。价格较高的买进委托优先于价格较低的买进委托，价格较低的卖出委托优先于较高的卖出委托；同价位委托，则按时间顺序优先。

在一个交易日内，除首日上市的股票以外，每只股票的交易价格相对上一个交易日收市价的涨跌幅度不得超过 10%，超过涨跌限价的委托为无效委托。在委托未成交之前，投资者可以撤销委托。

NO.002 了解盘口及其术语

要想了解盘口信息，投资者需要在专业的看盘软件中打开看盘窗口，通过切换到不同的窗口了解不同的数据信息。

例如在行情列表窗口的下方，系统根据股票的所属类型将其归类到不同的选项卡中，如中小板股、创业板股、B股等，单击对应的选项卡即可切换到相应类别的股票行情的列表窗口中，如图1-2所示为中小板股票的行情列表窗口。

	代码	名称		涨幅%	现价	涨跌	买价	卖价	总量	现量	涨速%
1	002001	新和成	R	2.23	17.89	0.39	17.88	17.89	238376	1969	0.28
2	002002	鸿达兴业	R	3.25	5.71	0.18	5.70	5.71	153.9万	13992	-0.51
3	002003	伟星股份		-0.26	7.55	-0.02	7.55	7.56	58625	842	0.27
4	002004	华邦健康	R	2.80	5.88	0.16	5.88	5.89	457590	4580	0.00
5	002005	德豪润达	R	-0.37	2.66	-0.01	2.66	2.67	279256	3690	0.00
6	002006	精功科技		-2.28	6.00	-0.14	5.99	6.00	96312	2570	0.17
7	002007	华兰生物	R	1.51	42.90	0.64	42.90	42.91	204465	4639	-0.01
8	002008	大族激光	R	1.66	40.30	0.66	40.29	40.30	148662	2071	0.05
9	002009	天奇股份		1.23	10.70	0.13	10.70	10.71	71245	2362	0.75
10	002010	传化智联		3.34	8.66	0.28	8.66	8.67	156577	5294	0.46
11	002011	盾安环境	R	-4.35	5.72	-0.26	5.71	5.72	326878	7506	-0.34
12	002012	凯恩股份		-1.35	5.12	-0.07	5.11	5.12	178322	1955	0.20
13	002013	中航机电		-1.16	7.67	-0.09	7.66	7.67	483248	3693	0.00
14	002014	永新股份		0.26	7.81	0.02	7.80	7.81	29696	262	0.51

| 行情报价 | 资金驱动力 | 资金博弈 | | | | | | | 多股同列 | 综合排名 | 定制版面 |

分类▲ A股 中小 创业▲ CDR▲ B股▲ 基金▲ 债券▲ 股转▲ 板块指数 港美联动 自选 板块▲

图1-2 中小板股票的行情列表窗口

小贴士 *股市中红绿不同颜色代表什么*

为了直接地查看股票的涨跌情况，在中国股市中，红色代表该股票当前状况为上涨，绿色代表该股票当前状况为下跌。

在行情列表窗口中，双击某只股票即可进入到其动态的图形窗口，如图1-3所示，它是分析盘面的主要窗口之一。

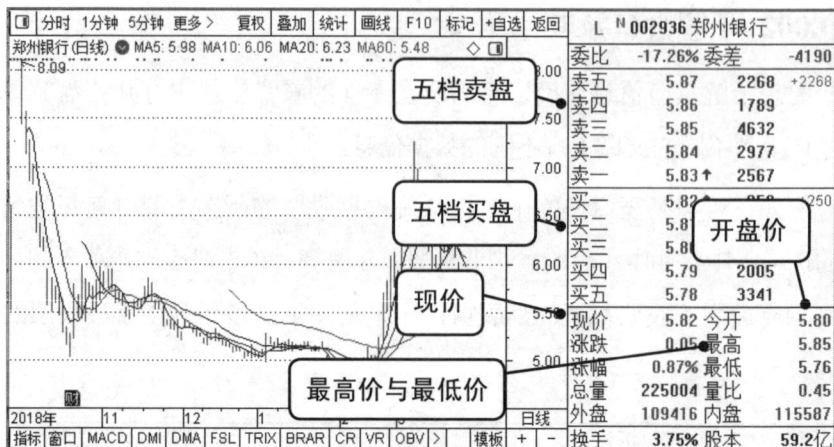

图 1-3 基础盘口数据

投资者在这个窗口中可以了解基础盘口数据，这是盘口中最原始的信息，所有其他衍生数据都是由这些数据通过一定的计算演变而来。基础盘口数据包括五档买卖盘、开盘价、收盘价、最高价、最低价以及现价。

这些基础盘口术语的含义如表 1-3 所示。

表 1-3　基础盘口术语指代的含义

盘口术语	含　义
五档买卖盘	五档买卖盘分为五档买盘和五档卖盘，是指 5 个委托买入价和 5 个委托卖出价。它们都按委托价高低顺序排列而定，因此分别分为买一、买二、买三、买四和买五；卖一、卖二、卖三、卖四和卖五。买一是最高的委托买入价，卖一是最低的卖出委托价
开盘价	指一只股票在当天交易活动中第一笔交易的成交价。开盘价是一天交易活动的开始，它往往起着开局的作用。如果当日开盘价高于昨日收盘价，则称之为高开，显示市场早盘人气较旺；如果当日开盘价等于昨日收盘价，则称之为平开，显示市场早盘人气一般；如果当日开盘价低于昨日收盘价，则称之为低开，显示市场早盘人气较弱。但仅凭此还不能断定当日全天的人气，只能说明开盘时的情况

续表

盘口术语	含 义
收盘价	指某只股票在当天交易结束前最后一笔交易的成交价。如果当日未成交，则选取最近一次的成交价作为收盘价。将收盘价与当天开盘价对比可以了解市场当天的强弱。同时，当天的收盘价也可以作为下一天开盘价的依据。因此，收盘价在盘口信息中的地位十分重要
最高价	指当日盘中股票的最高成交价格
最低价	指当日盘中股票的最低成交价格
现价	指股票最近成交的一笔交易价格。现价会随着时间的变化而不停变动，直至收盘

除此之外，还有一些投资者需要掌握的盘口术语如下所示。

◆ **震盘**：指股价在一天之内涨跌变化大。

◆ **崩盘**：股票大量被抛出，导致股价下跌。

◆ **红盘**：今日收盘价高于昨日收盘价。

◆ **股本**：也称股份资本，它是经公司章程授权、代表公司所有权的全部股份。

◆ **净资**：每股股票代表的公司净资产价值，每股净资产值越大，表明公司每股股票代表的财富越雄厚。

NO.003 盘口衍生信息

盘口的衍生信息包括：买手、卖手，如图1-4所示。内盘、外盘、委比、委差、量比、换手率，如图1-5所示。它们是将盘口基础数据通过一定的统计方法和数学计算公式进行演算得来的，是基础信息的补充。

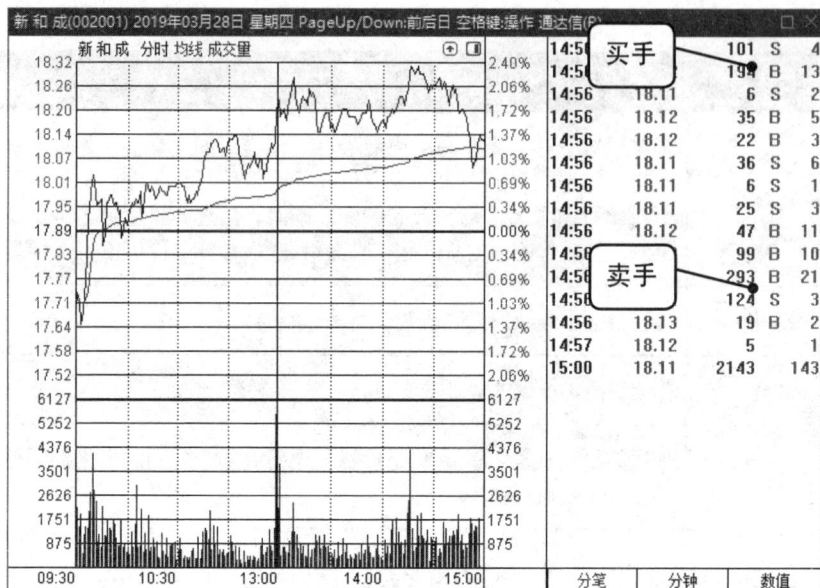

图 1-4 盘口衍生数据一

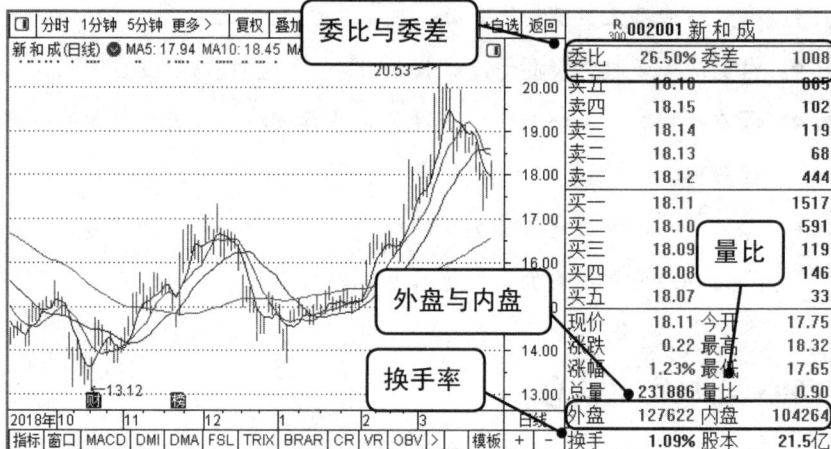

图 1-5 盘口衍生数据二

盘口衍生信息能够将一定时间内的盘口基础数据的变动情况，以最直观的形式进行显示，从而方便投资者研究股价的变动规律和趋势，是基础盘口信息的扩展和深化。

从图 1-5 中可以看出，委比与委差显示在行情界面右顶端，内外盘和量比显示在右侧中间部位，与最高价、最低价和开盘价显示在一个框内。换手率显示在右下端的方框内。

下面将对图 1-4 和图 1-5 中的各信息进行具体解释。

◆ **买手**：比最新价低 5 个价位以内的 5 个买入手数之和。

◆ **卖手**：比最新价高 5 个价位以内的 5 个卖出手数之和。

◆ **内盘**：以买入价格成交的数量，又称主动性卖盘，即卖方主动以低于或等于当前买一、买二、买三等价格下单卖出股票时成交的数量。内盘代表市场中主动卖出的力量。

◆ **外盘**：以卖出价格成交的数量，又称主动性买盘，即买方主动以高于或等于当前卖一、卖二、卖三等价格下单买入股票时成交的数量。外盘代表市场中主动买入的力量。

◆ **委比**：是衡量买卖盘在某一时间段相对强弱的指标。委比等于委买手数与委卖手数之差除以委买手数与委卖手数之和后得出的比值，再将其乘以 100%。若委比为正值，则说明买盘较为强烈；若委比为负值，则说明卖盘较为强烈。

◆ **委差**：即委买与委卖的差值。若该指标为正值，说明买方较为强势，股价可能上涨；若该指标为负值，说明卖方较为强势，股价可能下跌。

◆ **量比**：是指股市开市后平均每分钟的成交量与过去 5 个交易日平均每分钟成交量之比。量比是衡量相对成交量的指标。当量比大于 1 时，表示股价近期交易较为活跃；当量比小于 1 时，表示股价近期交易冷清。

◆ **换手率**：是指某一时期内成交量与发行总股数的比值，又称"周转率"。它反映了某一时间段股票成交的活跃程度。若换手率较低，则表明股票买卖转手频率低，市场交投不活跃；若换手率较高，则表明股票买卖转手频率高，市场交投活跃。

小贴士 *盘口基础信息与衍生信息的差异*

盘口基础信息只能显示某一时段、某一时间点上的股价情况，行情在不断运行，它也随之变动。而衍生盘口信息是通过一定的计算公式得出来的线型指标，该指标根据每日的行情变化而不断更新，更加平稳，且具有概括性和总结性。

1.2 看盘必知分时图信息

分时图是指大盘和个股的动态即时分时走势图，由于分时图展示了股价每分钟的即时价格动态，因此属于看盘时必须要知晓的股票信息。看分时图究竟应该怎么看呢？下面将进行详细介绍。

NO.004 了解大盘分时图

大盘分时图是指大盘指数在一天内每分钟的动态指数走势图，它反映了大盘指数一天内的运行状况，如图 1-6 所示为上证指数分时图。

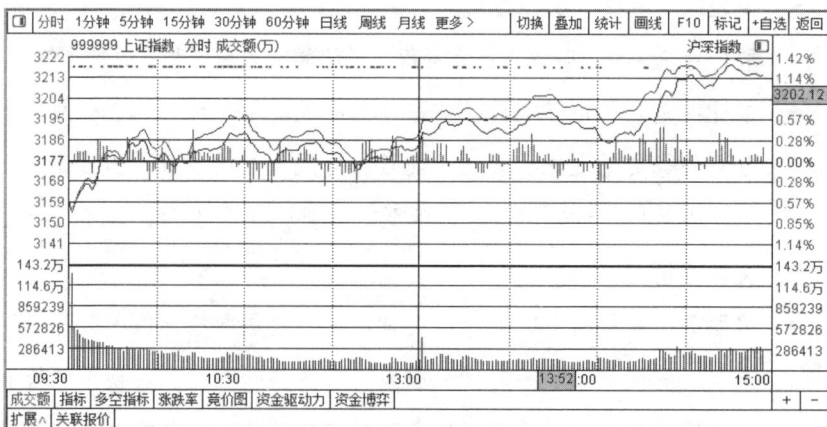

图 1-6 上证指数分时图

投资者观察研究大盘分时走势图之后，能有效地分析当天的市场总体运行状况、多空力量的消长情况，同时还可评估当日个股的整体运行情况。分时图中的各个组成部分的含义如下。

- ◆ **白色曲线**：表示大盘加权指数，即证券交易所每日公布的实际指数。
- ◆ **黄色曲线**：大盘不做加权处理的指标，即不考虑股票总股数对指数的影响，而将所有股票对指数的影响视为相同而计算出来的指数。
- ◆ **红绿柱线**：反映了大盘即时所有股票的买盘与卖盘数量的比率。红柱线增长，表示买盘大于卖盘，指数将逐渐上涨；绿柱线增长，表示指数下跌量的增加。当大盘指数上涨时，黄线在白线之上，表示流通盘较小的股票涨幅大于大盘股；当大盘指数下跌时，黄线在白线之上，表示流通盘较小的股票跌幅小于大盘股。
- ◆ **黄色柱线**：表示每一分钟的成交量，单位为手，显示在黄白曲线之下。

NO.005 研究个股分时图

个股分时图显示的是个股每分钟价格变动的动态图，其界面与大盘分时图类似，只是多了平均每分钟价格线。在看盘软件中，进入目标股票K线图界面，将鼠标光标移动到想要查看的日期上，按【Enter】键或双击，即可显示当天的分时图，如图1-7所示。

个股分时图是研判个股当天走势的重要参考依据，其每部分的内容含义如下。

- ◆ **白色曲线**：表示该股的即时成交价格。
- ◆ **黄色曲线**：表示该股即时成交的平均价格，即当天成交总金额与成交总股数的比值。
- ◆ **黄色柱线**：表示每一分钟的成交量，它与成交价曲线、平均价曲线在每一分钟的时间点上是对应的。

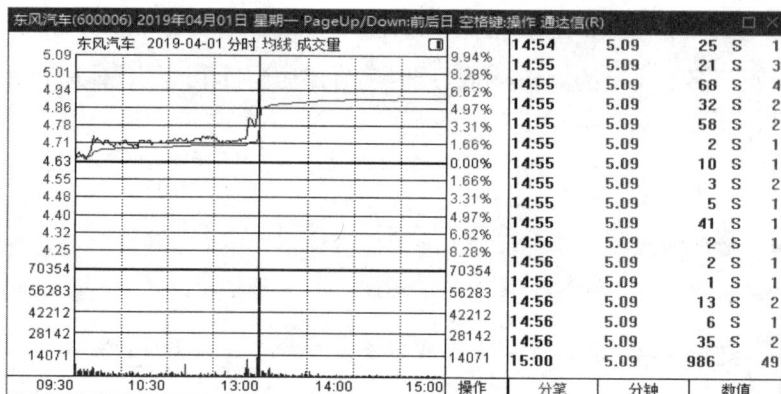

图1-7 个股分时图

个股分时走势图会因当日多空力量的变化，以及市场交易活动的进行而呈现出不同的走势。根据开盘时与盘中的分时图走势的不同，可以将其归纳总结为特定形态，预示着不同的投资倾向。

（1）低开低走型

低开低走即当日的开盘价低于上一个交易日的收盘价，且整个交易日中股价持续下跌，这种走势为左高右低的分时图形态，如图1-8所示。

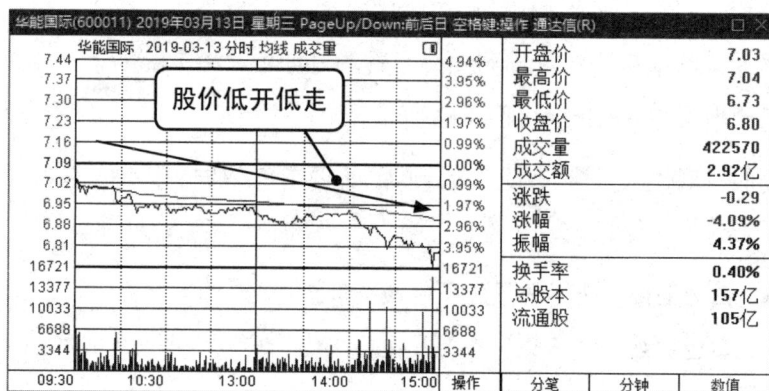

图1-8 低开低走形态

低开低走的分时图走势有以下寓意。

◆ 在庄家底部建仓阶段出现低开低走走势，说明庄家在进行试盘操作。投资者应保持观望，待庄家建仓完毕，开始拉抬股价时介入。

◆ 在庄家拉升股价的过程中，如果某日股价出现低开低走走势，说明庄家在刻意打压股价进行洗盘。投资者可以观望，待洗盘结束，股价在重要支撑位获得支撑后再进行操作。

◆ 在股价的高位出现低开低走的走势，这表明庄家可能要出货了，如果成交量未有大幅放量的迹象，量比值也较低，则表明庄家在悄悄出货，怕引起投资者关注；如果成交量大幅放量，说明庄家出逃意愿明显，不再留恋该股。此时，投资者应及时卖出手中的筹码，以避免造成更大的损失。

实例分析

中远海能（600026）低开低走洗盘分时图

如图1-9所示为中远海能在2019年1月14日分时图形成低开低走的走势，股价短暂下跌。

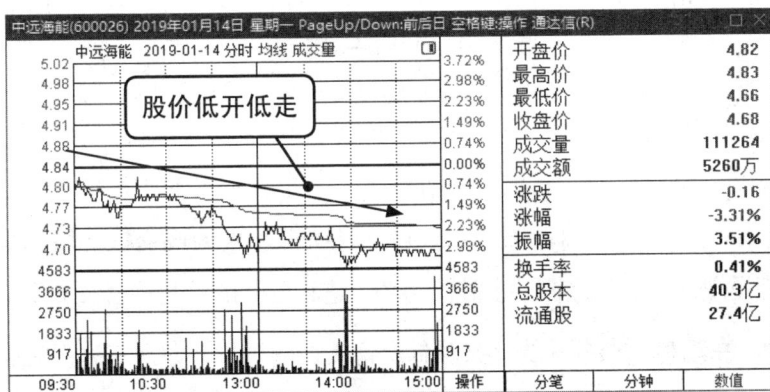

图1-9 中远海能低开低走形态

从上图可以看出，中远海能当日低开低走后股价一路下滑，收盘时跌幅达到3.31%。早盘、盘中至尾盘，成交量出现多次放量的情况，说明在动荡的形式中，有部分不坚定的筹码产生了松动，经过震荡后陆续出局，正迎合了庄家洗盘接收筹码的心意。

随后，中远海能的股价持续了一小段时间的低迷动荡，随后股价走出十字星与倒垂头型线，预示反转，待庄家洗盘结束后，股价开始了持续的上涨走势，如图1-10所示。如果投资者在庄家洗盘时入场并坚定持有，则将获利颇丰。

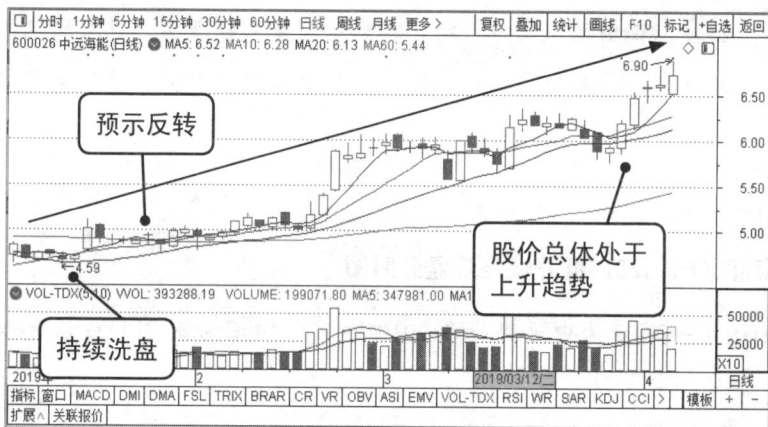

图1-10 洗盘后持续高走趋势

（2）低开高走型

低开高走即股票当日的开盘价低于上一个交易日的收盘价，但当日收盘价高于上一个交易日的收盘价。在分时图上表现为成交价格线和平均价格线都呈现出左低右高震荡上升的趋势。这种分时图趋势的含义如下所示。

◆ 在底部建仓阶段当日出现低开高走的分时图，预示庄家短暂拉升试盘。如果量能没有有效放大，则试盘过程还未结束，庄家仍会继续建仓，股价继续在底部运行；如果量能有所放大，则为庄家有意拔高建仓，待建仓完毕后，股价将上涨。

◆ 在股价拉升阶段初期，若股价当日出现低开高走的分时图，则是庄家开始主动拉升股价。若盘中量能未放大，则说明盘中筹码较为稳定，没有中途获利盘涌出，庄家控制住了大部分筹码；若盘中量能放大，换手率高，则表明主力大举拉升股价，后期涨幅可观。

◆ 在股价拉升中期，若股价当日出现低开高走分时图，同样表明庄家欲拉升股价。若量能未放大，则说明庄家基本控盘，筹码稳定；若盘中大幅放量，则有可能是庄家在通过资金运作使得盘中筹码松动，吸引场外资金介入，从而更加有利于帮助庄家拉升股价。

◆ 在股价拉升末期，若股价出现低开高走的走势，则说明主力在做最后的拉升工作，拉升即将结束。庄家拉高股价吸引跟风盘，进行诱多操作，为将来出货做准备。

◆ 当股价在见顶后的顶部区域出现低开高走的走势，则说明主力利用平台的震荡进行出货动作。若换手率高，则更加体现震荡的特点，投资者需引起注意。

实例分析

美的集团（000333）低开高走拉升分时图

美的集团在 2019 年 1 月 4 日分时图形成低开高走的走势，如图 1-11 所示。从图中可以看出，该股低开高走。在早盘成交量较为密集，盘中放量明显，至尾盘也有放量的迹象。

说明在当日开盘时，有部分投资者在低开处介入，形成密集的成交量，盘中换手率同样很高，预示主力在大举拉升股价，至尾盘有部分获利筹码出局出现放量情况。

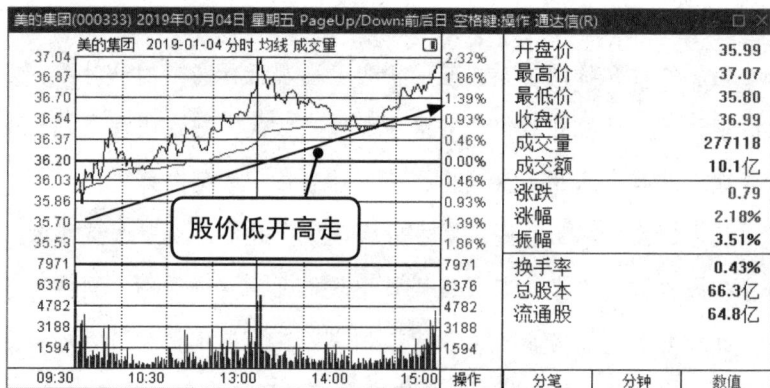

图 1-11 美的集团低开高走形态

从美的集团个股 K 线图中可发现，1 月 4 日股价出现低开高走时正处于拉升阶段初期，在当日收出大阳线之后，股价持续小幅度上涨，显示主力拉升力量已逐步形成，上涨动能充足，如图 1-12 所示。

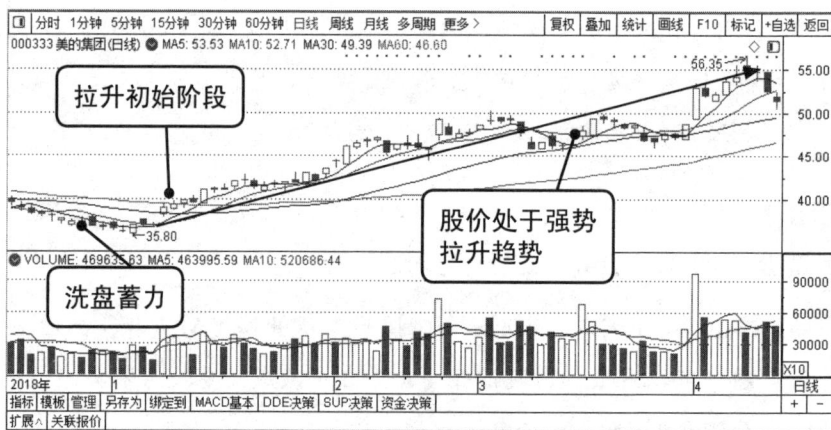

图 1-12 拉升后持续高走趋势

庄家此时低开高走，是为了蓄力吸引跟风盘，做出强有力的拉升，从而完成大幅抬高股价获利的预期操盘任务。投资者若能抓住时机，在拉升初始阶段就入手该股票，后期将获利颇丰。

（3）高开低走型

高开低走与低开高走相反，高开低走是指股票当日的开盘价高于上一个交易日的收盘价，随后股价不断下跌，并且跌破上一个交易日的收盘价，在分时图上表现为左高右低震荡下行的曲线，如图1-13所示。

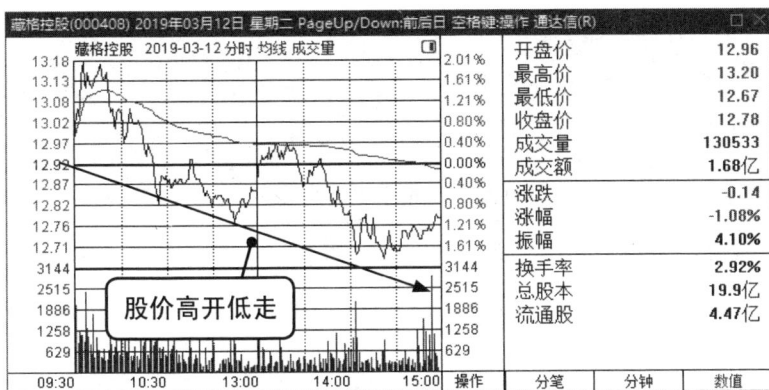

图 1-13 高开低走形态

这种分时图趋势的含义如下。

◆ 当股价在底部建仓区域时，若当日股价高开低走，则可以判断庄家在利用高开进行试盘。如果量能未放大，量比较低，换手率不高，则表明盘中筹码稳定性高，没有不安分的投资者进行买卖操作，庄家掌控大部分筹码；如果量能放大，量比升高，则是庄家有意压低股价，造成底部筹码松动，部分投资者因为股价低走后恐慌卖出，股价下跌空间有限。

◆ 当股价处于拉升阶段，若当日股价高开低走，则说明庄家在拉高价格，处于攻击态势，股价将上涨。如果当日量能未放大，则是庄家刻意打压股价的结果，当完成洗盘动作后股价将继续上涨；如果量能放大，量比值处于中高水平，则说明主力应用资金进行震仓操作，投资者可在股价回调至重要的支撑位企稳后及时逢低买入，然后持股待涨。

◆ 当股价处于顶部阶段，若当日股价高开低走，则说明主力正在进行出货。如果量能未放大，则说明庄家还未大量出货，局势还未失控；如果量能放大，量比值较高，换手率也较大，则说明庄家打压出货，股价即将迎来大跌。

（4）高开高走型

高开高走是指股票当日的开盘价高于上一个交易日的收盘价，且在整个交易日中，股价大体保持上涨，最终以高于上一个交易日的收盘价的价格报收，且成交价线和平均价格线都在上一个交易日收盘价上方。

这种分时图趋势的含义如下。

◆ 在底部建仓阶段，若股价出现高开高走，则说明庄家在主动拔高股价建仓。如果量能未放大，则说明主力试盘动作不明显，在悄悄进行，股价后市仍将在底部整理；如果量能放大，则说明庄家攻击力强，股价可能在不久后会被拉升。

◆ 在拉升阶段的过程中，若股价出现高开高走，则说明庄家开始拉升股价，并逐步脱离底部区域，股价将迎来强势拉升的行情。如果当日量能未放大，说明主力控盘程度高，筹码较稳定，大多数投资者同庄家步调一致，那就只需持股待涨；如果当日量能放大，换手率较高，则说明庄家可能在应用资金进行自买自卖，抛出部分筹码以吸引跟风盘追涨买入，从而推动股价进一步拉升。

◆ 在股价高位见顶的阶段，若股价出现高开高走，则说明庄家将要大规模出货，股价可能在顶部震荡，形成头部。若当日量能未放大，说明庄家出货力度不大，控盘度较高；如果当日量能急剧放大，量比值较高，换手率也较高，说明庄家故意拉高股价制造多头陷阱，吸引不理智的跟风盘疯狂追涨，但这只是黑暗前的最后一点曙光，一旦股价被拉至庄家的出货价格，那么后市必然是凶猛的下跌行情，所以，投资者切记不可在高位追涨。

实例分析

中船科技（600072）高开高走分时图

中船科技在 2019 年 2 月 13 日的分时图形成高开高走的走势，如图 1-14
所示。

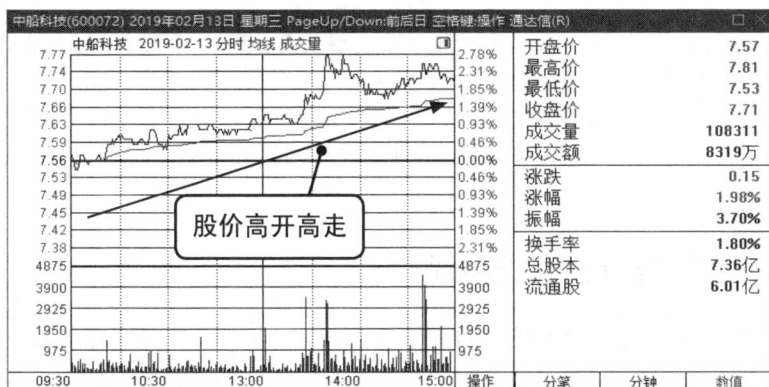

图 1-14 中船科技股价高开高走形态

从图中可以看到，该股开盘时便开始拉升价格，持续稳定的上涨，在
尾盘拉升顶部急剧放量，说明此时股价的上涨吸引了很多追涨的跟风盘。
之后有一个短暂的回落，在股价回落时量能缩量，出逃的筹码不多。没过
多久，股价再次被强势拉起，成交量密集放量，说明有更多的跟风盘涌入。
此后股价小幅度下落，最终收在较高价位。这种当日量能放大，换手率较
高的情形，说明庄家可能在自买自卖，抛出部分筹码以吸引跟风盘追涨买入，
预示着股价可能在庄家的推动下进一步拉升。

从中船科技个股 K 线图中可发现，当 2019 年 2 月 13 日股价出现高开
高走后，该股连续收于阳线，股价持续上涨，在后期甚至出现了涨停，如
图 1-15 所示。若投资者能抓住机遇及时入手该股，必能获利颇丰。

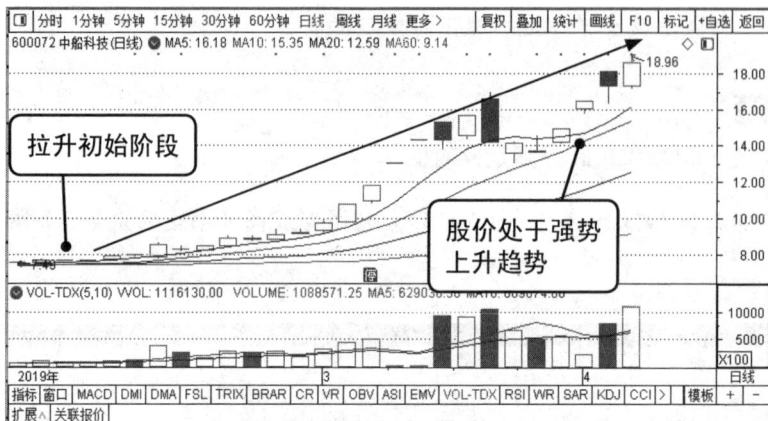

图 1-15 中船科技 K 线图

NO.006 关注盘口的重要时段

不少投资者对股市运行规律进行了归纳总结，从而发现在股票交易的某些特殊时间段，多空力量的对比会凸显出来，从而决定股价的走势是持续原状态还是发生转折。通过分时图我们可以清晰地捕捉这种重要时段，从而调整自己的投资策略。

（1）开盘起始瞬间

在股市开始交易的起始时间，开盘的一瞬间就已经预示了未来的股票走势。

◆ 若是开盘高开，证明股票买卖意愿强烈，买卖双方愿意以较高的价格成交。

◆ 如果股价高开幅度较大，则在经过一轮涨幅后，会有部分的获利盘出局，从而造成股价短暂下跌。

◆ 如果当日有利好消息，股价早盘高开，后期可能会有较大幅度的上涨，甚至出现涨停。

◆ 如果当日高开幅度较小，则表明市场热度一般，或者是庄家操盘手法较为温和，股价后市会保持长时间的温和上涨态势。

（2）开盘后 30 分钟

开盘后的 30 分钟可分为 3 个时间段，前 10 分钟、中间 10 分钟和后 10 分钟，这 3 个时间点是判断多空实力最明显的时间，多空力量的强弱会影响到盘中尾盘甚至是全天的走势。

◆ 开盘后的前 10 分钟是多空战争的开局。此刻市场刚刚启动，参与买卖的人数较少，中途介入的筹码也较少，盘面较好控制。多空双方不需要投入重金或制造过大的成交量便可轻易拉升或打压股价。

◆ 中间 10 分钟是多空交战的中途休整时间，多空双方往往会对原有走势进行修正，使之更加有利于其后续的操作。在此时间段，如果股价的涨幅过大，涨势过高，说明多方的攻势过猛，因而空方就会立即组织反击，在阶段高位获利出局，涌出大量获利盘，造成股价短期向下调整。如果该时间段股价走势过低，股价跌幅较大，则多方可能会反击，抄底进场，接手大量打压后的低价筹码，以使股价反弹。

◆ 在后 10 分钟，多空双方经过交战后已经可以判断孰强孰弱，再加上此时场外投资者的大量介入，使得盘面趋向稳定。此时的走势可以当作股价全天走向的基础。

为了能够更加精确地判断开盘 30 分钟多空力量的强弱，以及据此预测当天股价的趋势，我们可以将开盘 30 分钟的走势按每 10 分钟为一单位分成 3 段，并将每个端点间的价格连成一条线，从而形成 3 条不同的连线，以此辅助进行推测，如图 1-16 所示。

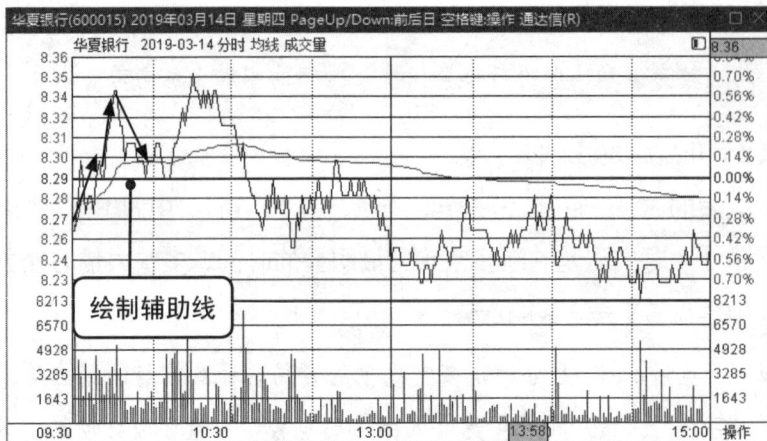

图 1-16 开盘 30 分钟辅助线

具体研判方法如下。

◆ 如果 3 条线连续向上，每个端点不断升高，说明此时多方力量占据主导方向，股价当天表现强势的可能性较大，极有可能收出阳线。

◆ 如果 3 条线连续向下，每个端点不断降低，说明此时空方的力量较强，股价当天表现可能会比较弱势，当日收出阴线的可能性大。

◆ 如果前两条线向上，后一条线向下，说明此时多空双方势均力敌，行情发生震荡的可能性较大，随后多方可能会占据优势。

◆ 如果第一条线向上，后两条线向下，同样表明当天多空实力均衡，但空方比多方稍微有力。

◆ 如果前两条线向下，后一条线向上，说明空方力量大于多方，多方积极反击，当日股价可能在一定的技术位获得支撑并反弹。

◆ 如果前一条线向下，后两条线向上，说明空方的防线会被多方逐步攻破，股价在经历一定的下跌后会反弹并且震荡上行。

（3）尾盘收盘时间

尾市收盘落下了多空双方当天交战的帷幕，起到一个承前启后的作用，不仅是对当天多空激战战况的总结，也为下一个交易日的开盘做好铺垫。

通过分析股价尾盘的走势，就可以大概推断下一个交易日开盘时的情况，其规律总结如表1-4所示。

表1-4　通过尾盘走势推断下一交易日开盘时情况的规律

走　势	规　律
当股价当天处在上涨走势中时	1. 如果股价在尾盘出现价涨量缩的情况，那么第二天股价可能跳空高开，但同时也面临着卖盘抛压过重的问题，随后股价可能冲高回落。 2. 如果股价在尾盘出现价跌量涨的情况，第二天股价可能会平开或高开。尾盘的下跌可能是主力的洗盘动作。 3. 如果股价在尾盘出现价涨量增的情况，表示市场热情较高，看多氛围浓厚，股价在第二天一般会高开
当股价当天处在横盘走势中时	1. 如果股价在尾盘出现价跌量增的情况，那么股价第二天可能低开，表示该股没有受到太多的资金关注，股价不久将下跌。 2. 如果股价在尾盘出现价涨量增的情况，表明当日多方力量占据优势，第二天可能会高开
当股价当天处在下跌走势中时	1. 如果股价在尾盘出现价跌量缩，说明当日空方力量占据优势，股价第二天将会低开，并全天走低。 2. 如果股价在尾盘出现价跌量增，同时K线收出中/大阴线，则股价第二天可能出现低开，甚至直接跳空下行。 3. 如果股价在尾盘出现价涨量增，同时K线收出小阴线或者小阳线，则说明庄家在尾盘的量价配合较好，股价可能第二天高开反弹

实例分析

民生银行（600016）分时图分析

民生银行在2019年3月6日的分时图如图1-17所示。从分时图可看到，该股股价早盘低开，在开盘前半小时内被迅速拉高，之后快速回落，形成了前两条辅助线向上，后一条线向下的趋势。

至尾盘股价暴跌，虽最后收盘时短暂拉升，但成交量量能放大，量比值与换手率均较高，说明庄家在打压出货，并在尾盘制造了一个股价已经稳住的假象，从而诱导投资者接盘。

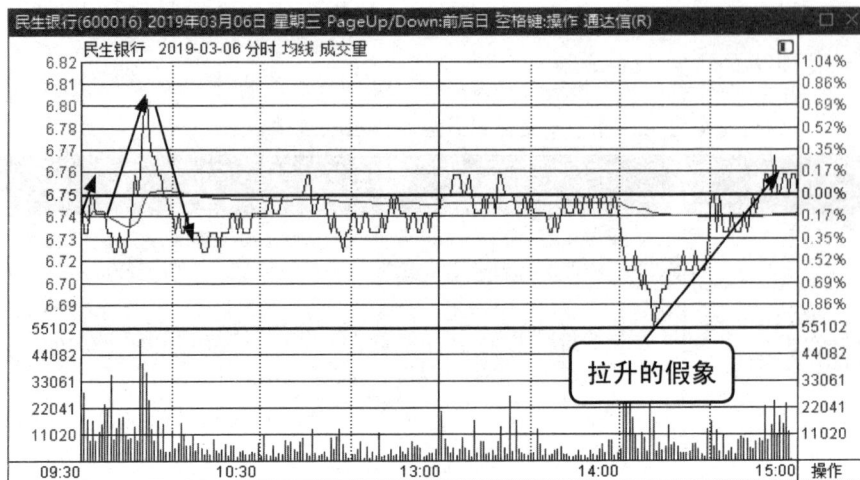

图 1-17 民生银行分时图形态

从民生银行个股 K 线图中可发现，当 2019 年 2 月 27 日股价出现高开低走时，该股正处于价格峰顶在当日收出十字星之后，股价持续动荡下跌，如图 1-18 所示。

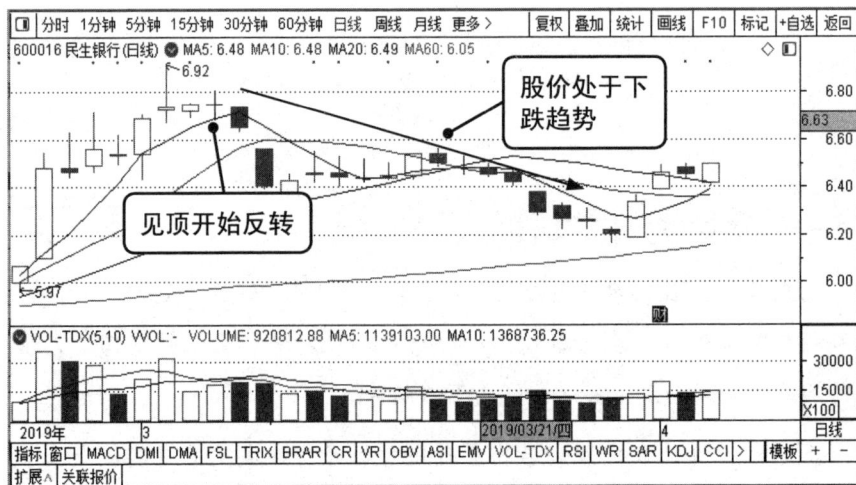

图 1-18 民生银行 K 线图

此例高开低走开盘与盘中都曾有依次上拉的过程，收盘时甚至出现了"回光返照"式的上升。这是因为庄家在盘中制造诱多陷阱，通过拉高股价，吸引盲目乐观的投资者跟风追涨，从而完成操盘任务。投资者若不小心入套，只能在庄家拉升出货过程中设法解套。

小贴士 *警惕尾盘趋势的"骗局"*

当盘中表现较为强势，涨幅可观时，在尾盘可能会吸引大量的追涨跟风盘买入，使得股价以更加陡峭的角度向上发展，并出现更大的涨幅。随后又因为跟风盘的兑现需求而抛售导致股价下跌。同时，投资者更要警惕庄家暂时拉抬股价以便第二天出货，导致股价出现"虚假繁荣"。

1.3 选个看盘好地方

对于投资者而言，要时刻关注投资股票的盘面变化，才能更好地进行炒股。那么，我们可以通过哪些途径来进行盘面信息的查看呢？本节就来具体介绍一下投资者常用的看盘途径。

NO.007 各种看盘软件一览

如今进行股票投资都是在网上进行，为了能够更好地进行投资操作，我们需要炒股行情软件作为辅助工具。目前市场上的看盘软件各式各样，常见的有大智慧、同花顺及通达信等，如图1-19所示为通达信行情软件的登录界面。

图 1-19 通达信看盘软件

下载安装行情软件的方法很简单，投资者只需进入行情软件的官方网站找到下载链接进行下载即可。

投资者在证券公司开户后，该证券公司也会提供相应的行情软件给投资者，供投资者下载使用。如图 1-20 所示为华西证券公司的看盘软件——华彩人生的下载界面，进入华西证券公司官方网站就可以找到该软件的下载链接，单击符合自己需求的版本即可下载该软件。

图 1-20 电脑看盘软件下载界面

不同的行情软件具有不同的特点，但主要功能却是相同的。在行情软件中，投资者可以查看到股票的 K 线走势图、分时图及个股资料等，还可以了解股票的涨跌幅度、换手率及成交量等数据。利用各种指标还可以帮助投资者预测股票未来走势，从而帮助投资者作出投资决策。

NO.008 便捷手机看盘

现在使用手机看盘也很方便，如果需要便捷地进行股票交易操作，投资者只需下载手机证券客户端即可，如图1-21所示。

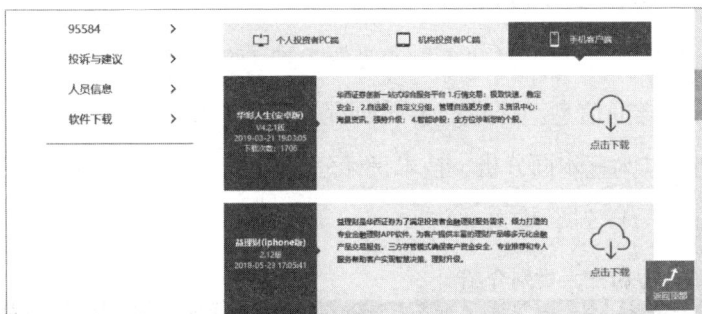

图1-21 手机看盘软件下载界面

如果只是需要了解股市信息，那使用手机打开新浪网等网站的股票栏目，如图1-22所示，或进入一些专业看盘网站的手机页面，也可轻松看盘。

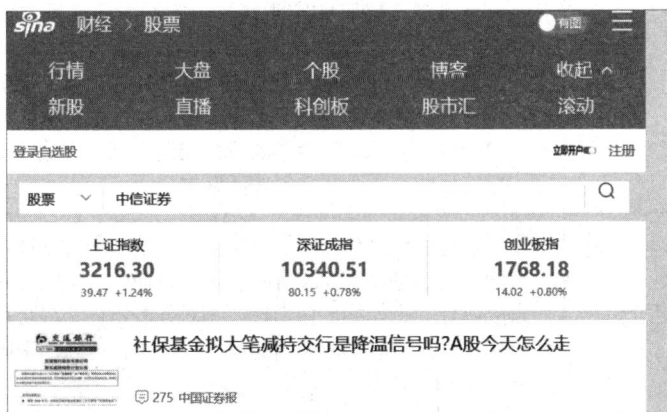

图1-22 手机网页看盘

1.4 看盘注意事项

盘口信息十分丰富，如果要让投资者全部接受，实属不易。因此，在看盘的时候就要抓住主要内容，坚持重点论。本节就来具体介绍看盘过程中要注意的事项，帮助大家把握看盘的节奏和要点，高效看盘。

NO.009 看盘究竟看什么

看盘其实就是分析盘面，思考股票盘口为何呈现出此刻的状态，该形态传达了怎样的信息。那投资者需要看的究竟是什么呢？一般可以将看盘分析归纳总结为基本面分析、技术指标分析、大盘与个股关系分析三大类，具体介绍如表 1-5 所示。

表 1-5　看盘分析三大类别介绍

类　别	介　绍
基本面分析	其侧重点在于研究股票的价值。股票的价值决定股票的价格，股票的价格又反映在盘面上。因此，有效地分析股票的基本面对找到盘面形成的原因很重要。基本面分析分为宏观分析和微观分析。宏观分析主要研究国家、整个股票市场的运行状况，以及实行了什么经济政策。国家的宏观经济政策对股票市场的影响十分巨大，一旦有新的政策实施，那么股市往往牵一发而动全身，引起大幅震动。微观分析是指对股票所属公司的分析，包括公司的财务状况、经营状况以及竞争力等。公司的经营状况良好，则其股价走势良好，自然而然股票的盘口状况良好，比如换手率可能较高，量比值较高、股票交投较活跃等
技术指标分析	技术分析是股票价格分析的重要工具。技术指标是技术分析的一个方面，它是将盘口上股价的基本信息通过一定的公式计算而得出的指标，比如能量型指标、相对强弱指标和趋势指标等。这些指标可以反映股价短期内的波动规律，也可以用来研究股票盘口的信息

续表

类　别	介　绍
大盘与个股的关系分析	两者是相互依存，相互影响的关系。大盘指数的数据来源于其成分股，并由成分股计算而来。同时，大盘当天或一定时间内的表现与走势，也制约着个股的涨跌。大盘的表现或走势有时决定了一定时间内个股股价的表现。当大盘指数上涨，走势表现良好的时候，大部分个股也会跟着普遍上涨。同样，当大盘指数下跌时，尤其是在遭遇利空打压后，个股也会普遍下跌，跟着大盘受累

小贴士 *看盘最应看蓝筹、权重与题材股*

蓝筹股因其股价表现不俗是投资者需重点关注的股票。权重股是指总股本十分巨大的公司的股票，它的涨跌对股票指数的影响也大，需要投资者特别注意。题材股是指因为一定炒作题材而迅速被投资者关注的股票，该类股通常由于一些突发事件、重大事件或特有现象而被作为题材进行炒作。

NO.010 盯盘需要看什么

盯盘其实就是一种更有目的性的看盘，它要求投资者有侧重性的对一些信息长时间保持关注，以便节省时间和精力。那么盯盘时究竟需要看些什么呢？下面就进行简略介绍，更详细的内容将在稍后章节中一一讲述。

（1）量价的匹配情况

成交量的变化在一定程度上可以预示当日股价，通过观察量价的匹配情况，能够帮助投资者较为准确地判断盘口走势，因此它是盯盘时十分具有代表性的一种必看信息。

◆ 如果成交量由短逐步增长，股价也同时升高，即股价与成交量同时增加，则表明股价上涨动能强大，市场做多意愿强烈，股价将会步步高升。

◆ 如果股价上涨，成交量却在萎缩，即无量空涨，则显示市场做多动能不强，市场向上意愿不够强烈，股价近期可能面临回调。

◆ 如果成交量逐步增长，股价却不断下滑，表明近期可能有主力出货，市场空头氛围浓厚，股价很难保持稳步运行，很可能会趋于弱势并下跌。

◆ 如果成交量萎缩，并且股价不断下滑，则说明空方进行最后的恐慌性杀跌，多方在不久之后将重新崛起，股价将反转向上，投资者可在跌势底部时提前布局。

◆ 如果成交量急剧放大，但股价并未上涨也未下跌，则说明可能是主力在自买自卖，投资者宜持观望态度。

◆ 如果成交量不断放大，而股价处于阶段高位并下滑，则说明主力在逐步出货；当某只股票成交量放大后萎缩，股价不断下跌，则说明这可能是庄家在洗盘，投资者不应轻易出局。

（2）判断入市资金性质

入市资金分为中长线性质和游资博短线性质，通过观察当日涨幅排行榜的第一档个股，可大致估计当日介入资金是中长线资金还是短线资金，然后通过预测机构资金的介入性质，可以推算盘口走势。

◆ 如果涨幅第一档为每股资产净值较高的个股（机构认定的具有高价值个股），则表明是中长线主力在进行炒作，因为中长线主力以价值投资为目的，一般投资周期长，不追求短时间过高的利润，讲究稳定长久。此时大盘可能维持一段时间的上涨。

◆ 如果涨幅第一档为属于近期热点或者概念类的中小盘个股，则表明介入该股的资金是短线的游资，此股炒作嫌疑较大，该类股由于盘子较小，其对大盘的走势影响微乎其微，更加无法改变大盘的疲软态势。

小贴士 *短线资金需警惕*

如果判断入市资金为短线游资，即便股价上涨感觉有利可图，但因它通常只是短期进驻，股价缺乏真正有力的资金支持，一旦游资撤走，股价随时可能下跌。因此，对于该类个股，投资者应采取速战速决的方针，不可留恋，更不可幻想有更大的利润。

NO.011 分析个股涨跌家数

大盘盘口会显示一种数据，叫作涨跌家数，通过观察此项数据，我们可以得知当日大盘的涨跌情况，以及个股的大概涨跌情况。以此可以作为预判后市情况的参考依据。

◆ 若大盘指数当日上涨，同时上涨家数较多，远大于下跌家数，如图 1-23 所示，则说明大盘上涨为真实上涨，没有刻意的拉抬迹象，可以进行短线操作。通过 2019 年 3 月 11 日上证指数的分时图，我们预测大盘后市看涨，其后果然能发现上证指数上涨平稳，没有刻意拉高的现象，如图 1-24 所示。

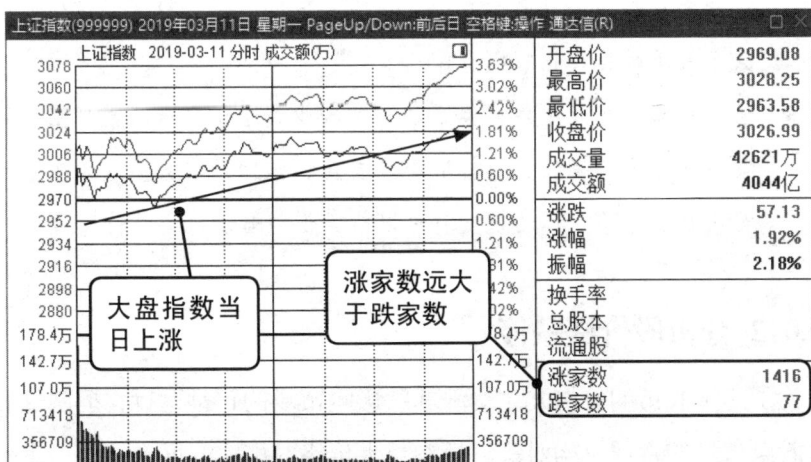

图 1-23 上证指数 2019 年 3 月 11 日的分时图

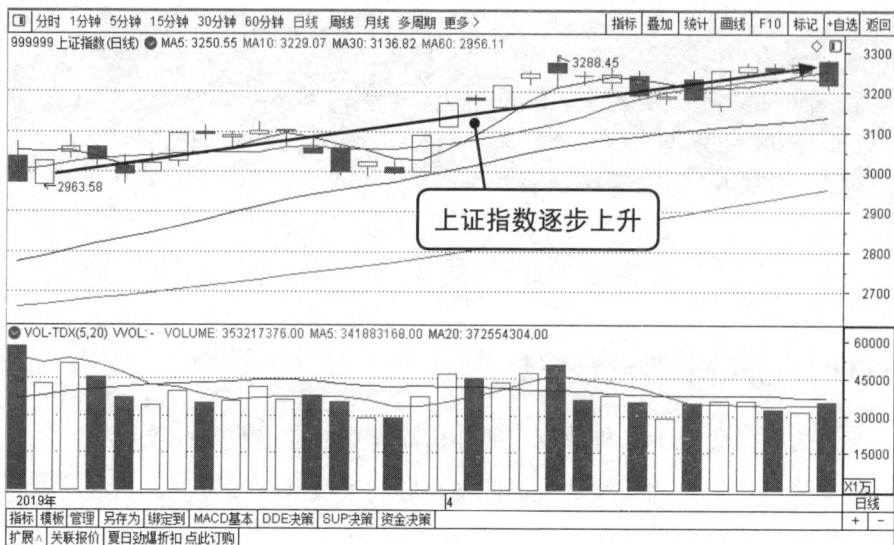

图 1-24 上证指数对应的后市走势图

◆ 若大盘指数上涨，但上涨家数却少于下跌家数，说明此时有刻意拉抬指标股，从而造成大盘指数的虚假攀高，而其实市场上的股票走势普遍较为低迷，大盘与个股并未出现联动效应。

◆ 若大盘指数当日下跌，同时下跌家数较多，远大于上涨家数，同样说明大盘指数下跌较为真实，没有打压的痕迹，投资者应暂时躲避大盘的下跌，停止短线操作。

◆ 若大盘指数当日下跌，但下跌家数较少，小于上涨家数，则说明大盘可能被人为操作，指标股遭到打压，从而造成大盘跌势虚假，走势疲软。经验丰富的投资者可以将其视为短线机会进行操作。

NO.012 分析股价涨跌停

为了防止股市的价格发生暴涨暴跌影响市场的正常运行，抑制过度投机，股票市场的管理机构对每只证券当天价格的涨跌幅度进行了一定的限制，如股价当天涨幅或跌幅超过当日的限制，则停止交易，这被称之为"涨跌停板"制度，如图 1-25 所示为股价涨停的分时图。

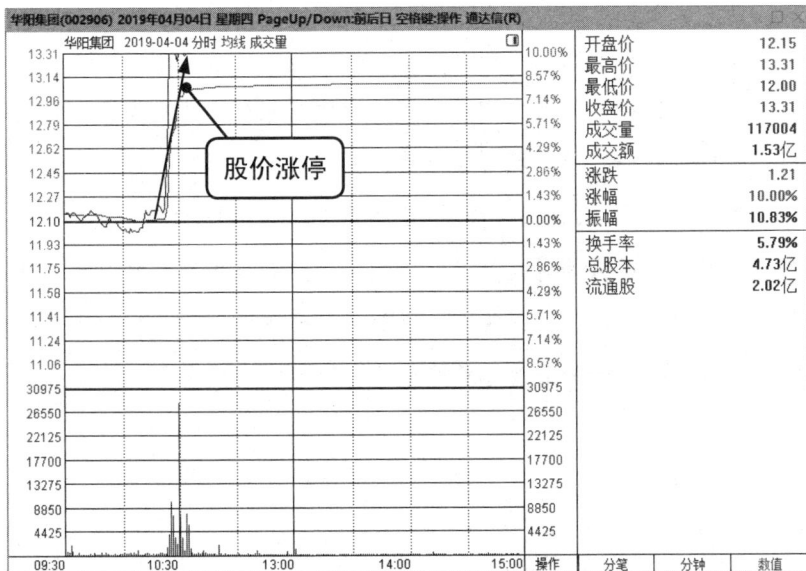

图 1-25 股价涨停分时图

制度规定，除上市首日之外，股票、基金等证券在一个交易日内的价格相对于上一个交易日收盘价的涨跌幅度不得超过 10%，超过涨跌限价的委托为无效委托。

通过观察涨跌停板的情况，我们也可以预测后市股价走势，其内容参考如下。

◆ 如果价格和成交量同时增加，量价配合良好，股价会继续上涨，投资者可以持股待涨；如果上涨时没有成交量放大的配合，说明上涨缺乏动能，股价上涨很难保持，投资者应及时抛出股票。

◆ 如果股价在涨停时成交量萎缩或是没有成交量，则说明投资者不愿抛出手中筹码套现，而是等待股价继续拉高到目标价位后再抛出。

因此，买方此时买不到筹码，所以没有成交量。后市如果买方继续追涨，股价会继续上涨。如果在涨停中途出现打开，并且成交量放大，说明卖方不断抛出手中筹码获利，而买方不断地接手，买卖力量发生变化，股价即将下跌。

◆ 如果股价在跌停时成交量萎缩，说明当日的买方并不急于接受跌停的低位筹码，而是希望在以后的交易日以更低的价位买入，因而未采取卖出行动，股价因此将继续下跌。

◆ 如果股价在涨停时或收盘时继续下跌，中途曾有过被打开的现象，并且成交量放大，说明有主动的买盘介入该股，将接收大部分的跌停价筹码，因此下跌可能停止，股价可能反转向上。

从零开始
看懂盘口分析

第2章

剖析盘口要素，深入了解盘口

在上一章中，我们简要介绍了一些盘口术语与信息，本章将进一步剖析各盘口要素，帮助投资者深入了解盘口指标的运用方法，学会怎样通过盘口要素正确看盘。

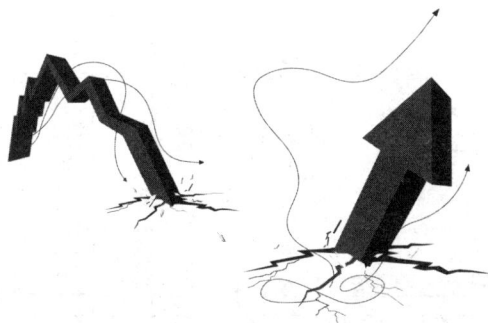

2.1 用量比指标筛选黑马

在上一章中提到了盯盘需看成交量，在盘口指标中有一项不可忽视的要素叫作"量比"，它体现了成交量的高低，对盘口走势分析有重要作用，下面就对其进行详细介绍。

NO.013 解读量比指标

量比指标是开市后每分钟的平均成交量与过去 5 个交易日每分钟平均成交量的比值，它可以衡量相对成交量。

其计算公式为：量比 = 现在总手数 /（5 日平均总手数 /240）/ 当前已开市的分钟数。其中，"5 日平均总手数 /240"表示最近 5 日每分钟成交手数。

从量比指标的计算公式可以看出，量比指标可以反映当前盘口的成交量能与最近的成交量能高低的差异。量比值大，则表明当前的成交量能水平较高，盘口成交越活跃，市场流入的资金较多，市场活跃度高。这有可能预示庄家进驻该股，准备进行试盘或者拉升等动作。如图 2-1 所示为在软件中查看个股量比值。

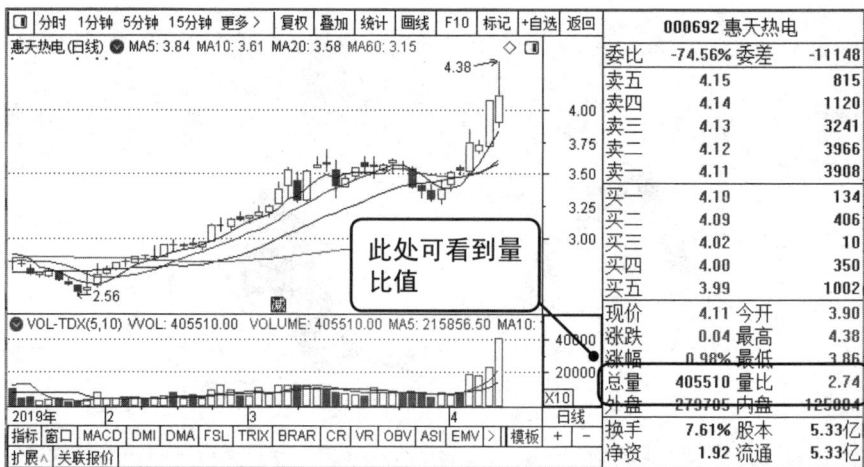

图 2-1 查看量比值

量比值小，则说明当前的成交量能水平较低，盘口成交较为冷清，流入市场的资金较少，市场活跃度低。此情形可能出现在庄家低位建仓，悄悄收集筹码的阶段。

投资者可以根据量比值的大小来确定成交量的大小以及买卖盘口的时机，其详细应用规则如表2-1所示。

表2-1　投资者根据量比值大小确定成交量以及买卖盘口时机的应用规则

量比大小	应用规则
量比在0.5倍以下	表明成交量严重缩量，显示股票交投冷清，无人问津
量比为0.8～1.5倍	说明成交量处于正常的水平，此时买卖股票风险不大
量比为1.5～2.5倍	表明成交量温和放量。若此时股价处于稳步上升的态势，则表明股价上涨情况正常良好，投资者可以持股待涨；若股价下跌，则说明下跌行情将延续下去，短期内股价不会止跌反弹，若投资者持有该类股，则此时应及时卖出止损
量比为2.5～5倍	此数值可视之为成交量显著放量。股价若处在关键的支撑位或阻力位，则突破的可能性较大，投资者可以在突破后操作
量比为5～10倍	表明成交量出现剧烈放量。如果股价在长期底部位置出现剧烈放量并突破底部区域，则说明股价突破有量能的支持，后市继续上涨的可能性较大；如果股价在已有大幅上涨的高位出现剧烈放量，投资者应引起注意，谨防庄家出货
量比达到10倍以上	成交量极端放量，此时是股价反转的信号。如果股价处在连续上涨的高位，成交量放大，则是股价即将见顶的信号；当股价处在连续的下跌走势之中，成交量放大，股价跌势趋缓，则是股价即将见底的信号，投资者可以少量建仓
量比在20倍以上	此种状况极为少见，若某只股票出现该量比值则同样是比较强烈的反转信号，说明推动股价上涨或者下跌动能已经耗尽，股价将改变原有的趋势，向反方向发展

小贴士 什么情形下量比值低亦可持股

如果股价连创新高，此时量比值较小，成交量缩量，说明庄家稳稳地控制住了盘面，没有临时出逃的筹码破坏盘面形态，因此，排除庄家高位出货，股价继续上涨的可能性较大。同时，若股价处在缩量调整中，同样说明庄家控盘度较高，筹码较为坚定，没有被震仓出局，因此投资者可以持股待涨。

NO.014 量比指标看盘实战

量比值的大小体现了当前的盘口状态，可以反映股票的交投热度，市场的冷热程度，那么就可以通过量比值筛选出当前交投较为活跃，成交量能高的个股，从而进行买入操作即可获取丰厚利润。下面来看看怎样通过量比值看盘选股。

实例分析

筛选出量能高的个股

打开看盘软件，在看盘栏目中可以应用交易软件里的量比排名选项，然后设置为由高到低的排序，如图 2-2 所示。即可看到当日量比排名。

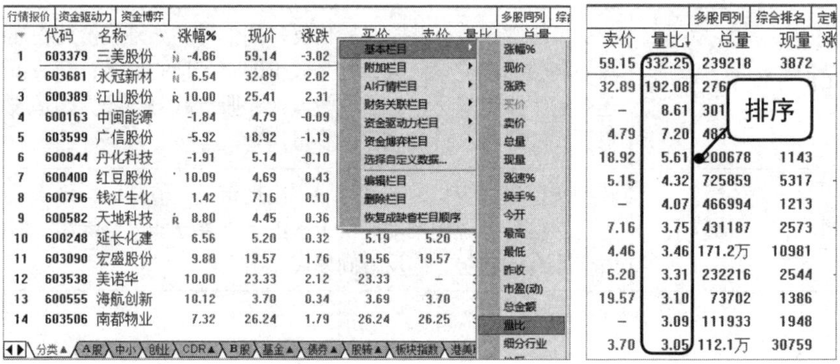

图 2-2 将量比值排序

开盘 30 分钟内运用该方法，系统将 2019 年 4 月 10 日当天的股票按量比高低排序，如图 2-3 所示。由图中可知，量比排名前 14 名的个股量比值都达到了 10 以上，个别股票量比值超过了 20，达到天量的水平。

	代码	名称	涨幅%	现价	涨跌	量比↓	买价	卖价	总量	现量	?
1	600400	红豆股份	6.61	5.00	0.31	31.63	4.99	5.00	579154	66	
2	600517	置信电气	Ⓡ 9.99	9.36	0.85	16.58	9.36	−	24280	40	
3	600685	中船防务	6.49	20.85	1.27	16.50	20.83	20.85	266067	582	
4	600513	联环药业	10.06	8.97	0.82	14.92	8.97	−	74117	6	
5	600555	海航创新	10.00	4.07	0.37	14.90	4.07	−	793035	20	
6	600248	延长化建	3.46	5.38	0.18	14.18	5.38	5.39	144610	720	
7	600380	健康元	Ⓡ 7.07	9.69	0.64	14.14	9.69	9.70	272767	608	
8	600528	中铁工业	Ⓡ 2.49	14.02	0.34	12.19	14.02	14.03	453279	475	
9	600112	天成控股	3.36	5.53	0.18	12.10	5.53	5.54	341142	413	
10	600775	南京熊猫	Ⓡ 10.04	14.25	1.30	11.47	14.25	−	546462	8	
11	600192	长城电工	6.58	9.07	0.56	11.33	9.05	9.07	367646	371	
12	600075	新疆天业	3.80	7.64	0.28	11.16	7.63	7.64	388483	457	
13	600369	西南证券	Ⓡ 4.20	5.95	0.24	10.55	5.94	5.95	109.6万	3461	
14	603042	华脉科技	4.00	16.89	0.65	10.38	16.89	16.90	63760	103	

图 2-3 开盘 30 分钟量比排名

根据上一节介绍的量比应用规则，若个股量比超过 20，则是股价反转的重要信号，如果要介入该类股，股价最好处在突破底部区域。双击排名第一的红豆股份（600400），打开其股价 K 线走势图观察，如图 2-4 所示。

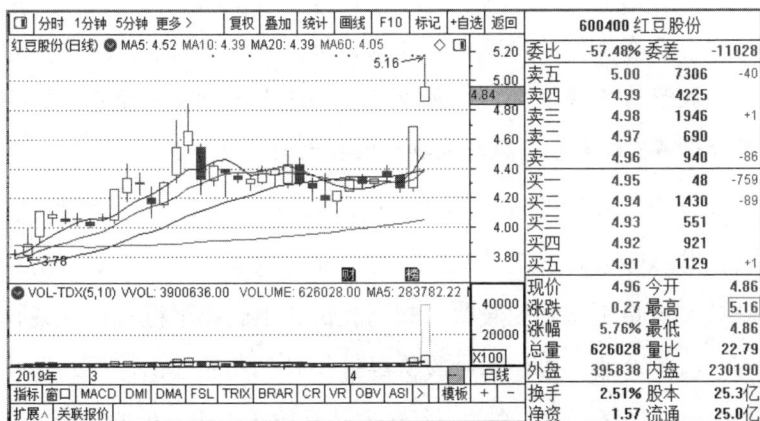

图 2-4 红豆股份 K 线图

由该股的 K 线图可发现，当日该股价属于跳空高开，且处于一段时间内的高点。其原因是该股所属红豆集团于九日前发布年报，公布利好消息——男装业务 5 年实现同比增长 139%，因而受到投资者青睐。在 4 月 9 日，红豆股份又发生大宗交易，折价率 14.71%，是两市折价最高的个股，因而股价遭遇炒作，开盘疯狂上涨甚至出现涨停，如图 2-5 所示。

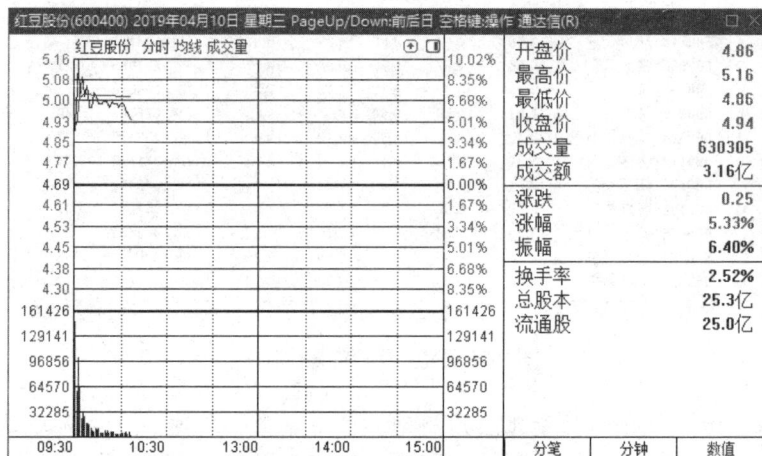

图 2-5 红豆股份 2019 年 4 月 10 日的分时图

从上图中可以看到，该股涨停后股价又开始下跌，走势极不稳定，且近 3 个月内，没有机构对该股发表评级分析，关注度较低，可见其后市走势不明朗，投资者需谨慎对待此种股票，可适当进行波段操作，但技术不娴熟的投资者不宜过多参与操作该类风险较大的个股。

运用同样的方法，我们可以把量比排名的上限定在 10，下限可以限制在 2 左右，继续筛选观察这种温和放量与显著放量之间的股票，剔除股价处于上涨末期放量下跌类的股票，找到股价处于底部运行后有所突破或者处于缓慢上行的个股，或是那种股价经过长时间的底部运行后，先前的不理性因素得到充分释放的安全的上行个股，从中挑选出心仪的股票。

2.2 通过换手率观察行情冷暖

换手率是每日的成交量与该股的流通股本相比得出来的百分比，它是看盘时的另一个重要指标，反映了当天股价交易的热度，对分析盘口有着重要的作用。

NO.015 换手率透露的信息

在分时图右侧可以看到个股的换手率数据，换手率可以进一步印证成交量高低与股价涨跌的关系。若当日的成交量较大，则其与该股流通股本的比值较大，因而换手率较高，从而股价上涨下跌动力强劲，股票交易活跃。

换手率可以用来观察盘口的运行状况、判断股票的交易状态、股价走势以及庄家资金的介入程度，其应用规则如下。

◆ 若当日换手率为 1% ~ 3%，则说明市场当前交易较为冷清，交投氛围较淡，庄家介入资金较少，大部分为散户资金。成交量小则表明股价上涨或下跌没有足够的动力，股价趋势不明朗，可能维持震荡横盘的走势。此时投资者不宜积极介入，可以继续观望，待股价放量突破后再介入。

◆ 若当日换手率为 3% ~ 7%，则说明市场此时交易稍有起色，股票交易状态稍显活跃，庄家利用小部分资金进行试盘，试探盘中接盘量的大小，测试盘中交易的活跃度。此时股价后市趋势仍不明朗，由于庄家只是试盘，因而少量的资金介入无法带动股价上涨，股价后市可能在试盘的带动下微幅上涨，之后便继续回落。此情况出现，投资者仍应持观望态度，待庄家完成试盘后再行介入。

◆ 若当日换手率为 7% ~ 10%，说明此时盘中交易较为活跃，市场交投氛围浓厚。庄家有大笔资金介入该股，可能已经完成试盘动作，开始进行拉升动作。较高的成交量水平说明庄家资金雄厚，并且足以带动股价稳步上升，如图2-6所示。此时股价走势较为明朗，如果股价处在突破底部区域，则后市上涨的可能性极大，投资者在此时可以积极介入；若股价在高位区域，后市可能反转下跌，投资者可考虑卖出；若股价突破底部则考虑建仓。

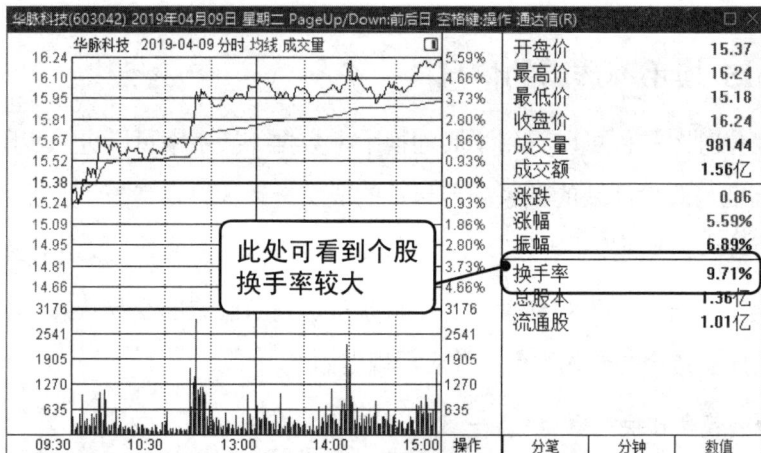

图2-6 查看个股分时图中显示的换手率

- 若当日换手率为10%～15%，说明股票交易非常活跃，市场热度非常高，交投氛围高涨。此时庄家高歌猛进，有大笔资金介入，股价上涨动力十分强大，拉升股价是必然结果。若股价处于拉升阶段，股价后市将继续上涨，若股价处于高位区域，则股价会有所回落。

- 若当日换手率为15%～25%。说明股票交易极度活跃，市场炒作氛围浓厚，交投过热。此时庄家已经全线买入，股价上涨幅度较大。若股价处于上涨走势之中，投资者在积极介入的同时应注意涨幅是否过大，随时提防庄家出货；若股价处在高位见顶区域，则说明此为庄家在进行出货，投资者应及时卖出。

◆ 若当日换手率在 25% 以上，表明股价表现异常，成交量呈非理性放量状态，市场交投异常活跃，属于炒作过火的情况。若股价强势上涨，则说明股价已经离顶点不远，随时可能下跌，投资者此时不宜介入，如投资者已经持有该股，应尽快清仓出局。

NO.016 通过换手率看盘选股

看盘时，投资者需要关注高换手率的个股，因为高换手率代表大成交量，意味着市场买入该股的意愿较高，是热门股。换手率越低则表明该股无人问津，买卖氛围较为冷淡。

对于高换手率的个股，需要着重观察出现高换手率相对应的股价的位置，不同的位置代表了不同的含义。

（1）股价处于低迷时期

如果股价正处于低迷时期，例如股价下行阶段，或刚刚突破底部区域，以及正好处于下跌后的反转区域等。此时，市场表现较为疲软，很少有大买单或者大卖单挂出，心慌的散户不再期望股价出现持续上涨，于是急于出手变现。此时，庄家就有可能以大量资金介入，挂出众多大买单，散户见到大买单，心头一喜，迅速卖出手中筹码，大量的买卖转手造成大换手率，成交量也骤然放大，出现了股价低迷时的高换手率。其实，这是庄家开始在底部大量吃进低价筹码，为后市拉抬股价做准备，后市股价很可能一路走高。

因此，当股价尚处于底部未启动区域时，若某日出现高换手率，成交量放大，则说明有资金介入该股，投资者可伺机而动，紧跟庄家介入该股，后市利润将十分丰厚。

实例分析

民丰特纸（600235）高换手率股价底部突破

根据上一节介绍的换手率应用规则，如个股换手率在 10% ～ 15%，说明股票交易非常活跃，若股价处于拉升阶段，股价后市很可能继续上涨。

如图 2-7 所示，民丰特纸在 2019 年 2 月 14 日出现了收于阳线的 11.09% 的高换手率。

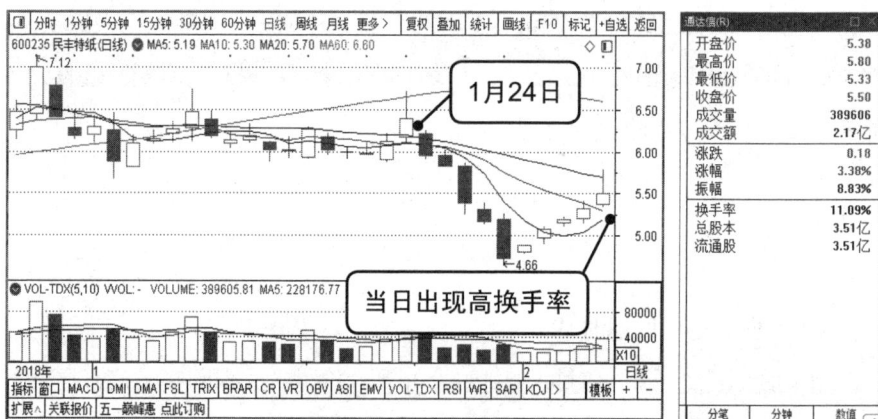

图 2-7 民丰特纸走势图与换手率

由上图可以发现，民丰特纸从 2018 年末起，股价上下波动不大，成交量总体水平较低，没有出现放量的现象，市场表现低迷，没有上涨的动力。在 2019 年 1 月 24 日股价突然放量拉高，似乎股价开始脱离低迷走势，谁曾想稍后几日股价却低开低走，收出连续阴线，股价随之回落。

到了 2 月 1 日，该股股价收于阳线，涨幅节节攀升，预示着庄家开始拉升动作，至 2 月 14 日民丰特纸出现了 11.09% 的高换手率之后不久，在 2 月 19 日，该股又出现了高开高走的放量表现，其换手率达到了 12.42%，如 2-8 左图所示，说明当日有较多资金介入，投资者可推测出庄家开始大力拉升动作，在此时出现了较好的投资时机，投资者若能在此时火速入场，将获利颇丰。该股后期表现如 2-8 右图所示，从图中可看出，庄家前期洗盘打压股价之后，立即开始一路拉抬，在前期因惧怕暴跌而出局的散户一定痛惜不已。

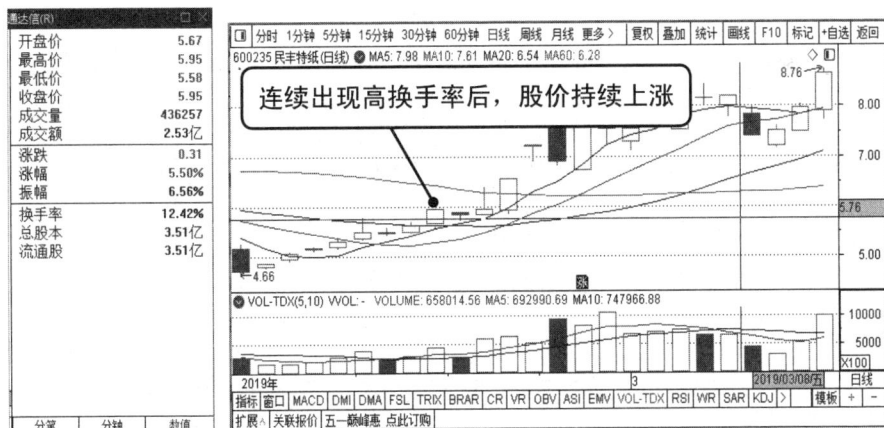

图2-8 民丰特纸后期走势图与换手率

（2）股价处于相对高位

与前一种情况相反的是股价处于相对高位时的高换手率情况。当股价经过一轮大幅度的拉升行情，期间收出多根阳线，股价表现强势，市场做多意愿强烈，股票交投较为活跃，炒作氛围浓厚。同时，股价涨幅不断加大，这时距离起涨点越来越远，庄家在股价上涨过程中积累了大量的高价筹码，有较大的派发出货的需求，想要将筹码转换为资金。

当该股出现利好消息时，就是庄家出货的大好时机。庄家在利好消息出来时大幅拉抬股价，造成股价继续冲高的假象，吸引大量的跟风盘追涨，从而造成成交量放大，换手率放大，而此时，庄家则开始大规模出货，后市跌幅不可计量。

因此，当股价处在相对高位时，成交量放大，换手率放大，都是庄家准备出货，股价即将大跌的信号。投资者在此时应该考虑反向操作，不可追涨介入，持有股票的投资者应立即平仓出局。

实例分析

中昌数据（600242）高换手率股价顶部跌落

如图 2-9 所示为中昌数据 2018 年 11 月至 2019 年 1 月的 K 线走势，从图中我们可以看到，该股经过了一段时间的底部横盘之后，在 2018 年 12 月中旬，股价开始爆发性上涨，股价从 13 元左右火速拉升至 21.98 元的高价。在 2019 年 1 月 10 日出现了高达 9.91% 的高换手率，但收于阴线。

次日，股价即出现跌停，之后又连续收出阴线，股价大幅下滑。可见，在高位出现高换手率时，投资者一定要谨慎操作，见势不妙就应果断减仓离场。

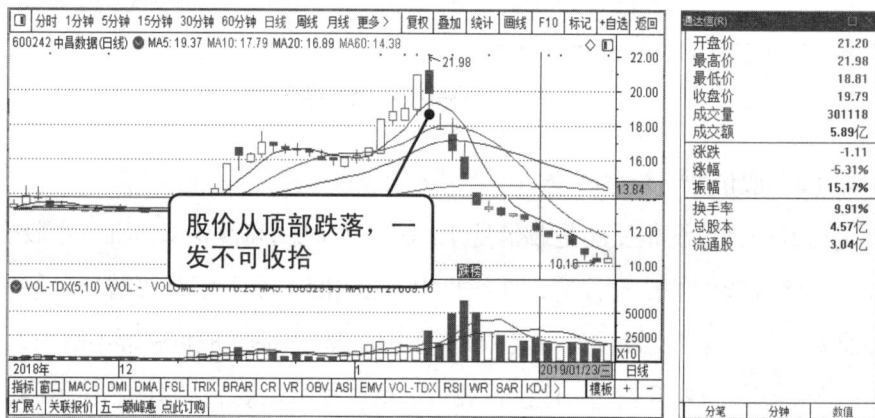

图 2-9 中昌数据走势图与换手率

（3）新股刚上市时期

新股刚上市，必然成为市场炒作的热点，大量筹码在此转手买卖，往往都有一波不错的涨幅，经常出现连续涨停的行情，换手率自然也会很高。这时除了观察出现高换手率时股价所处的位置（股价最好处于突破底部的区域），还要观察出现高换手率持续的时间。如果当日出现高换手率，并且全天成交量保持较高水平，维持频繁换手的状态，此时的股价上涨会更加可靠。

2.3 运用涨跌幅排名榜

涨跌幅排名是指交易系统每天每隔一段时间将盘中所有股票上涨的幅度或下跌的幅度按照大小顺序进行排列得出的排名榜。通过观察该排名榜，投资者可以清晰、直观地发现当天市场整体的强弱，从而做出相应的投资决策。

NO.017 涨幅排名分析

应用交易软件里的涨跌排名选项，然后设置为由高到低的排序，即可看到当日涨幅排名，以便直观地盯盘，观察市场的强弱情况。其操作方法如下。

◆ 观察当日涨幅排名，寻找当日涨停的股票。如果涨停股票超过8只，则说明当日市场交易氛围较为活跃，表现较为强势，大盘表现较好。投资者可在此时买入已经选好的个股，如图2-10所示。

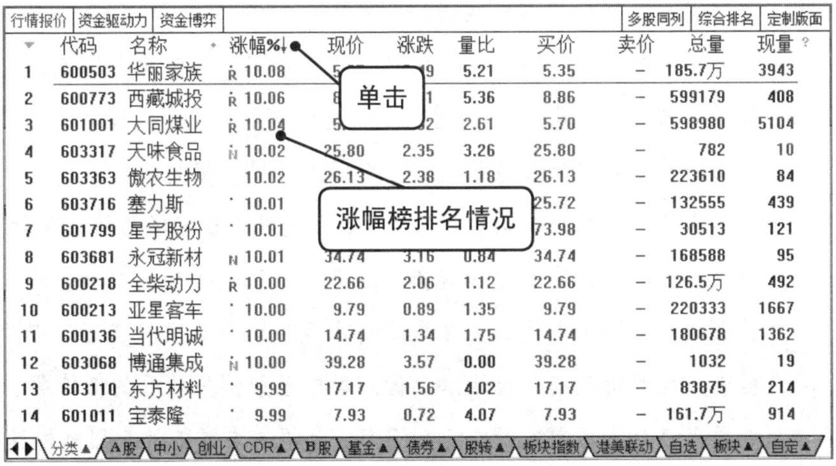

	代码	名称	涨幅%↓	现价	涨跌	量比	买价	卖价	总量	现量
1	600503	华丽家族	Ŗ 10.08		9	5.21	5.35	—	185.7万	3943
2	600773	西藏城投	Ŗ 10.06		1	5.36	8.86	—	599179	408
3	601001	大同煤业	Ŗ 10.04	5	2	2.61	5.70	—	598980	5104
4	603317	天味食品	Ⴂ 10.02	25.80	2.35	3.26	25.80		782	10
5	603363	微农生物	10.02	26.13	2.38	1.18	26.13		223610	84
6	603716	塞力斯	˙ 10.01				25.72		132555	439
7	601799	星宇股份	˙ 10.01			73.98			30513	121
8	603681	永冠新材	Ν 10.01	34.74	3.16	0.84	34.74		168588	95
9	600218	全柴动力	Ŗ 10.00	22.66	2.06	1.12	22.66	—	126.5万	492
10	600213	亚星客车	˙ 10.00	9.79	0.89	1.35	9.79	—	220333	1667
11	600136	当代明诚	˙ 10.00	14.74	1.34	1.75	14.74	—	180678	1362
12	603068	博通集成	Ν 10.00	39.28	3.57	0.00	39.28	—	1032	19
13	603110	东方材料	˙ 9.99	17.17	1.56	4.02	17.17	—	83875	214
14	601011	宝泰隆	˙ 9.99	7.93	0.72	4.07	7.93	—	161.7万	914

行情报价 资金驱动力 资金博弈　　多股同列 综合排名 定制版面

（单击）
（涨幅榜排名情况）

◀▶ 分类 ▲ A股 ▲ 中小 ▲ 创业 ▲ CDR ▲ B股 ▲ 基金 ▲ 债券 ▲ 股转 ▲ 板块指数 ▲ 港美联动 ▲ 自选 ▲ 板块 ▲ 自定

图2-10 观察涨幅榜

◆ 如果当日涨幅靠前的个股涨停家数在1～4只，则说明当日市场总体表现稍微强势，股票交投稍微活跃，大盘表现良好。此时，投资者同样可以进行短线操作。

◆ 如果当日涨幅排名中没有出现涨停的股票，排名靠前的股票涨幅大于6%，则说明市场表现一般，股票交易一般活跃，大盘表现平平。此时投资者应密切关注市场走势和大盘指数。如果当日后期市场走弱，指数下跌，则应持谨慎态度，视大盘指数情况而定。

◆ 如果当日涨幅排名中没有出现涨停的股票，排名靠前的股票涨幅小于6%，则说明当日市场表现较为弱势，股票涨势疲软，大盘表现不佳。此时投资者不宜进行短线操作，应采取观望态度。

NO.018 跌幅排名分析

跌幅榜与涨幅榜相反，它是交易系统将当日某一时段的股票跌幅按照大小顺序进行排列后得出的排名榜。跌幅榜同样可以反映当天市场的强弱，是分析当日市场状况的有效手段。其操作方法如下。

◆ 观察当日跌幅榜，将跌幅榜按照跌幅由大到小排序。如果当日跌停的股票家数超过9只，则显示市场极度弱势，颓势十分明显，市场氛围冷清。投资者此时不宜进行短线操作，而中长线投资者可以选择尚处于底部区域、业绩良好的个股进行提前建仓。

◆ 如果当日跌停的股票数在6只以下，则说明当日市场仍然比较弱势，股票交易冷清，市场氛围较差，股票上涨缺乏市场的推动。短线投资者此时仍不能冒进，宜采取观望态度，而中长线投资者可以适当提前布局股价已有大幅下跌，做空动能已经消失殆尽的低价股。

◆ 如果当日跌停股票家数在1～2只，跌幅排名靠前的个股跌幅达7%以上，则说明市场一般弱势，市场氛围不算太差，市场有启动的迹象，股票交易开始活跃。投资者此时可以继续观察市场动态和大盘指数，如果后市股票开始启动，有所回升，则可以适当介入。

◆ 如果当日没有或只有 1 只股票跌停，跌幅排名靠前的个股跌幅为 7% 以下，则说明市场比较强势，市场交投氛围浓厚，股票有强劲的市场动力，有大笔资金进入股市，股票全线飘红。此时投资者应立即进行短线操作，着重关注底部突破或者处在拉升阶段中洗盘结束的个股。

小贴士 *涨跌幅榜的对应情况*

涨幅榜和跌幅榜是有一定对应关系的。若涨幅榜中没有涨停的个股，排名靠前的个股涨幅在 6% 以下，则说明市场较为弱势，股票交投冷清，股价上涨没有原动力，资金介入量不大，从而跌幅榜中会出现较多的跌停股票家数。

反之，若涨幅榜出现较多涨停股票家数说明此时市场强势，相比之下，跌幅榜同样会出现跌停股票家数十分稀少甚至没有的情况。

NO.019 应用涨幅排名挑选牛股

通过个股涨幅的排名榜，我们可以对排名靠前的个股进行筛选，并通过观察其股价所处位置、所处板块、所属股票类型等进行进一步的挑选。经过多次筛选后，找到可以展开操作的牛股。

应用涨幅选股的方法有如下 3 种。

◆ 分析涨幅排名中靠前个股的上涨原因

当某只个股出现在涨幅排名中靠前的位置后，我们要对其出现的原因进行分析，也就是探究该股为何有如此大的涨幅，是什么动力导致的。分析的重点是这只股票是否是市场炒作的热点，有没有基本面的利好消息。如果只是短暂的消息刺激，那么强势行情的延续性较低，可能只有一两天的上涨，之后再度弱势；如果是当前市场的热点，并且有基本面利好的支撑，比如业绩增长、资产重组或者国家扶持等因素，那么行情将可能延续数日，市场将迎来一波短线操作行情。

◆ 观察涨幅排名前的个股所处板块的表现

找到涨幅排名靠前的个股后，应该随即观察个股所处板块的表现，比如医药类个股有大幅上涨，则要观察医药板块的整体表现。

如果只是个股的强势上涨，而板块表现一般，未出现板块的共振，则说明个股的上涨缺乏行业增长的支持，后市走势不明，可能继续走高，也可能只是"一日游"；如果个股出现上涨，并且整个板块同步上涨，板块整体表现较好，有行业面利好的支持，股价后市表现不会太差，短线机会凸显。

◆ 观察涨幅榜中的个股是否是行业龙头股

龙头股是指在一个行业里业绩较好、股本较大、股东实力雄厚和股价表现良好的个股，在一个板块的上涨行情中，它总是扮演着火车头的角色，带动整个板块的强势。

我们在观察涨幅排名靠前的个股时要重点关注是否有龙头股出现，比如在涨幅排名里地产类板块表现较好，整体上涨，有多只地产类板块的个股出现在涨幅排名靠前位置。那么，就要从涨幅排名中同属于一个板块的个股中找到龙头股，而不是跟风上涨的个股。龙头股由于业绩良好，公司实力雄厚，在利好的刺激下或出现较为可观的行情，而跟风类的个股不会出现持续性的强势行情，一旦出现调整，往往会跌幅巨大。

实例分析

在涨幅排名中挑选优质板块优质股

观察 2019 年 4 月 22 日的涨幅排名，可以发现当日市场表现较为强势，涨停的个股家数达到了惊人的 55 家，说明市场表现十分强势，交投较为活跃，交易氛围浓厚，有大量的场外资金进场操作，这是比较容易出现牛股的行情，如图 2-11 所示。

	行情报价	资金驱动力	资金博弈					多股同列	综合排名	定制版面

▼	代码	名称	涨幅%↓	现价	涨跌	量比	买价	细分行业	卖价 ?
1	300771	N智莱	44.01	43.55	13.31	0.00	43.55	IT设备	—
2	002554	惠博普	10.08	4.04	0.37	3.08	4.04	石油开采	—
3	300138	晨光生物	10.06	8.75	0.80	1.28	8.75	食品	—
4	000551	创元科技	10.06	8.86	0.81	1.95	8.8	专用机械	—
5	002385	大北农	10.06					.55	饲料	—
6	300022	吉峰科技	10.06	机械板块脱颖而出				农用机械	—
7	000890	法尔胜	10.06						钢加工	—
8	600860	京城股份	10.05	10.07	0.92	2.00	10.0	专用机械	—
9	600353	旭光股份	10.05	6.79	0.62	2.06	6.79	元器件	—
10	300116	坚瑞沃能	10.05	2.30	0.21	2.91	2.30	电气设备	—
11	603609	禾丰牧业	10.04	12.60	1.15	1.89	12.60	饲料	—
12	600868	梅雁吉祥	10.04	5.37	0.49	1.63	5.37	水力发电	—
13	002758	华通医药	10.03	13.93	1.27	0.15	13.93	医药商业	—
14	002567	唐人神	10.03	17.44	1.59	0.64	17.44	饲料	—

◀▶	分类▲	A股	中小	创业	CDR▲	B股	基金▲	债券▲	股转▲	板块指数	港美联动	自选	板块▲	自定▲

图 2-11 观察涨幅榜

　　仔细观察当日涨幅榜，可发现机械行业脱颖而出，首页便有两家专用机械板块、一家农用机械板块的股票涨停，涨幅均超过10%，分别是创元科技、京城股份和吉峰科技，后面的列表中还有深冷股份、宝德股份等多只机械相关行业个股涨停或接近涨停。

　　说明机械板块在当日整体表现不错，板块内出现共振，板块个股表现较佳。

　　通过了解市场的基本面，我们可以发现，机械板块的股价上扬与国家政策有很大关系，在2019年3月的两会中出现了增值税减税利好消息，机械行业是直接受益的对象。此外，在两会中提出的铁路、公路、水运等基建投资项目、对环保与高精尖仪器的重视也促进了机械行业的蓬勃发展，相应板块整体经营现金流净上涨。

　　接下来，就是找到龙头股进行投资了。从涨幅排名中，我们从涨停的机械板块个股中挑选出创元科技（000551）进行观察。分析其基本面情况，如图2-12所示。

2019-04-02 证券日报 曹卫新，陈红

日前，创元科技（000551）发布公告称，2018年公司实现营收29.84亿元、归属于上市公司股东的净利润8610.64万元，分别同比增长15.18%、29.62%。

报告期末，公司总资产43.80亿元，比上年增加1.62亿元，归属于母公司的净资产16.19亿元，资产负债率为50.80%。经营活动现金流量为2.50亿元，同比增长44.15%。

据了解，创元科技于1994年1月登陆资本市场，公司以制造业为主，主要从事洁净环保工程及设备、输变电高压瓷绝缘子、滚针轴承、各类光机电算一体化测绘仪器、各类磨料磨具等产品的生产经营，形成以"洁净环保"和"瓷绝缘子"为双主业，精密轴承、磨具磨料、精密仪器等多种经营产业并存的格局。

图 2-12 创元科技基本面情况

从公司资料中可以看出，创元科技的总股本为 4 亿股，市值为 35 亿元，可见实力雄厚。同时公司经营状况好转，属于国家重点高科技公司，该股有基本面的支撑，符合龙头股的特征。

观察该股 K 线走势，如图 2-13 所示。该股在 2019 年 2 月之前经历了一段时间的低谷，到了 1 月末，股价开始稍微昂起头，向上升方向发展，成交量也有了起色，到 3 月初时，股价大幅上涨，拉升势头强劲，同时成交量放大，表现良好。同时又因机械板块为当期热点，整体板块表现良好，因而该股有基本面的利好，未来可期。

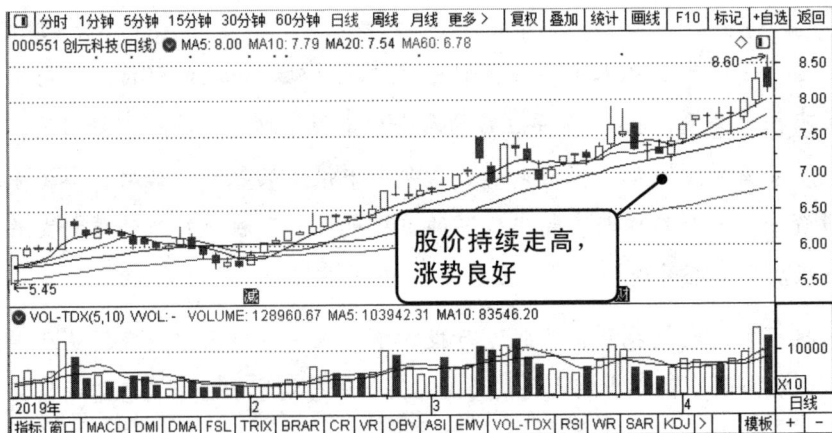

图 2-13 创元科技 K 线图

NO.020 应用跌幅排名捡漏

应用跌幅排名选股是要在跌幅排名中选出处于连续大幅度阴跌后反转的个股和处于上升过程中短暂洗盘的个股，其具体选择方法如下。

（1）股价从前期高点大幅阴跌至底部后反转

按照低买高卖的原则，我们在寻找黑马时就只要从股价处于底部末期，进行最后的下跌后启动的个股中挑选。股价长期处于连续下跌的态势，空方动能得到彻底释放，股价开始逐步反转向上，此后的上涨行情往往比较可观。

庄家将股价拉升至高位后开始疯狂出货，出货是为了将筹码兑现。此时股价呈现出急速下滑，下跌角度十分陡峭，跌幅也非常大。在此过程中，空方对多方取得压倒性优势，多方缴械投降。在大幅下跌的过程中，空方力量由盛转衰，做空动能不断释放，在最后阶段，空方会用尽最后一点力气，制造大幅下跌甚至跌停来继续恐吓散户。待空方力量耗尽时，后市将逐步回暖。因此，挑选黑马的思路就是找到前期处于大幅下跌后止跌回升的时刻介入，中长线操作机会巨大。

> **小贴士** *涨幅选股注意要点*
>
> 从跌幅排名中选股比从涨幅排名选股要稍微困难一些，这不仅要采取反向的思维方式，更由于不能分辨出货的真假，容易在庄家出货时买入，从而被深度套牢，损失惨重。

（2）股价启动不久，涨幅并不是很大

这是根据洗盘的思路来挑选黑马。庄家洗盘一般会在股价拉升一定时间后，其目的是剔除一些获利盘，清洗一些不坚定的筹码，以保证后续的拉升能够正常进行，没有获利盘出来捣乱。因此，要在跌幅排名中选出股价已经启动，但涨幅不是很大的个股。由于升幅不大，没有到达庄家的出货目标区，所以庄家不会突然采取出货行为，而是进行打压洗盘。那么，

后续的上涨还会继续，介入该股后，短线机会仍然存在。

（3）可以适当关注某跌幅较大的个股

在上涨行情中突然出现大幅下跌，不一定就是出货。虽然在熊市行情中，股价大幅下跌已习以为常，常常会有跳水的个股。但在牛市行情或者一波短暂的反弹行情中，股价大幅下跌就不总是跳水下跌了。同样地，如果股价涨幅不大，没有偏离其内在价值，股价上升走势较为平稳时，出现大幅下跌就可能是庄家在用更为凶狠的手法进行洗盘，目的是恐吓散户投资者放弃手中的筹码，以进行下一步的拉升。手法虽然凶狠，但是往往洗盘也比较彻底，此后的上涨行情也较为可观，经验丰富的投资者可以尝试短线操作。例如摩登大道（002656）在2019年3月8日时近乎跌停，但经过一段时间的洗盘调整后，股价再次上扬，若投资者能乘机做一次短线，也可从中获利，如图2-14所示。

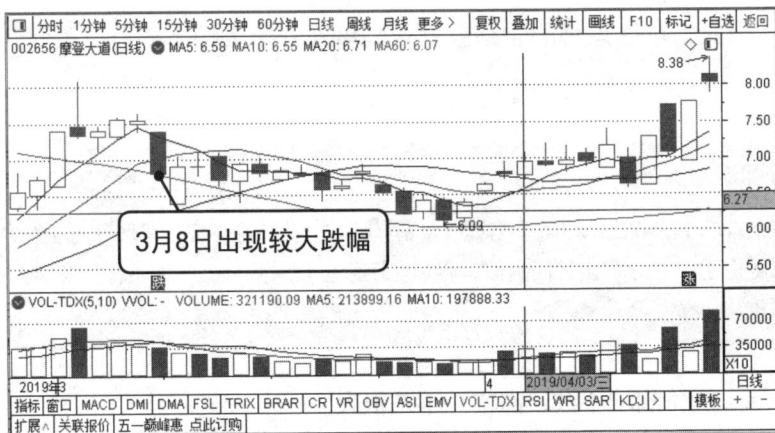

图2-14 在跌幅中寻找个股

（4）股价回调时未破坏技术形态

庄家在洗盘过程中有时由于打压过猛，会造成均线多头形态被破坏。这是有的庄家不希望看到的。通常，庄家在洗盘时会尽量保护均线形态，

不会让股价跌穿长期均线，比如 60 日均线或者 120 日均线等。即使跌穿了
30 日均线，也只是轻微跌穿，不久之后便会强势拉回。

这是因为 30 日均线往往被作为多头攻击的生命线，是多头强势最有力
的表现。一旦庄家打压股价跌穿 30 日均线，则会让市场中的多方失去持股
信心，不少投资者会认为市场开始步入弱势，由多转空，因此纷纷出逃，
放弃已经有一定盈利的筹码。结果刚好中计，庄家将此一一收入囊中，出
局的散户只得后悔。所以，当庄家打压股价至 30 日均线之下后，不久股价
又被拉起，说明庄家无意出货，此时投资者可以短线适当介入。

（5）从成交量的思路考察

由于散户越来越聪明，温和普通的洗盘手法已经不再管用。按照常规
思路，庄家在打压股价时如果成交量未有放大，说明这只是庄家的短暂洗
盘行为，投资者不应抛出筹码，当这个套路被识破后，庄家洗盘时不会有
太多的筹码被震出。于是，庄家开始改变思路，采用跳空低开或者高开收
出巨量阴线的手法对投资者进行更加猛烈的恐吓。由于此时成交量往往放
出巨量，再加上跳空和大阴线，这都符合庄家出货的特征，不少投资者因
此中招出局。所以，如果在股价上涨途中出现该情况，投资者不要轻易被
吓住，待情况明朗后再做出行动。

2.4 应用内外盘查看多空实力

内外盘数据显示了买方与卖方实力的较量，观察内外盘的大小和变化
可以得知市场多方和空方的对比状况，以此可作为投资决策的参考依据。

NO.021 解读内外盘指标

投资者需清楚内外盘有一种最基本的研判方法：以较高价位买入股票的成交量计入外盘，它反映了投资者急于买入股票的主动心理，因而外盘为主动性买盘的力量；以较低价位卖出股票的成交量计为内盘，它反映了投资者急于卖出股票的心理，因而内盘为主动性卖盘的力量。

若外盘大于内盘，即主动性买盘多于主动性卖盘，则说明主动买入的数量多于主动卖出的数量，股价可能上涨；若内盘大于外盘，即主动性卖盘大于主动性买盘，说明主动卖出的数量大于主动买入的数量，股价可能下跌。

小贴士 *看内外盘注意要点*

内盘、外盘并不总是能够真实体现多空的力量，许多时候外盘大，股价不一定上涨；内盘大，股价也不一定下跌。有时候，庄家会利用惯性思维来蒙骗投资者，从而造成有的投资者作出错误的投资决策。

在具体分析内外盘时，投资者需要考虑股价所处的位置、股价呈现的技术形态以及庄家的操作手法等，具体有以下一些情况。

◆ **股价处于下跌后的底部区域**：股价前期经过了漫长的下跌之后，处在底部区域，成交量处于地量水平。随后，成交量温和放大，外盘数量增加，并且大于内盘，此后股价可能会上涨。

◆ **股价处于上涨后的顶部区域**：股价前期经过了大幅度的上涨行情，并且处于顶部区域，成交量不断放大至天量水平，同时内盘数量激增，远超外盘数量，此后股价可能下跌。

◆ **股价处于下跌过程中**：在股价下跌过程中，可能会出现外盘大，内盘小的情况，但股价不一定会上涨。有时庄家会通过挂出卖单从而打压股价，再挂出买单，吃掉先前挂出的卖单，从而造成股价小幅上涨的态势。由于有大量的买单吃掉卖单，因此盘口会显示外盘大于内盘，此时投资者认为股价会上涨，因此大量买入，而买单一旦消失，股价就失去支撑，继续下跌，投资者因此被套牢。

◆ **股价处于上涨过程中**：在股价上涨的过程中，有时候会出现内盘大于外盘的情况，但不代表股价会下跌。从庄家的角度考虑，庄家会挂出几笔大买单推升股价至相对高位，不久股价下跌，庄家便挂出买单，由于先前股价的下跌，部分散户投资者会认为庄家在出货，于是对着庄家挂出的买单打出卖单，庄家通通将卖单接纳，使得内盘大、外盘小。

NO.022 利用内外盘指标选股

当某只股票的股价在底部运行，呈现出横盘态势时，盘口可能显示内盘大于外盘，按照常理判断，这表明主动性卖盘较多，股价可能会下跌。但也有可能有庄家介入，进行反向操作。

庄家操作的手法就是先挂出较大的买单支撑住盘口，再在其他价位上挂出更大的卖单压住股价，使得股价不出现大幅上涨。此时，盘口就会显示有部分大卖单压盘。

一些投资者见到有卖单压盘，再加上股价盘整不前，就失去了持股的信心，担心股价还会下跌，于是纷纷卖出手中筹码。庄家就借此机会悄悄地不断吃进，从而完成建仓吸筹工作。当庄家建仓完毕后，往往会拉抬股价，使得股价走出大幅上涨行情，如果投资者能及时识破庄家手法，就能借机获利。

实例分析

看内外盘数据选股

如图 2-15 所示为达刚路机（300103）2019 年 1 月至 4 月中旬的 K 线走

势，从图中可以看到该股股价经过一轮横盘后略有上涨，于3月中旬又出现一次低谷，股价没有出现大幅波动，此时内盘数大于外盘数。

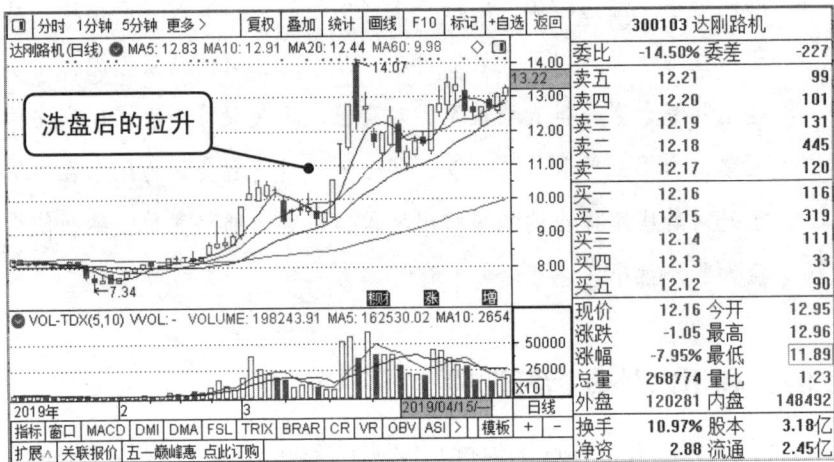

图 2-15 利用内外盘指标选股

经过庄家吸筹操作之后，对方开始建仓拉升，股价呈现逐步上涨趋势，若投资者能及时建仓，后市必将获利颇丰。

2.5 应用委比与委差衡量多空力量的大小

委比和委差是用来衡量某一时段买卖盘相对强度的指标，它与内盘、外盘的功能相类似，考察了市场的买卖热度，可作为衡量多空力量大小的工具。

NO.023 委比与委差的含义

委差等于委买手数减去委卖手数的差。其中委买手数是指现有个股以委托买入价格处于最高五档的价格买入的数量之和；委卖手数是指现有个股以委托卖出价格处于最低五档的价格卖出的数量之和。

委比的算法是：算出委买手数减去委卖手数的差，再算出委买手数与委卖手数的和，再用两者之差除以两者之和，然后乘以100%得出的百分比。

正因为委差是通过买一价至买五价，卖一至卖五价的手数算出来的，因此它能够反映价格的变动方向。如果委差为正值，说明买一至买五的手数和大于卖一至卖五的手数和，则股价后期上升的可能性较大；如果委差为负值，说明买一至买五的手数和小于卖一至卖五的手数和，则股价后期下跌的可能性较大。

NO.024 利用委比与委差综合选股

委比委差只反映了买卖盘力量的强弱，而买卖盘也容易受到庄家的控制和干扰，从而无法完全客观地反映股价的变动。因此，我们可以综合多个盘口指标，仔细思量股票的多空力量强弱，以此选择股票。

实例分析

综合筛选优质股

在这里将委比、委差与涨幅排名、量比、换手率等指标结合，进行综合筛选。首先，选择的该股股价应处于涨幅排名的前列，可以是当期股价涨停的个股，也可以是涨幅较大的个股；其次应该是量比值较高、换手率较高以及委比值达到50%以上的个股。

如图2-16所示为汉钟精机（002158）2019年1月至4月底的K线走势。从图中可以看到，该股股价在跌至7.72元后开始有所好转，缓缓上行。在4月中旬连续走出几根阳线，在22日更是出现涨停，在涨幅排名中靠前。

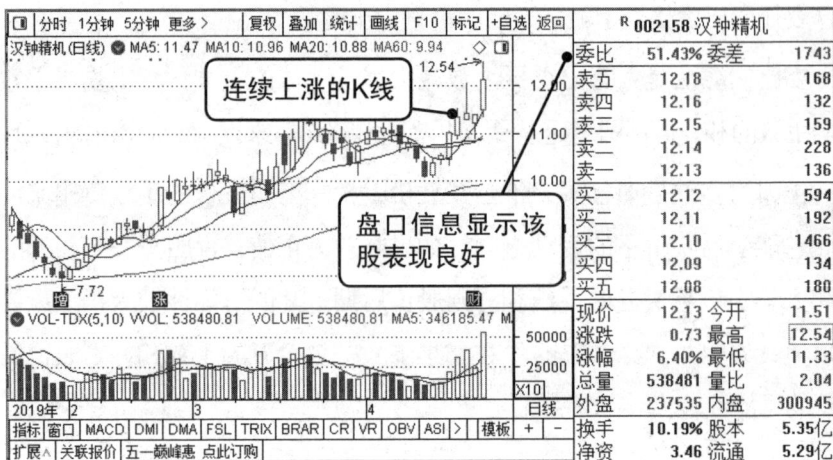

图 2-16 利用委比委差选股

观察盘口指标，委比达到 51.45%，委差为正数，显示股价当天买盘积极，量比值较高，换手率达 10.19%，因而后市看好该股。该股后市表现如图 2-17 所示。

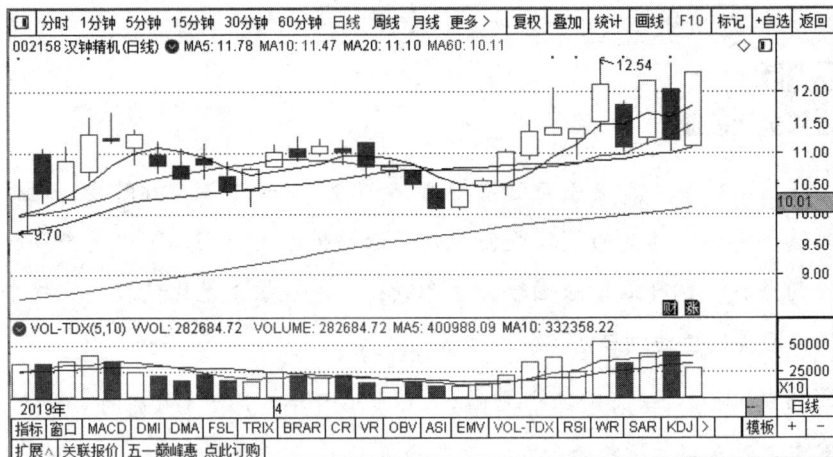

图 2-17 汉钟精机 2019 年 3 月至 4 月的 K 线走势

从零开始
看懂盘口分析

第 3 章

解密买卖盘，洞悉市场多空势力

　　盘口在五档买卖盘中透露的信息就是投资者需要了解的盘口语言。通过盘口语言，可以了解到庄家和散户的买卖情况、知晓市场的买盘与卖盘势力孰强孰弱、研判庄家的买卖意图和市场多空力量态势，具有极强的实战意义。

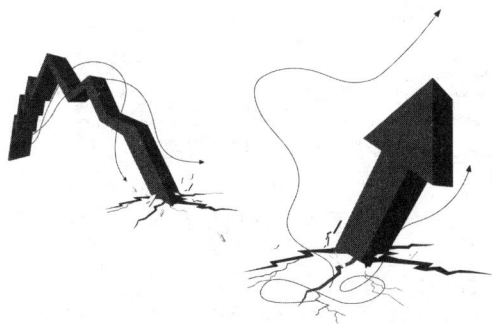

3.1 买卖盘透露的盘口语言

五档买卖盘显示了买一至买五以及卖一至卖五挂单的笔数，该数据是实时变动的，它显示匹配成交后剩下的未成交的挂单，即等待成交的挂单。

不同数量的挂单往往显示了市场中庄家的某些行为意图，可能是洗盘、打压或者拉升等。因此，分析挂单数量的多少有助于研判庄家的行为与目的。下面就来了解一下盘口语言。

NO.025 压盘大单

压盘大单是指在股价运行过程中，在五档卖盘中的卖一至卖五位置突然出现手数较大的委托单。当卖一位置的特大单被消化后，在卖二位置继续出现较大的委托单。在卖盘位置往往不断出现大单压住股价上涨的态势，这就是大单在压盘，如图 3-1 所示。

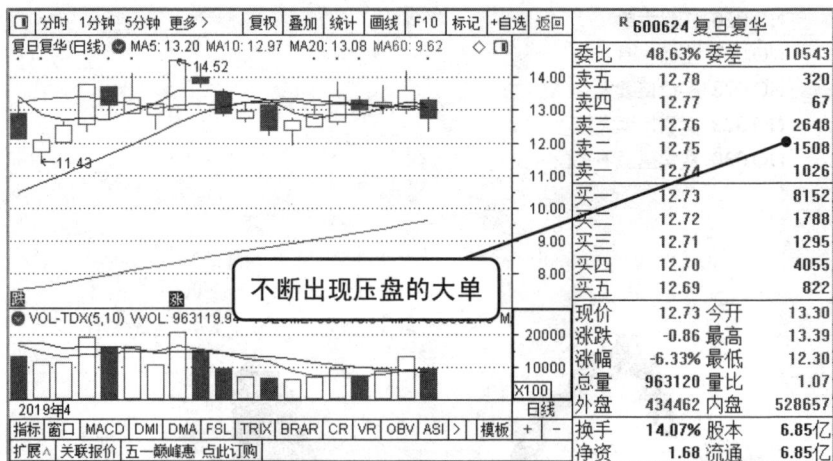

图 3-1 压盘大单

大单压盘有两种解读，其含义如下。

◆ 在股价上涨初期或中期时，股价突破重要的阻力区，上涨时突然出现压盘大单，这是庄家在使用打压洗盘的手法恐吓盘中不坚定的执有筹码的投资者出逃，阻止场外投资者跟风买进。

◆ 在股价处于上涨末期见顶的区域时，出现大卖单压盘，这是庄家进行出货的征兆，投资者应注意动向，尽快离场。

NO.026 托盘大单

托盘大单是指在五档买盘中的买一至买五位置出现大单或特大单，往往表现为当买一位置的特大单被消化以后，买二位置继续出现更大的买单，在五档买盘中不断出现大单的现象，如图 3-2 所示。

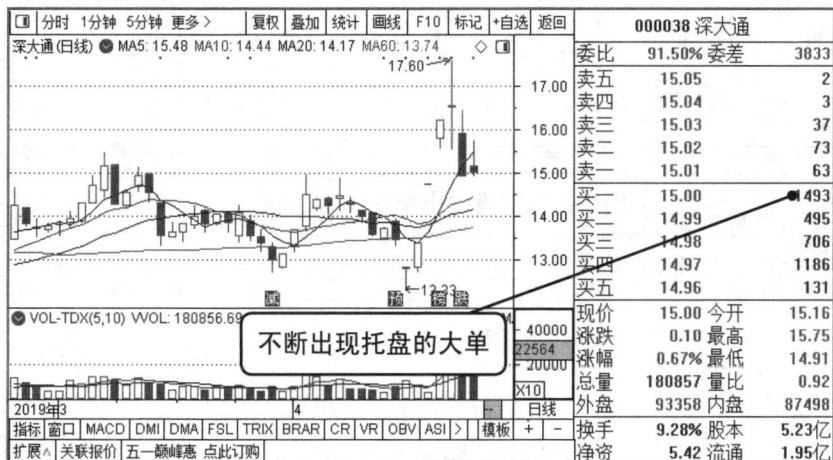

图 3-2 托盘大单

大单托盘的解读如下。

◆ 当股价处于上涨初期且有一定涨幅时，五档买盘出现托盘大单，可能是庄家应用托盘大单消化部分获利盘出局对股价造成的抛压，以便在后市继续操作。

◆ 当股价处于上中期的洗盘区域时，庄家在五档买盘应用大单托盘，

是其在前期洗盘打压高抛后再在低位自行承接的表现，同时也起到
阻止场内投资者卖出的作用。

NO.027 空盘小单

小单是指在五档买卖盘委托序列中出现数量较小的委托单，空盘也可
叫空档。空盘小单是指在盘中有大单交易的过程中，五档买卖盘中突然出
现小于 100 手甚至小于 50 手的交易单，如图 3-3 所示。

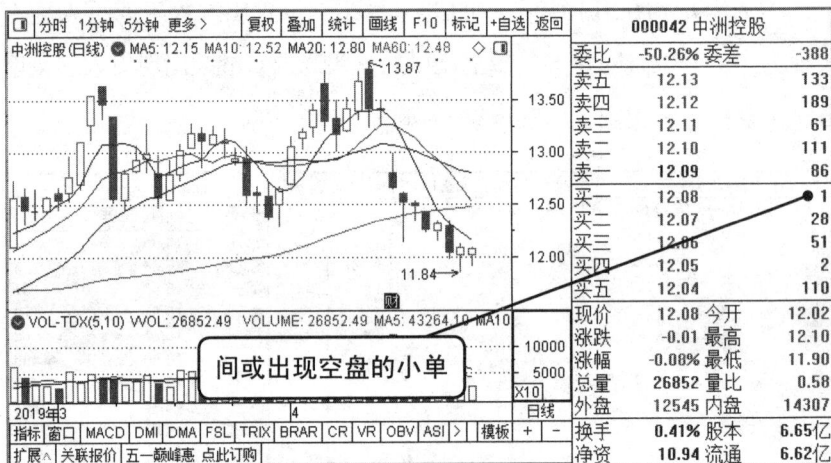

图 3-3 空盘小单

空盘小单的形成具有突发性和暂时性，是由庄家进行五档买卖盘委托
过程中故意挂出的，目的是留出委托单的空档，以此来通过盘口观察场内
投资者的买卖情况，对后续操作提供参考。

NO.028 买盘持续大单

买盘持续大单是指在五档买盘委托队列中出现连续的大单，从买一至
买五都出现数额较大的委托单，如图 3-4 所示。

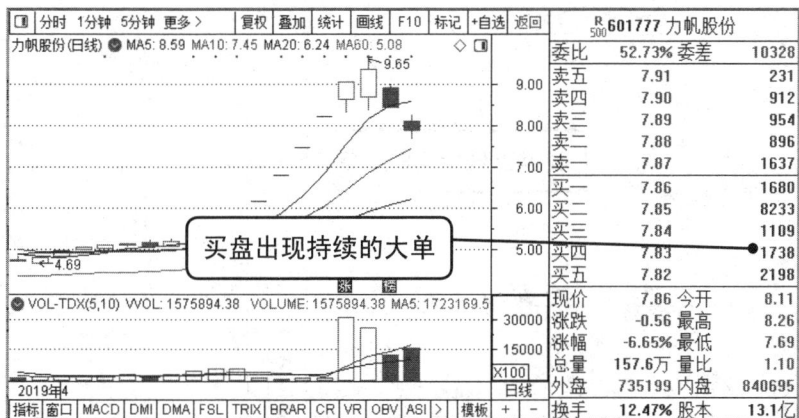

图 3-4 买盘持续大单

其实，庄家挂出的买单有大部分是自己挂的，即在自买自卖，而这些持续的大买单不一定会成交。庄家通过临时挂出大买单，摆出股价买盘汹涌，大有上涨势头的架势，吸引投资者跟风买进，从而达到"草船借箭"的目的，利用市场的看涨情绪哄抬股价以帮助庄家完成操作目标。

NO.029 卖盘持续大单

卖盘持续大单是指在五档卖盘委托队列中出现连续的大单，从卖一至卖五都出现数额较大的委托单，其含义如下。

- 卖盘持续大单的出现除了自然交易情况以外就是庄家的操纵行为。在股价处于上涨末期的顶部区域和下跌初期时，庄家在盘中挂出连续卖单是为了出货的顺利完成。庄家利用大卖单实施疯狂出货，从而逼投资者压低价格出局。

- 在股价处于上升阶段时出现卖盘连续大单，这是庄家洗盘的体现，并不是为了出货。庄家利用连续大单狠狠地打压，让投资者以为出货在即，从而放弃手中的廉价筹码，借此庄家全部收纳。如图 3-5 所示。

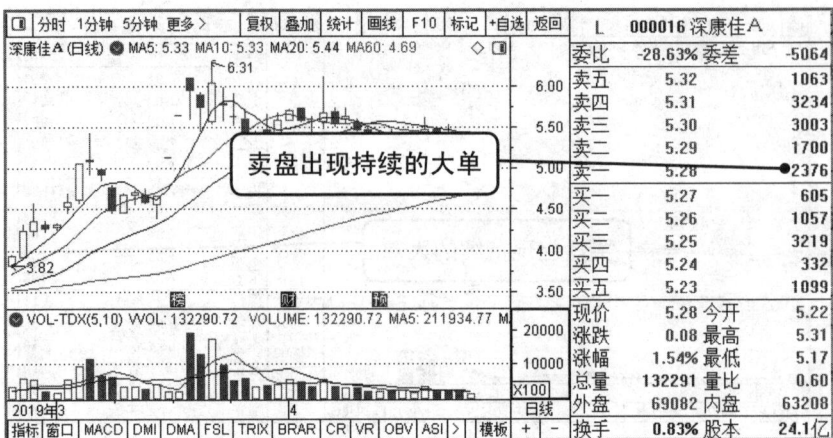

图 3-5 卖盘持续大单

NO.030 买卖盘上下夹板

买卖盘上下夹板是指在交易冷清的某日，买卖盘挂单较少，但在买一和卖一出现手数较大的挂单，或者是在接近的几个价位挂出较大的单子，像一个夹子一样夹住买卖盘，股价就在这个夹子中上下波动，如图 3-6 所示。

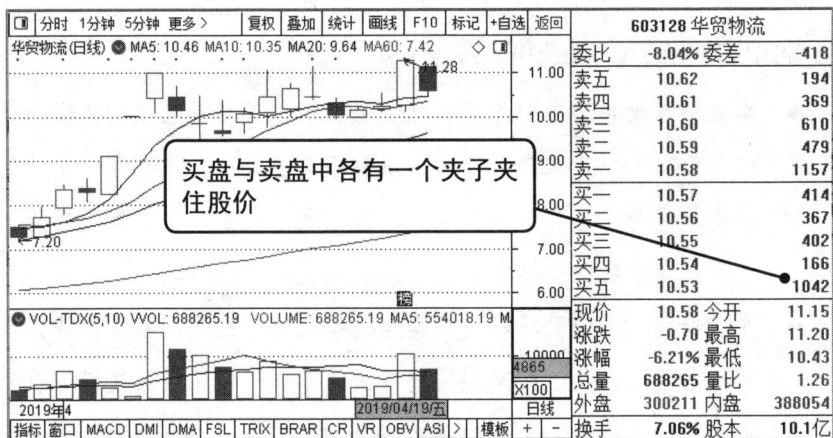

图 3-6 买卖盘上下夹板

庄家进行一卖一买后，由于挂出的卖单可能会吸引一部分买盘，庄家再买回来时，不会新增太多的仓位，甚至可以达到减仓的效果。另外，这也可能是庄家要准备拉升，投资者对夹板出现的前后要保持密切关注。

夹板中的单子有买单也有卖单，没过一会儿，夹板中的单子又消失了，成交量出现放量。而夹板消失也意味着卖单与买单同时消失。一般情况下，买单与卖单是单向成交的，而夹板消失是买卖单同时消失，这就要引起投资者注意了。

大卖单的挂出势必会引起股价下跌，这时市场就会在更低的价位买进，而不一定要对着上面打，所以大买单很可能是庄家故意挂出来的，庄家事先挂出大抛单，然后挂出买单对着卖单去砸，这就是夹板形成的原因。

3.2　盘中成交信息

看盘时，投资者需要通过成交明细，了解市场中出现大单的表现和意义，推测庄家的操作意图，进而从中盈利。

NO.031　单笔大单的含义

大单是指在个股成交明细中，成交手数超过 100 手的成交现量。根据股票不同的流通盘规模，大单的标准也会变化，所以，在观察某股是否出现大单时，要参照股票的流通盘。若流通盘达数亿元，那上千的成交量才能称之为大单。

大单成交的背后极有可能是庄家对股票进行操作的体现，是庄家在盘中的积极买卖行为，庄家通过大单的成交对股价产生影响，从而达到自己的操盘目的。

大单根据持续性，可分为单笔大单成交和多笔大单成交。单笔大单成交是间断性的出现，缺乏持续性，偶尔成交一两笔。单笔大单在股市平静的时候可能是中小投资者或者大户买卖的结果，在股价出现剧烈波动时有单笔大单成交，则极可能是庄家操作的结果，应引起投资者的注意。

在股价处于上涨途中横盘整理的趋势中时，出现单笔大单成交，则说明市场还会延续前期的走势，单笔成交对股价走势的影响不大。

实例分析

紫鑫药业（002118）上涨途中的单笔大单分析

如图 3-7 所示为个股紫鑫药业在 2019 年 2 月下旬到 2019 年 4 月中旬的走势图，从图中可以看到，该股走势呈现一种持续上涨的形态，间或有回落，但幅度不大，整体属于平稳上行状态。

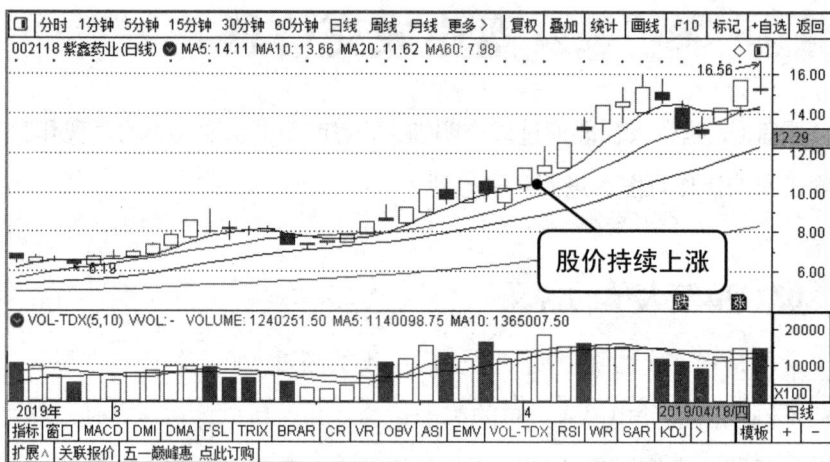

图 3-7　紫鑫药业走势图

有的投资者或许会在其上涨中途有所迟疑，不知道是不是该见好就收，这时我们可以打开分时图或成交明细图仔细查看其买卖数据中的大单情况。

如图 3-8 所示是紫鑫药业在 2019 年 3 月 29 日的分时图，投资者可以发现，该股成交明细中出现了 1035 手的单笔大单成交，这个大笔数的抛单在众多两位数或三位数的单子中显得格外突出，但是仅仅只是一瞬间的大单，对股价的作用不大，市场仍然延续前期的上涨趋势。

在短短一个月后就从 11 元左右涨到了 16.56 元的高价。投资者若中途放弃持有该股，将受到极大损失。

图 3-8 上涨途中的单笔大单

NO.032 多笔大单的含义

多笔大单是指当日盘中某一段时间内出现连续的多笔大单成交，表明市场交易十分活跃，多笔大单的成交具有延续性和承接性的特点。中小投资者由于资金量的限制，以及相互的联系性和团结性较差，在买进和卖出行为上缺乏统一性，不易造成较大数额的单子在短时间内连续成交，所以这样的多笔大单成交一般是庄家所为。

在股票看盘软件中找到需要的股票，输入"01"后按回车键或双击，就可以看到分时成交明细，如图 3-9 所示。

时间	价格	成交		时间	价格	成交		时间	价格	成交	
14:54	11.04	104	B 6	14:55	11.03	527	S 25	14:56	11.03	92	S 9
14:54	11.03	122	S 3	14:55	11.03	160	S 7	14:56	11.03	141	S 15
14:54	11.04	698	B 20	14:55	11.04	15	B 3	14:56	11.03	180	S 19
14:54	11.03	183	S 11	14:55	11.03	467	B 32	14:56	11.03	185	S 21
14:54	11.03	51	S 8	14:55	11.03	283	S 24	14:56	11.04	127	B 14
14:54	11.03	161	S 15	14:55	11.03	1409	S 36	14:56	11.04	351	B 7
14:54	11.04	315	B 13	14:55	11.03	753	S 45	14:56	11.03	23	S 7
14:54	11.04	82	B 7	14:55	11.03	160	B 12	14:56	11.04	3084	B 142
14:54	11.04	220	B 23	14:55	11.03	129	B 13	14:56	11.03	103	S 15
14:54	11.04	647	B 21	14:55	11.03	756	B 26	14:56	11.03	1996	S 31
14:54	11.03	213	S 20	14:55	11.03	79	S 8	14:56	11.03	38	B 4
14:54	11.04	53	B 5	14:55	11.03	304	S 13	14:56	11.03	520	B 2
14:55	11.04	163	B 11	14:55	11.03	1198	B 15	14:56	11.02	394	S 13
14:55	11.04	557	B 21	14:55	11.05	2066	B 126	14:56	11.02	833	S 51
14:55	11.04	101	S 13	14:56	11.03	197	10	14:56	11.03	306	B 11
14:55	11.04	100	S 11	14:56	11.03	21	B 6	14:56	11.03	87	B 6
14:55	11.03	129	S 6	14:56	11.03	227	B 21	14:57	11.03	857	B 39

图 3-9 分时成交明细中查看多笔大单

股价经过底部震荡横盘后向上运行，展开突破拉升行情，如果盘中出现连续多笔大单成交，则说明庄家正采取拉升动作。

实例分析

歌尔股份（002241）上涨过程中的多笔大单分析

如图 3-10 所示为歌尔股份（002241）从 2018 年 12 月底至 2019 年 4 月下旬的走势图。

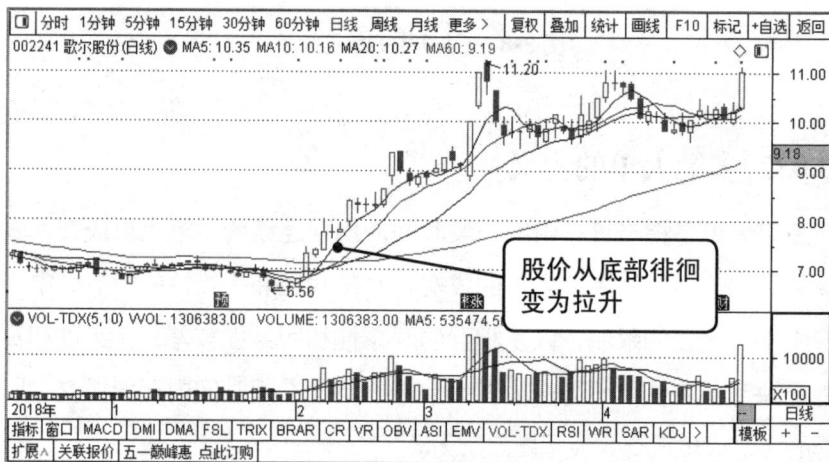

图 3-10 歌尔股份走势图

如上图所示，该股票在经历了一段时间的盘整后，股价开始上行。

查看其交易明细，可以发现多日来歌尔股份盘中都出现多笔大单连续成交，手数在 100～800 手不等，甚至偶尔还会出现千手的大单，如图 3-11 所示。这正好表明庄家在挂出大单吸引投资者跟风买入，通过营造股价强势上涨和挂单众多的情形，引起购买的狂潮，从而借投资者之手拉升股价。若投资者能抓住这一波涨势机遇，必然获利颇丰。

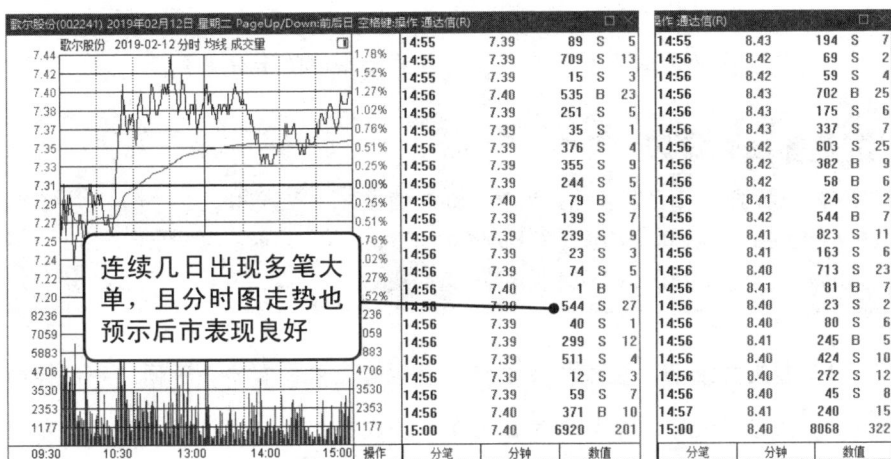

图 3-11 拉升中的多笔大单

小贴士　*股价见顶后突破顶部下跌，出现多笔大单成交*

股价前期经过一轮上涨，在见顶后进行一段时间的盘整，不久后股价顶不住头部压力而下跌，此时，若盘中出现多笔大单成交，这是主力出货的表现。投资者需谨慎辨别，及时减仓或清仓。

NO.033 庄家买单和一般买单的区别

市场上交易的买单众多，有庄家的，也有自然成交的。若是庄家离场，股价走势很可能会出乎投资者意料，极易导致投资失败。于是，分辨庄家买单和一般的买单对分析盘口状况和庄家动向十分重要。其分布方法有如下几种。

◆ **看金额大小**：通常来说，自然成交的买单一般不会太大，因为中小投资者的资金有限，而庄家的单子一般数额较大，能够影响到整个交易状况。

◆ **看买卖方向**：一般的买单只能进行买入，有买入意向的普通投资者若要买入某股，只可能会挂出买入的单子，其买卖方向为单向性的，不可能出现投资者要买入某股，却挂出卖单。而庄家则不同，庄家在操盘过程中可以是双向进行的，在买入前也可能先抛出手中筹码，并且挂出卖单。这种情况在庄家的操作中的十分常见。

小贴士 庄家建仓操作流程

比如在建仓的过程中，庄家为了能在更低的价格买入，降低建仓成本，于是采取打压建仓的方式，先抛出部分手中筹码制造股价下跌态势，从而造成投资者恐慌而斩仓出局，庄家立即挂出买单借此收集廉价筹码从而完成建仓。

◆ **看买卖细节**：庄家的买单与一般性的买单也有诸多不同。一般性的买单成交常常十分匆忙，为了尽快成交，某些投资者会直接对着五档卖盘打去，将卖盘悉数买入。对于庄家来说，他往往还需要制造假象和氛围，所以一般会挂出卖单，迷惑投资者，从而完成操作计划。

◆ **看成交量**：普通的交易单不能主动改变成交量，只能在成交后显示在成交量上，无法进行对敲。而庄家由于手握大量筹码和充足的资金，因此可以利用对敲的手段制造市场的假象，表现出成交活跃的状态，并制造出成交量放大的态势。

NO.034 警惕对倒交易大单

对倒又被称之为对敲，它是股票盘面上的一种常见现象，是指主力庄家自己购买自己筹码的行为，分为向上对倒和向下对倒两种，挂出卖单自己吃进被称为上对倒，反之为下对倒。

对倒是庄家特有的手法，普通投资者无法做到。对倒交易一定是数额较大的大单，实质是庄家自买自卖行为的体现，目的是为了掩饰庄家不愿被普通投资者所发现的动作，以便完成操盘计划。庄家利用对倒盘主要有以下目的。

（1）利用对倒堆量

庄家可以利用对倒，不断进行自买自卖，从而使得成交量异常放大，但其实这些挂出来的单子并未真正成交，只是庄家挂出卖单后又买回来，筹码仍然在庄家手中，而并未转手到其他投资者手中，但是成交量却显示放大，这就给投资者造成迷惑，虚假的成交量让投资者误以为很多人在买而追涨，从而很可能高位接盘被套牢。

如图 3-12 所示，这种诱骗人接盘的对倒，通常体现为股票拉高之后，卖一位置上出现大单即大压单，成交单中没有出现大单吃大压单，只是小买单在不断吃大压单，吃掉之后卖一位置又出现大卖单，此为蚕食性对倒。出现蚕食性对倒显示主力有减仓动作，投资者应警惕减仓或清仓。

图 3-12 对倒堆量

（2）利用对倒拉升

中小投资者也就是散户由于资金的限制，不可能出现太大规模的买卖，因此市场的有许多散单，投资者确定买入某股不是看散单有多少，而是看有没有大买单，从而了解市场的买卖活跃度。

如果只有一些几十手的散单成交，很少有百手的单子甚至根本没有，那么投资者往往认为该股交投冷清而不予理睬。庄家利用散户判断的狭隘性和片面性，利用对倒，连续挂出大买单和大卖单，制造出成交活跃，欣欣向荣，热火朝天的交投景象，实际上市场的买盘很空，交易盛况只是被对倒营造出来的。在此期间，散户大有再不买就来不及的心态，于是将买价报得很高，下边的卖单吃掉后股价轻松向上，这样便把股价步步拉高，这种情形往往出现在庄家要拉抬股价但又不想增加仓位的时候。

（3）利用对倒洗盘

庄家通过对倒交易，挂出大笔数额的卖单，大单压境，给投资者一种空头兵临城下的感觉，显示上档抛压沉重。同时股价下跌并因为堆量的存在而导致成交量放大，制造出放量破位下跌的态势。这样的放量下跌正好触动了某些急于获利和胆小的投资者，于是放弃手中筹码出逃，正中庄家的下怀。

庄家洗盘时在盘口往往出现下跌处放出大量，十分像出货的形态，这其实就是利用对倒手法达到的效果，目的是为了洗盘而非出货。

从零开始
看懂盘口分析

第 **4** 章

看懂大盘盘口，掌握市场动向

大盘盘口显示了指数每天每时的涨跌变化，反映了市场当天的整体运行状况。它是分析股票市场时必不可少的参考要素，对投资者把握当天市场多空状况有极其重要的意义。本章即将详细讲解如何看懂大盘盘口。

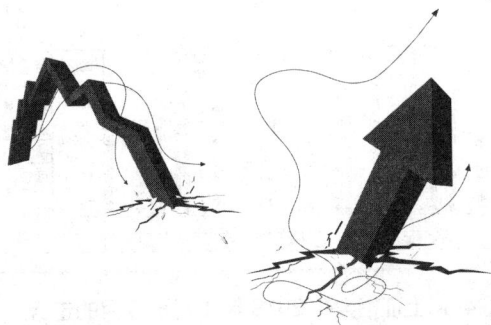

4.1 揭开大盘之谜

大盘是投资者在炒股过程中经常会听到的一个词，它代表着股票市场的整体运行状况，是股市好坏的晴雨表，是看盘时不可忽略的一项指标，下面将对其进行详细介绍。

NO.035 什么是大盘

大盘一般指上证指数和深证成指。它们是由统计学中的指数计算方法编制而成的。

上证指数是以上海证券交易所挂牌上市的全部股票为样本，以发行量为权数，以加权平均法为计算方法，基点定为 100 点，从 1990 年 12 月 19 日开始计算。

如图 4-1 所示为上证指数（000001）在 2019 年 1 月至 4 月的走势。

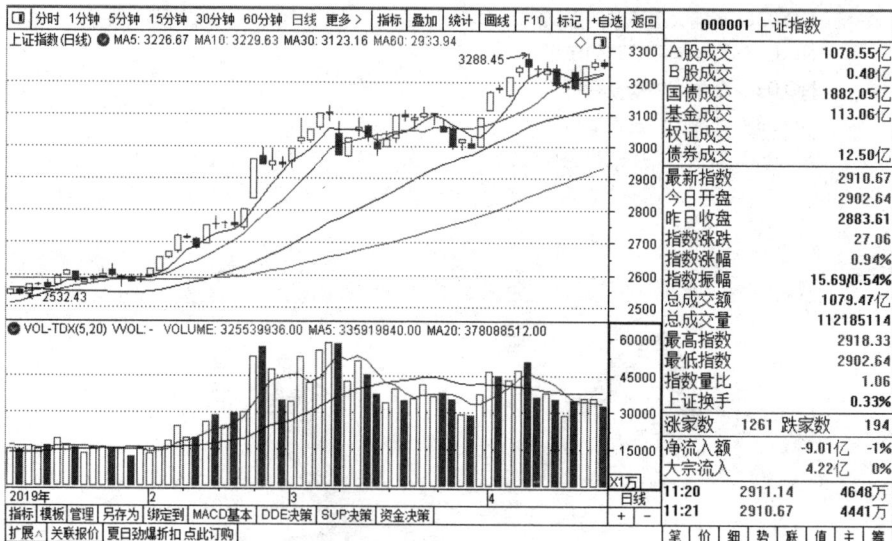

图 4-1 上证指数在 2019 年 1 月至 4 月的走势

深证成指是在深圳证券交易所挂牌上市的所有股票中抽取 40 家具有代表性的股票为样本，以流通股本为权数，以加权平均法进行计算，基点为 1000 点，从 1994 年 7 月 20 日开始计算。

如图 4-2 所示深证成指（399001）在 2019 年 1 月至 4 月的走势。

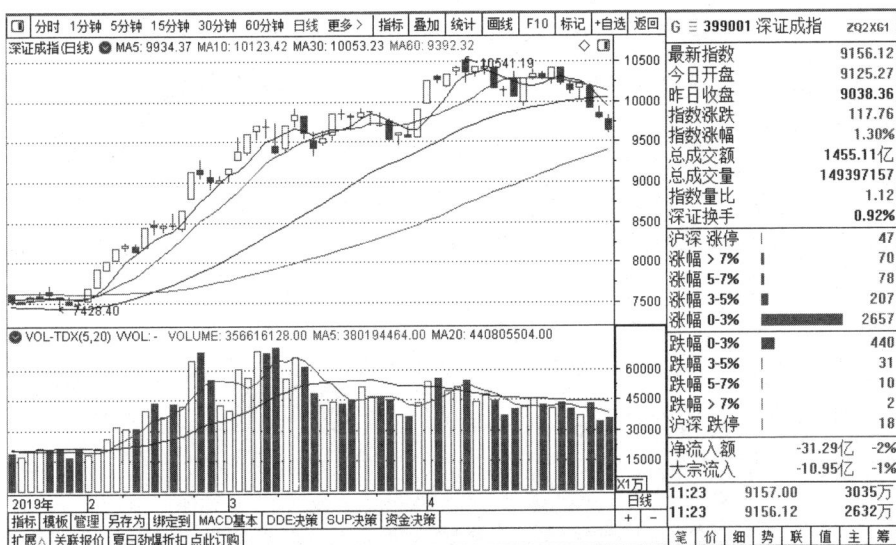

图 4-2 深证成指在 2019 年 1 月至 4 月的走势

大盘指数同样使用 K 线图表示，在普通情况下，大盘 K 线图即每天指数的涨跌情况。

根据投资者的需要，同样可以设置不同周期，从而显示大盘的周 K 线、月 K 线、年 K 线等。

NO.036 影响大盘涨跌的因素

大盘每天的波动都是市场整天运行的表现，大盘的一上一下，都如同一个巨人在市场中迈出的步伐，每一步都对股市有着重要影响。

那么，大盘的波动受哪些因素的影响呢？了解影响大盘的因素对分析大盘未来走势有着十分重要的参考作用。

（1）国家产业政策

国家产业政策是指政府机构制定的国家产业发展的政策，规划行业发展等措施。产业政策主要用来引导和调节国家经济的长远发展，帮助政府实现经济和社会的发展目标。我国的产业政策主要由国务院、发改委和财政部等有关部门制定。

我国的股市对产业政策的发布和实施反应较为敏感，使得股市在政府发布产业政策前后往往都有大幅波动，并最终显示在大盘指数和个股价格涨跌上。

比如国家五年规划的发布、全国人民代表大会的召开、中央经济工作会议和发改委制定的具体经济政策，每当国家公布上述措施时，股票市场往往都会有不小的波动。

小贴士 *政策调控需注意*

投资者对国家的产业政策应保持一定的关注度，对国家即将改革、调控的行业更要保持高度警惕，对国家支持、采取促进发展政策的行业也要保持关注，当中长线机会来临的时候，投资者可以适当介入，但要随时注意市场热点的转化和消退。

（2）主力参与资金的规模

资金是指参与市场交易的各投资方的账户资金，包括各种机构投资者以及各种散户的资金。其中能够影响大盘走势的要属大型机构投资者的资金，即常说的主力资金。有了大规模资金的参与，市场才会有大量的交易，有了交易才会有涨跌。

所以，当有大规模资金介入后，市场必然会掀起一波涨潮。没有了资金的支撑，市场很快会恢复平静，或者表现为弱势。

（3）市场多空心理战

大盘的涨跌变化从某一方面来说，是市场多空双方互相的心理博弈。多空双方在大多数时间内都是在争夺指数的主导权，当指数走至某个点位后，是多空双方斗争的一个平衡点，是暂时达成一致的体现。

待双方休战完毕后，多空双方则继续进入交战状态，直至当天收盘，次日则继续大战"三百回合"。

当市场整体上涨，是多方暂时处于优势的表现，待市场涨至高点后，多方力量耗尽，则股价见顶，随后股价开始回落，空方力量逐步崛起，开始主导市场，市场持续下跌，跌至底部后，空方精疲力竭，缴械投降，多方再次逐步壮大，如此反复，股价涨涨跌跌。

从另一个角度讲，股票价格运行到某个阶段也可以说是市场多空双方达成了共识，找到一个平衡点。当股票价格运行到过高或者过低的位置时，便是偏离了平衡点，偏离之后会逐步回归理性，重新回到平衡位置。这个平衡位置也是多空力量的平衡点。

4.2 从大盘强弱进行分析

大盘的强弱是指大盘指数表现的强势与弱势，或者是交易活跃度。据此可将大盘分为强势有效市场、半强势有效市场和弱势有效市场。

当然，还有一种投资者更熟悉的划分方法：牛市、熊市和盘整市。下面将分别进行介绍。

NO.037 强势与弱势有效市场

根据市场强弱将大盘划分的 3 种类型，分别具有不同的市场意义，其中需要注意的要点如下。

（1）强势有效市场

强势有效市场是指股价完全反映了所有的信息，包括公开的和非公开的信息。表现在股价走势上就是股价持续性地上涨，上涨时间维持较长，期间只伴有微幅下跌的状态，大盘和股价大部分时间处于上涨态势中。

由于在强势有效市场中，所有的市场信息都是真实准确的，因此，各种分析和预测都无济于事，证券投资分析行业也无法维持下去，因为股民已不需要投资顾问，一切信息都已清楚明白。

在强势有效市场中，市场达到公平状态，资源配置达到合理状态。强势有效市场是一种高度透明的市场，是很难达到的市场，很少有人接受强势有效市场的假定。

（2）半强势有效市场

市场的交易信息以及有关公司发展前景的公开信息，比如公司的财务报告、经济状况、近期决策和通告的资料等都表现在股票价格之中，这样的市场被称为半强势有效市场。

如果市场是半强势有效的，仅仅通过已经公开的资料无法得出全面合理的结论，股价将来的变化要通过新的资料来分析，而那些获得内幕消息的投资者将获得丰厚的利润。

小贴士 *半强势有效市场的生存方法*
投资者在半强势市场中应该保持理性的投资态度，不盲目追逐消息股，需努力提高
自身专业素质，冷静地对待市场中的不理性现象，扩大自身信息获得渠道，综合分
析市场情况，采取稳健的投资策略。

（3）弱势有效市场

弱势有效市场是指价格、交易量、短期利率等市场交易信息已充分反映在股票价格中的市场。

在弱势有效市场中，信息的传播受到严重影响，存在"内幕信息"，由于投资者无法知道"内幕消息"，因此无法对市场信息作出客观、理性和全面的分析。

只有那些掌握专业的分析工具和具有较充足的知识储备的专业分析人士才能对市场披露的信息作出正确的判断。

我国证券市场目前处于弱势有效市场和半强势有效市场之间，属于不够成熟的市场。市场价格中包含的信息不够透明，大量的小道消息充斥着市场，内幕消息操作仍然存在。

机构投资者在资金、信息上的优势较散户十分明显，两者在信息获得途径上处于不平等的地位。有些股票往往已经有较大涨幅后，散户投资者或者市场大部分投资者才知道背后原因，而此时再介入为时已晚。

NO.038 在牛市中稳扎稳打

牛市是指股票普遍上涨，股价持久飘红的繁荣行情，也可称为多头市场。市场表现为股价连续上涨，偶然有小幅下跌，但无法影响上行的大趋势，如图4-3所示。

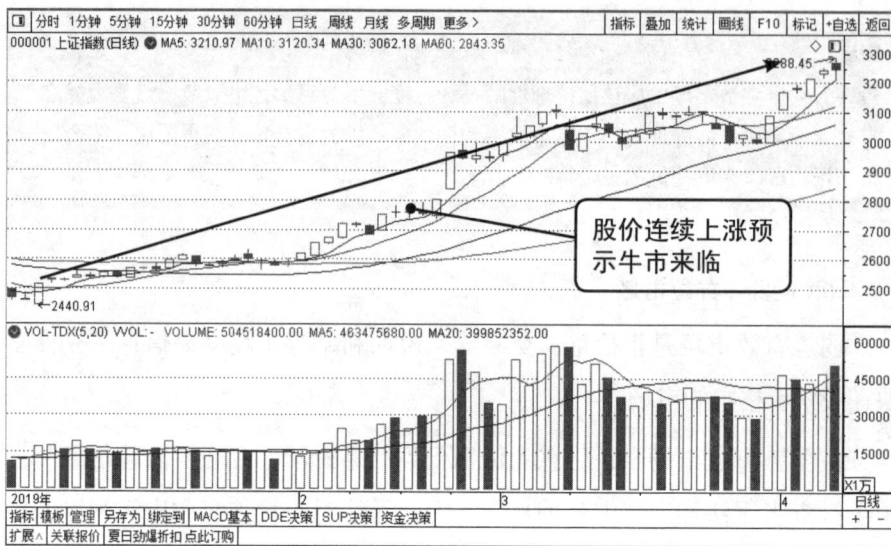

图4-3 牛市上证指数

牛市形成必有其原因，概括来说，主要包括经济因素、政策因素和市场行为因素等，具体介绍如下。

- 经济因素主要包括宏观经济的繁荣、GDP连创新高、市场利率下调、公司利润增加和行业处于发展期等。
- 政策因素包括政府的调控政策、关于新兴行业的扶持政策或者突发的政治事件等。
- 市场行为因素是指市场中主力资金的突然大笔介入，哄抬股价等。

根据不同阶段牛市的特点，可将牛市分为3个阶段。

（1）第一阶段

第一阶段是市场较为悲观的时段，股价经过前期的深幅下跌，已进入底部，大部分投资者对市场失去信心，市场中消极看空的消息层出不穷。大部分投资者失去持股耐心，不计盈亏纷纷抛出手中的股票。

与此同时，市场总体开始回升，不少公司的经营状况和财务状况开始逐步转好，盈利逐渐增加，潜移默化地刺激着投资者的投资欲望，市场渐渐变得活跃。

聪明的投资者通过对总体经济形势、市场环境和个股表现等的分析，开始逐步买入那些已经处于底部的优质股。

由此市场成交量开始逐渐小幅回升，期间偶然会有回落，但几乎每一个回落的低点都比上一个低点高，股票小规模换手，由抛售者手中流入到理性投资者手中，同时也有部分庄家开始低调建仓。如图 4-4 所示为第一阶段上证指数走势图。

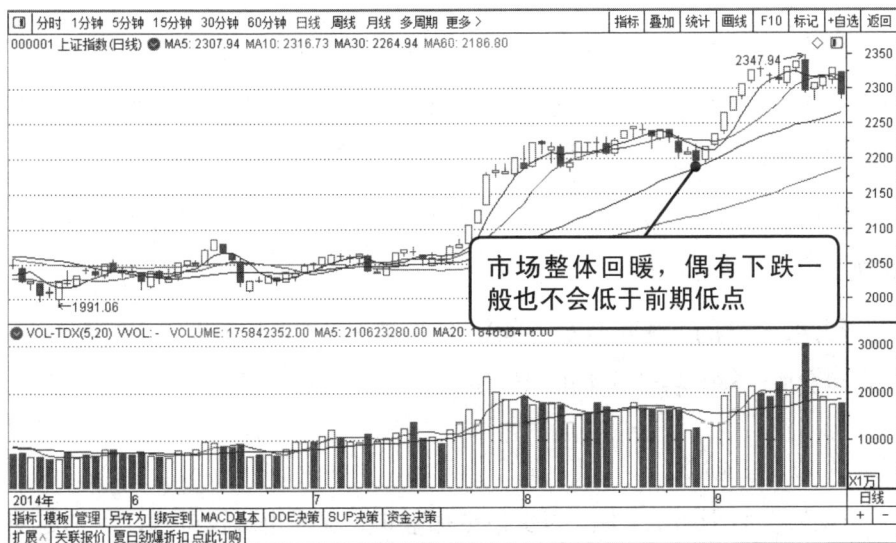

图 4-4　上证指数牛市第一阶段走势图

（2）第二阶段

股票市场继续前期的回暖态势，由于市场的好转只被一小部分投资者知晓，大部分投资者并未看好股市，此时股市涨中有跌，跌中有涨，如图 4-5 所示。

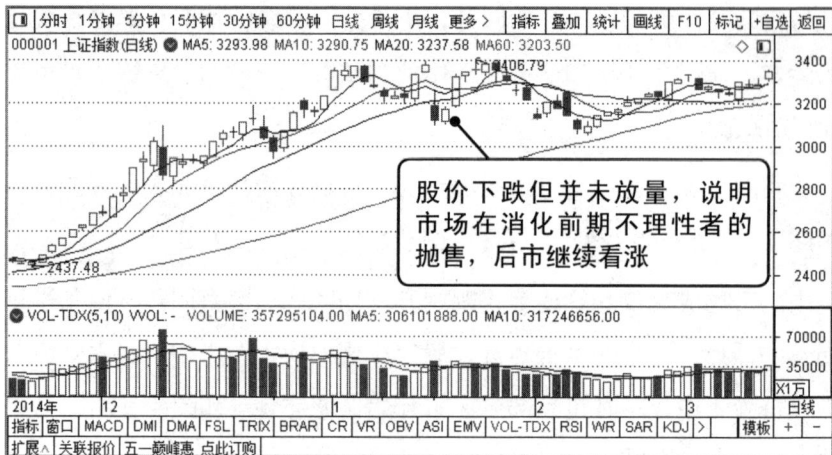

图 4-5 上证指数牛市第二阶段走势图

由上图可以看出，在此阶段指数表现有小幅下跌，这是因为市场中部分前期套牢的投资者急于解套，一旦股价有所回升，便立即抛出筹码，解套出局，由此股市形成一定量的抛压，造成股价小幅度的下跌。

同时也可以看出，股价下跌时成交量并未放大，说明只有部分筹码在此换手，市场牛市的预期并未改变。

因此，短暂的下跌回调无关痛痒，这只是市场在消化前期的不理性因素，待市场完成调整，将继续牛市的步伐。

（3）第三阶段

股价经过回调后，上涨的步伐更加坚定，涨幅也比较可观，市场成交量不断放大，从而吸引越来越多的跟风投资者，市场涌入大量资金。无论是散户资金，还是主力资金，都将大规模介入。

换手率不断升高，筹码转手频繁，股价被一步步拉升，指数表现较好，大盘不断创新高。同时，在经济势头较好的情况下，公司的经营情况大幅改善，财务状况逐步好转。

政府出台政策刺激股市，在利率下降的条件下，公司的融资成本变低，经营利润提高。公司基本面情况的好转必然体现在其股价上，股价上涨引领更多资金的介入，价格被哄抬至顶，如图4-6所示。

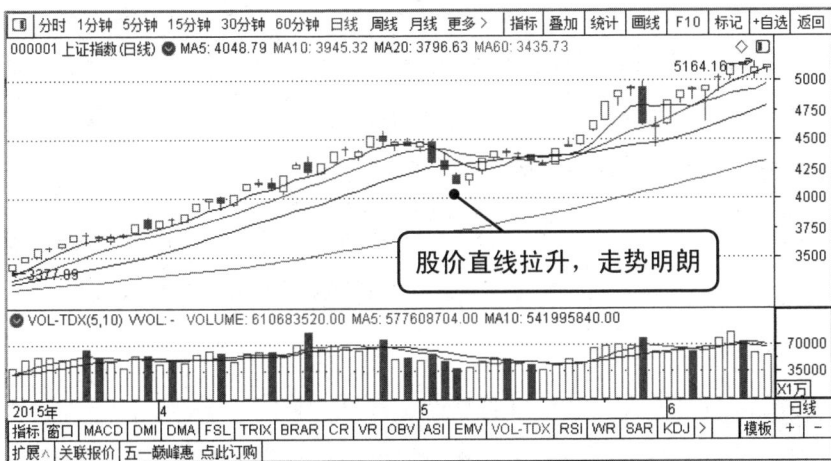

图4-6　上证指数牛市第三阶段走势图

如上图所示，大盘指数一路直线拉升，表现十分强势，成交量保持较高水平，虽然中途有短暂的回调整理，但并未影响大盘的牛市行情。大盘指数从第一阶段的1990点附近涨至5164.16点，成为板上钉钉的大牛市。

牛市意味着市场上做多意愿强烈，大多数股票出现普涨现象，同时不乏领头羊带领各个板块大幅上扬，投资者在牛市中大多会急于买入股票，唯恐失去买入机会，但盲目投资也可能导致损失或获利较少。

那么在牛市中应如何稳扎稳打把握机会呢？投资者可以按照以下要点进行操作。

◆ 在牛市中，由于股票涨幅偏大，股价上涨势头迅猛，因此技术指标出现失效的情况，如果技术指标发出卖出信号，而股价一路飙升，毫无下跌的迹象，投资者此时应继续持股，并随时注意股价涨幅。

◆ 在牛市中，专注各板块的领涨品种，如涨幅较大，也可以追高买入，该追即追，绝不犹豫。只要牛市没有暂定的迹象，坚决持股待涨。遇到调整，回落不轻言减仓，不要稍有震荡或者获利便立马走人。

◆ 抓住一个上涨个股，就不要放手，不可朝三暮四、见异思迁，频繁更换热点股。一旦下单，便做好长期持有的准备，不可犹豫不决，结果顾此失彼，错失行情。

NO.039 在熊市中逃过危机

熊市又称空头市场，表现为大盘指数持续下跌，市场不断走低，萎靡不振，交投冷清。一般来说，熊市的持续时间较牛市短，但破坏力十分惊人，不少投资者被套牢甚至破产。

在熊市中，绝大多数投资者账面上都是亏损的。虽然在熊市中，也有部分机会，但十分难把握，一旦介入很可能被套，如图4-7所示为上证指数熊市行情示例图。

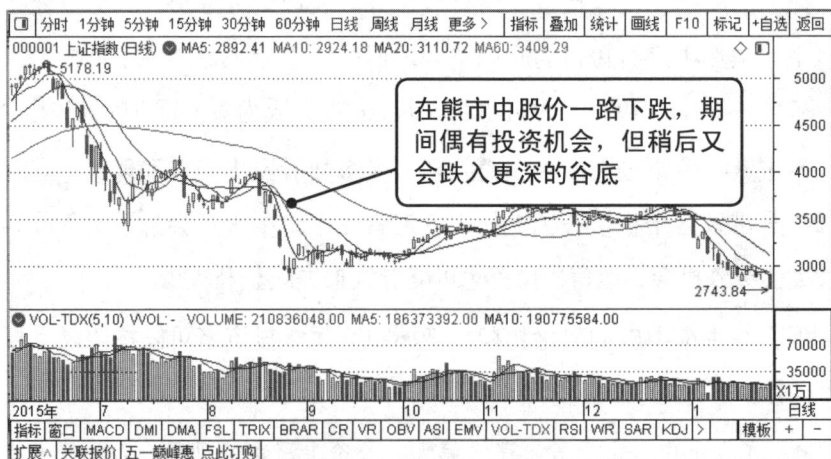

图4-7 上证指数熊市走势图

根据熊市不同时期的特点和市场情况，同样可将熊市分为3个阶段。

（1）第一阶段

熊市的第一阶段就是牛市第三阶段的末尾，此时市场投资氛围往往处在高涨的阶段，市场过分乐观，投资者只顾着追高买入，对后市没有担忧之心。公司的经营超出正常水平，企业融资规模空前高涨，大都实行加速扩张的策略。在市场唱多的情形下，少部分投资者开始逐步减仓或者采取观望态度。他们的行为给市场降了温，若指数上涨，成交量萎缩，则可能是股价见顶的信号，如图4-8所示。

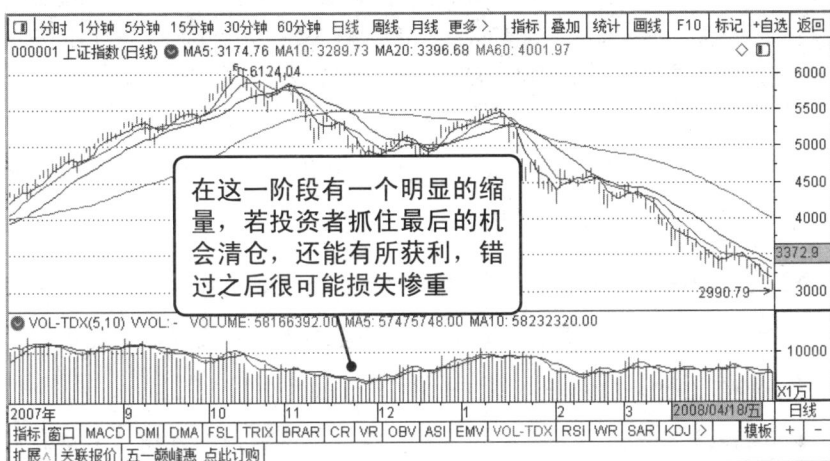

图4-8 上证指数熊市缩量走势图

（2）第二阶段

在熊市第二阶段，经济形势恶化，部分公司发展受阻甚至停滞不前，业绩下降，还贷压力增大，公司利润下降，没有了基本面的支撑，公司股价开始下跌，股市整体处于一触即跌的状态。

由于市场的主力已经完成拉升任务，开始进入出货阶段，市场弥漫着利空的消息，更是让投资者晕头转向，不敢再做多，悲观情绪占据了市场的主流，因此多只股票的股价开始下滑，大盘亦如此。

（3）第三阶段

第三阶段是熊市最后的疯狂时期，也是熊市末期。此时股价继续下跌，成交量大幅萎缩，此时业绩差的股票已经经历了大幅下跌，跌无可跌，而绩优股在此时开始下行。此时大盘指数也表现为经过深幅下跌后在底部横盘整理。

小贴士 *熊市与牛市切换时的机遇*

在熊市的末尾阶段，成交量若出现小幅放量，即显示指数已跌无可跌，即将与牛市的第一阶段衔接，有远见的投资者开始关注有大幅下跌的绩优股票，进行逢低吸纳操作，待牛市来临后将获取丰厚回报。

熊市具有的破坏力极强，股票市值在短时间快速蒸发，给股民带来不可挽回的损失。在熊市操作中应注意的问题如下所示。

◆ 在熊市来临，股价出现暴跌的情况下，切勿不计代价地割肉出局，如果股价持续下跌，可以等待股价在下跌中途反弹时期逐步减仓，慢慢出局。

◆ 当所持股票处于下跌走势中时，投资者不可过于急躁，不要频繁地操作或者由于不甘心，继续投入资金，这样做只会让损失越来越大。

◆ 充分了解并接受股市的风险，股价涨至高位就会下跌，下跌至低位便会反弹，股市既有其值得我们欣喜的时候，也有令我们彻夜难眠，担惊受怕的时候。

◆ 熊市来临后，投资者应保持观望。当股价跌至低迷时段后，投资者可以先于市场积极备战，做好迎接牛市的准备。

◆ 熊市是考验投资者心态和操作能力的最佳时段，投资者不要为暂时的亏损过分悲观，要调整好心态，增强自信心，不断总结失败经验，提升自己的操作技能，建立自己的操作策略，这样才能愈战愈勇，在股市中获利。

NO.040 盘整市场中的机遇

盘整是指指数或股价在一段时间内，在某个范围内小幅震荡，没有大幅的上涨也没有大幅的下跌，呈现出横向整理的态势。此时，指数或股价振幅较小，最高值与最低值的差距不大。由于盘整市没有明显的趋势，因此也是较难操作的行情，投资者不易把握投资方向。

如图4-9所示为上证指数2016年5月至2018年8月的周K线走势图。

图4-9 盘整市周K线走势图

从图中可以看到，大盘前期从2638.3点开始上升，随后开始了横盘整理走势，指数窄幅震荡，一上一下，累计涨幅不大，最后又落回原点，这就是典型的盘整市场。

大盘盘整则意味着市场方向不明确，交投不够活跃，大多数投资者持观望态度，没有大笔资金介入，场内筹码没有频繁换手，后市可能上涨也可能下跌。一些技术指标出现失效，例如移动平均线此时可能处于纠缠在一起的状态、MACD红绿柱线窄幅波动等。此时从技术指标中不易发现股价未来的变动趋势，无法发出可靠的买入或卖出信号。

在大盘处于盘整市时，市场中的部分个股也会受到影响，此阶段个股股价可能因为没有大盘的带领和拉动，呈现出小幅下跌的情况。然而，精明的投资者也可以发现盘整市对不同股票的影响各不相同，也就是说个股可能会跟随大盘一起盘整，也可能逆势下跌或逆势上涨。

此时，投资者若采取抛开大盘看个股的策略，即可寻找市场中的业绩优良股，趁早进行布局，从而在盘整市中获利。

实例分析

盘整市中短线操作神州数码（000034）

2018 年是动荡的一年，美国、欧洲等地区遭遇经济低迷的寒流，又受各种局部地区战争、难民迁移的影响，造成了全球经济的持续低落。而美国推行关税政策挑起贸易纷争、美联储持续加息等利空政策更导致国内投资者信心下滑，大盘进入了长时间的盘整中。市场不利因素主要影响了房地产、银行等周期性行业，对火速发展的 IT 行业则影响较小。因此，投资者可以在其中寻找商机，如图 4-10 所示为神州数码（000034）走势图。

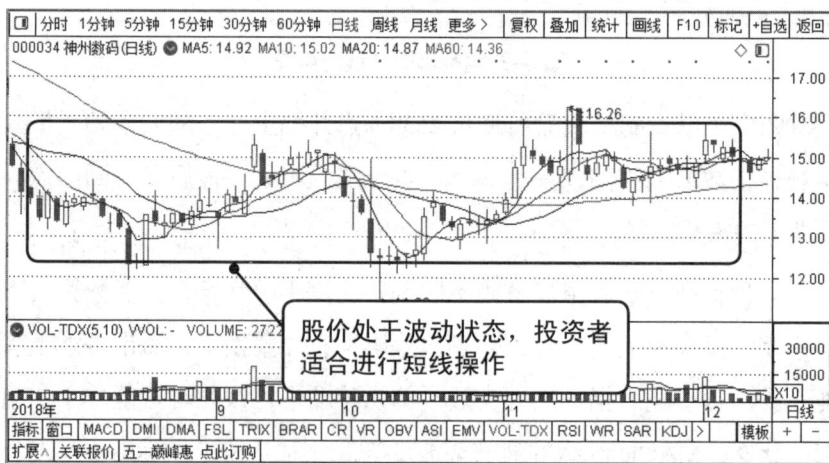

图 4-10 神州数码走势图

从上图中我们可以看到，神州数码股票走势在 2018 年 8 月初至 12 月中旬之间处于一种上下波动状态，股价有高有低。

若是投资者能看准时机在 10 月前后股价低谷时购入股票，而后在 11 月中旬前后售出，必能获利颇丰，如图 4-11 所示。

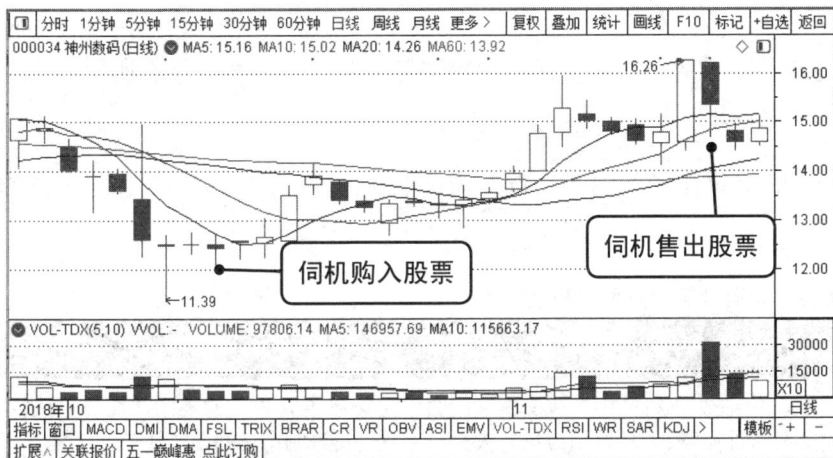

图 4-11 短线操作神州数码走势图

4.3 大盘行情研判

要想在不同的市场行情中都立于不败之地，投资者必须学会判断大盘行情，比如预见什么时候大盘见顶、什么时候是大盘下跌时的反弹等。只有把握住市场的韵律和节奏，才能顺势获利。

NO.041 大盘的见顶与调整

当大盘处于上升时期时，指数的调整可能是由于市场中的主力洗盘而造成的。此时指数下跌凶猛、速度快、时间短，往往出现连续性的下跌，并且跌破市场的技术支撑线。主力借此清洗浮动筹码，为后面的操作做好准备。

当大盘涨幅较大，市场股价严重偏离其内在价值时，市场就有回落的要求。此时的主力都开始出货，为了顺利出货，主力不会不计代价地疯狂砸盘，而是将技术形态做的较为理想，然后悄悄出货。表现在大盘上则是缓慢地下跌走势，从而不让散户投资者察觉，而一旦市场有所反应，主力已经出货完毕。

投资者需要警惕这种情况，通过一定方法，即可辨别见顶与调整的不同信号，如表4-1所示。

表4-1　如何分辨大盘见顶与调整

观察角度	见顶	调整
成交量	在见顶行情中，成交量一般会持续放大，显示市场有大量资金出逃	成交量会有一定的萎缩，而不是巨幅放量，这说明市场的多方并未放弃推升，卖盘不是非常大，市场没有被否定
K线	大盘在见顶时往往收出连续的小阴线和小阳线，使得投资者不能明确地判断大盘是否已经见顶，而对后市还抱有幻想	大盘进行调整时经常走出实体较大的大阴线，主力以此来震慑散户投资者，从而达到洗盘的目的
换手率	大盘在见顶下跌的过程中，成交量会放大的同时，换手率也很可能放大。由于市场主力在大规模出货，同时又有其他投资者在接货，从而造成换手率达到较高水平	大盘调整时，换手率一般都不会达到较高值，即使有高换手率的情况也不会延续太久

NO.042　大盘反弹和大盘反转的区别

大盘反弹是指大盘指数在下跌走势中的突然上涨现象，反弹并未改变原有的下跌趋势，而只是多头的小打小闹。大盘反转是大盘指数在见底后或者在下跌末期后开始拐头向上，是大趋势的改变，是由空转多的过程。

投资者可以通过以下方法识别大盘的反弹与反转，如表4-2所示。

表4-2　大盘的反弹与反转识别办法

观察角度	大盘反弹	大盘反转
大盘指数	反弹前指数可能只是大幅度下跌，而并未出现探底和跌无可跌的迹象，未构筑坚实平整的底部平台。 指数反弹在时间上具有突然性和短暂性，往往是V形的反弹，指数上涨前没有充分的准备以及对空方动能的充分消化，此时的短暂上涨只是空头的休整，不久后将继续下跌	大盘经过大幅下跌后已跌无可跌，市场做空的动能已经消耗殆尽，有较强烈的回暖要求。指数多次探底，下跌幅度已经变得很小，无法再创新低。此后指数的上涨较可能是反转
资金进出	反弹只是短暂性的上涨，对新资金的需求度不高，现有主力的资金已经足够，即使有新来的资金进入，也大多属于短线派的游资，只是短线操作，没有长线操作的意愿	由于指数反转前处于一段时间的底部区域，如果没有主力进场，那么指数将持续低迷，因此要重新启动需要大量资金的推动
移动平均线	在反弹行情里，均线同样调头向上，但显得十分唐突，没有先前的缓慢攀升过程，而是短期均线突发性地上穿中期均线，并且不易形成持久的多头排列形态。同时，长期均线也不一定随短中期均线一起向上，而是走平或者继续下行。指数在短暂突破均线后再次下穿走在均线之下	在反转行情中，短期、中期和长期均线在底部纠缠黏合后开始慢慢拐头向上，短期均线先行上扬，中期均线沿着短期均线的道路继续攀升，长期均线也逐步向上，但涨速较为缓慢。运行一段时间后，短期均线开始上穿长期均线，并且形成金叉，均线整体形成多头排列
市场热点	此时市场的热点不具备持续性，每天领涨的个股并不固定持久，今天是这只，明天又换作另一只，热点转换十分频繁。因此，反弹行情不具备持久的操作热度，很多主力也只是"一日游"，打完就跑	指数反转往往伴随着市场的利好消息的出现，在不同的板块中各有领涨的龙头股，它们表现突出，是指数反转的主力军和推升浪。正是由于它们的领涨，指数才节节攀高，成功反转

NO.043 大盘下跌中间平台与底部

大盘指数在下跌的过程中，会出现暂时性的调整动作，有可能是短暂的反弹，也可能是短暂的横向整理走势，从而形成一个平台式的企稳行情。

中间平台与底部都是出现在大盘的下跌走势中，但所处的具体位置却不同，这导致了在两个不同的行情期间的操作也不相同。

那么，如何识别下跌平台与底部呢？首先来认识一下两者的相同点。

◆ **都表现为指数企稳**：下跌中间平台与底部都只是企稳的表现，前期必定经历了一波下跌走势，而后出现调整，致使指数横向发展。

◆ **K线大都以小阴线和小阳线为主**：指数在中间平台整理或者在底部时，都表现为窄幅整理，震荡幅度不会太大，不会有大涨大跌的现象，K线多为小阴线或者小阳线，有时伴有星形线。

◆ **都是市场进行休息**：中间平台和底部都是空方大军的休息状态，此时市场过度的下跌需要降温，两者也都是市场空方力量逐步衰竭的表现。

◆ **都会出现缩量的状态**：两者的形成都会伴随成交量的萎缩，中间平台中出现缩量，说明此时筹码换手不多，大部分筹码已经出局，唯有少部分的套牢筹码抓住机会出局，造成股价小幅下跌；在底部阶段出现同样也会缩量。

小贴士 *庄家如何趁机底部建仓*

在大盘形成底部前的下跌过程中，会有大量的恐慌盘出逃，指数也随之大跌。但一段时间后指数却逐步稳定，开始步入横盘走势。这说明有庄家资金在悄悄建仓，庄家趁着前期的大跌势头，在大量出货后开始在低位重新吸进筹码，恐慌盘抛出手中的筹码，庄家一一接手，从而使得指数逐步企稳。

大盘中间平台与底部的不同之处如表4-3所示。

表4-3　大盘中间平台与底部的不同之处

观察角度	中间平台	底部
成交量	在平台末期成交量很少放大，有时甚至是缩量，显示入市的资金不够多，不够积极，没有炒作热情	大盘见底过程完成后由于资金的介入，从而推动指数继续向上，并且成交量逐步放大
技术指标	各项技术指标没有超卖，或者超卖持续时间较短，也没有形成底背离状态，中间平台没有经过长时间的构筑，不能成为坚实的底部	KDJ指标显示超卖，MACD指标的两条线在低位运行，多项技术指标形成底背离状态，从而构筑坚实的底部形态
换手率	在中间平台后期，市场仍然表现冷清，虽有个股上涨，但都不属于实力较强的龙头股，只是超跌个股或者补涨股，没有带动大盘上涨的实力	在底部形态被突破后，往往会出现多个领涨龙头股，这些个股大多业绩优良、股本规模较大、公司实力也十分强大，并且有大规模资金的介入。这样的龙头股会带领大盘走出底部

实例分析

大盘中间平台的逃跑机会

如图4-12所示为上证指数（000001）在2018年2月至5月中旬的走势图。

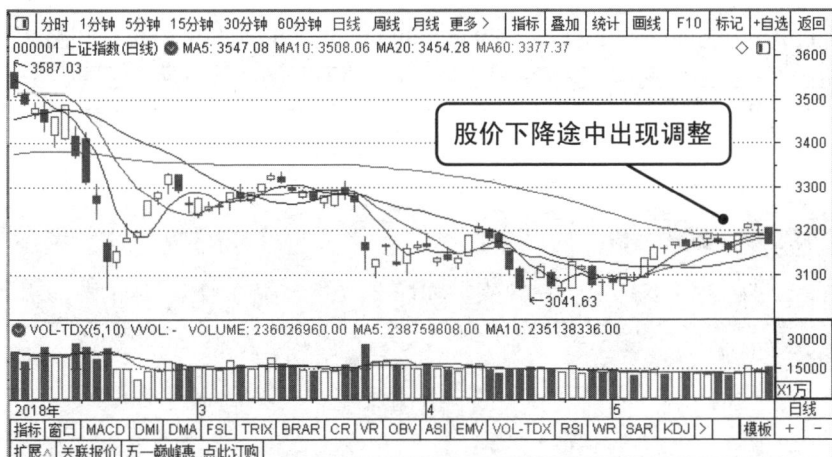

图4-12　上证指数进入横盘走势

仔细查看盘口信息后可发现该处调整并未出现放量，市场依然冷清，换手率不高，各项技术指标也没有预示反转，于是投资者可判断这次调整是大盘下跌的中间平台而非反弹标志。

因而应该抓住机会将手中未出手的筹码尽量抛出，在多头未完全放弃抵抗时能抛多少是多少，没有持仓的投资者应该持币观望，切莫在市场短暂休息的时候盲目进场。

如图 4-13 所示为上证指数在 2018 年 5 月中旬至 10 月中旬的走势图，从图中可以看到在出现盘中平台之后，指数继续一路下跌，若投资者将平台误认为是底部进行操作，很可能损失惨重。

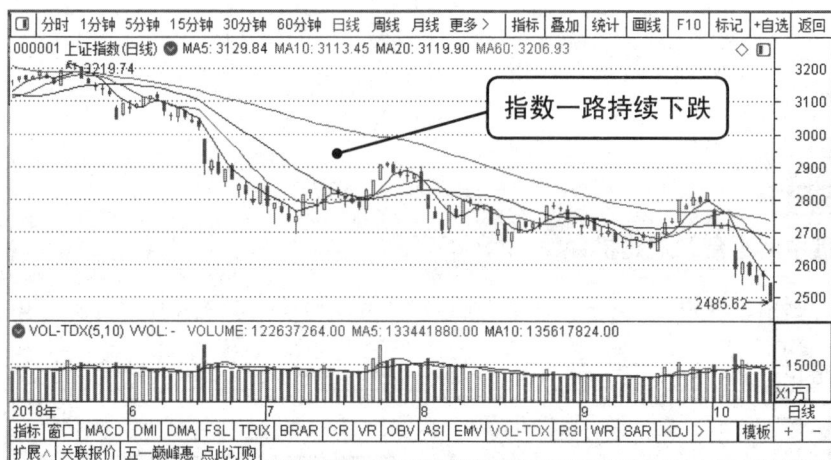

图 4-13 找出中间平台

小贴士 *底部趁机建仓*

若是大盘见底，毫无疑问那就需要在底部建仓，趁着市场尚未启动时做好准备工作，然后静静等候庄家拉升，坐收渔翁之利。

4.4 投资中小板或创业板

中小板与创业板较主板市场规模小，发展时间也较主板市场短，但在中小板和创业板中时常出现市场炒作的热点。有时在主板低迷的时候，它们的表现往往很突出，逆势上涨，所以投资者有必要对其进行研究。

NO.044 认识中小板与创业板

中小板与创业板因较容易成为热点，所以成为新兴的盈利市场，下面就分别对其含义与特点进行介绍。

（1）了解中小板

中小板即中小企业板，是流通盘较小的公司股票发行交易的板块。2004年5月，国家同意在深圳证券交易所主板市场内设立中小企业板块。中小板中的股票盘子较小，拉升所需资金量不多，因此常常出现较大涨幅的个股，也是一些庄家喜欢炒作的对象。

中小板指数是选取中小板中100只有一定实力的、非ST、公司最近一年无重大违规、财务报告无重大问题、经营无异常的股票作为成分股计算而得出的数据。中小板相对于主板市场风险要大一些，分析如下。

◆ 中小板市场规模较小，可能被大规模的投机资金所操控，由于短线资金是快进快出，因此很容易造成市场的剧烈波动。

◆ 中小板因规模较小，因此抗击市场利空利好因素影响的能力较低，市场一有风吹草动，或者出现各种市场舆论，就可能造成中小板指数的剧烈震荡，增加了系统性风险的可能性。

◆ 由于中小板市场的公司规模较小，业绩尚处于待增加阶段，因此公司的盈利和经营状况对股价的影响较大，存在着诸多非系统性风险。

（2）了解创业板

创业板即二板市场，是与主板市场不同的证券市场，又叫第二股票交易市场。设立创业板的主要目的就是为无法在主板上市的创业型企业、中小企业和高科技企业提供在证券市场融资的机会。

创业板的上市要求比中小板更低，符合股本总额不少于 3000 万元；最近两年主营业务、董事和高级管理人员没有重大变动，实际控制人没有变更；最近两年连续盈利，净利润累计不少于 1000 万元等要求即可。

小贴士 *创业板特点*

在创业板上市的企业大多为成长型、从事高科技产业的公司，这些公司成立时间有长有短，大多处于发展成熟的过程中，业绩不是特别突出，但是发展潜力很大，其股价可能在多种因素的作用下出现暴涨或者暴跌的行情，有很高的风险性。

在创业板上市的要求没有主板市场高，门槛较低，因此具有较高的风险，其具体内容如下。

- ◆ 创业板由于创立时间较晚，公司历史发展信息缺乏，不易从公司的过去基本面中分析其投资价值。如果再加上企业的虚假信息宣传，严重扰乱了市场秩序，会给广大投资者造成重大损失。

- ◆ 创业板公司普遍规模较小，抗风险能力差。由于盘子小，其基本面对股价的作用不大，反而是技术形态对股价影响较大。因而庄家很容易通过资金的炒作，控制股价的走势，方便庄家忽悠投资者。

- ◆ 创业板市场由于投机性较强，有人会通过在创业板上市赚取丰厚回报后套现，卷款而逃，这也是需要警惕的风险。

NO.045 怎样投资中小板

在中小板中选股仍然可以采取在主板市场选股的思路，那就是找领头羊。从基本面入手，从行业前景和公司竞争力的角度找到的股票可能不是涨幅最大的，但一定是走势最稳定，最安全的。

其次，投资者应该选择尚处于启动前期、股价偏低、流通盘偏小的个股，这种个股便于资金拉升，容易产生不错的行情。

最后，在技术分析方面，宜选择已经构筑了稳固底部的个股。底部形成经过了长时间的打造，如果在底部有充分的换手，则可视为新旧庄家在进行筹码交接，新庄家将承担起后市拉升的任务。

实例分析

投资中小板股票

如图 4-14 所示为中小盘中的个股盐津铺子（002847）在 2019 年 1 月至 2 月的走势图，从图中可以看到在 2 月 25 日股价放量上涨，走出了大阳线。

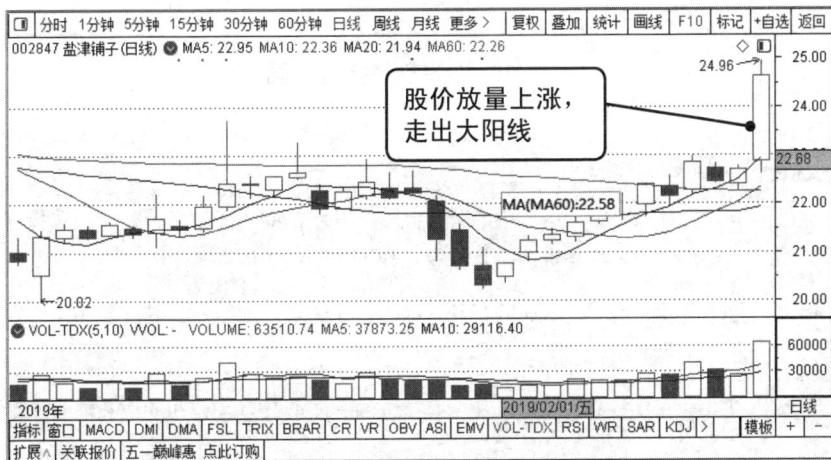

图 4-14 盐津铺子走势图

查看公司的基本面，投资者可以发现在 2019 年 2 月 12 日盐津铺子食品股份有限公司发布公告称，2018 年盐津铺子归属于上市公司股东净利润预计为 6600 ～ 7800 万元，预计同比增长 0.4% ～ 18.65%。2017 年归属于上市公司股东的净利润为 6573.73 万元。盐津铺子按照新规划的营销战略布局，加大市场拓展和市场投入力度，市场拓展已初见成效。

　　这种利好消息必然会对股价带来正面影响，如图 4-15 所示为盐津铺子后市走势图，投资者若能在出现放量大阳线时及时建仓，必能获利颇丰。

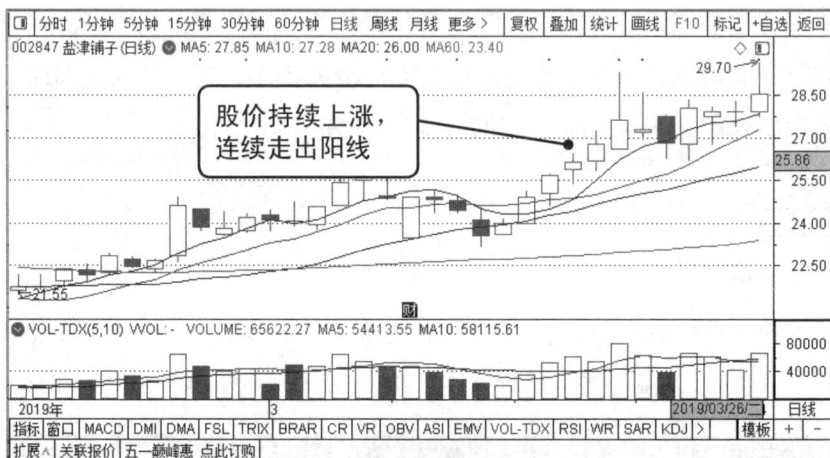

图 4-15 盐津铺子后市走势图

小贴士　*怎样投资创业板*

创业板由于成立时间较短，市场中的公司大多为发展初期的成长型公司，在选择这些公司时，要把握好风险与机会，其注意点如下。

①考察企业的发展前景，其所属的行业是朝阳行业还是夕阳行业，其产品的市场竞争力是否足够强大。

②考察公司的经营业绩是否稳定，是否有持续的利润增长点，公司的成长性有没有消退。

③股票若属于市场炒作的热点，有庄家资金的介入，并且有利好消息的刺激，更容易出现强势行情。

从零开始
看懂盘口分析

第 5 章

用好K线和形态，把握盘口买卖点

　　K线及其组合形态是盘口中的重要数据分析指标，也是投资者分析股市变化的重要工具。利用K线及其形态的变化可以快速研判股市行情的变化趋势，从而准确把握盘口中的个股买卖点。

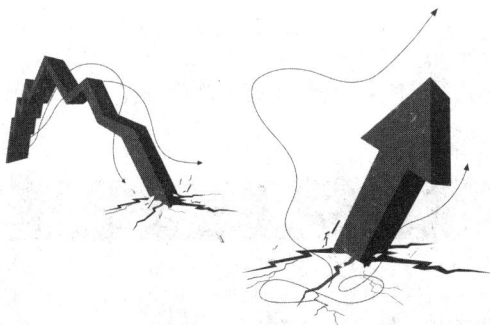

5.1 K线形态基础

K线形态是由多根单根K线组合而成，因此，想要借助K线形态来分析个股后市走向，首先需要了解和掌握单根K线及其市场意义，这样才能使投资者快速入门。

NO.046 K线是什么

K线图起源于日本，主要是商人用来记录米市的行情和价格波动变化，后来因为其精准、细腻以及灵敏的标画方式而被引入到证券市场，用来记录研究证券走势。

在股市中，K线代表某只个股当日价格变动的情况，它包括开盘价、收盘价、最低价和最高价4个数据。根据这4个数据的关系可以将K线划分为阳线、阴线和十字线3种类型，如图5-1所示。

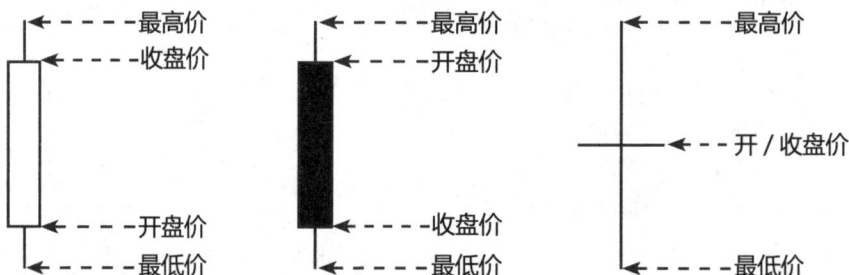

图 5-1 单根K线示意图

3种形态的单根K线代表了不同的市场含义，具体如表5-1所示。

表 5-1　3种K线的市场意义

种类	内容
阳线	股票当日收盘价高于开盘价，说明当天的价格先低后高，属于上涨，称之为阳线。其在K线上反映为收盘价在上，开盘价在下，实体（开盘价和收盘价之间的柱形形状即为实体）常为红色实心或空心，说明股价走强

续表

种类	内容
阴线	股票当日收盘价低于开盘价，说明当天的价格先高后低，属于下跌，称之为阴线。其在 K 线上反映为开盘价在上，收盘价在下，实体常为绿色或黑色实心，说明股价走弱
十字线	股票当日的收盘价等于开盘价称之为十字线，其在 K 线上反映为：开盘价、收盘价和实体重合的十字形

小贴士 *上影线和下影线*

上影线指从实体向上衍生的细线，产生上影线的原因在于空方力量大于多方力量，个股开盘后，多方上攻无力，遭到空方打压，股价由高点回落，形成上影线。下影线与上影线相对，指从实体向下衍生的细线，产生下影线的原因在于多方力量大于空方力量，个股开盘后，股价受到空方的打压而下跌，但由于多方力量强劲，使股价回升，收于低点之上，从而产生下影线。

根据时间的不同可以将 K 线分为：5 分钟 K 线图、15 分钟 K 线图、30 分钟 K 线图、60 分钟 K 线图、日 K 线图、周 K 线图、月 K 线图、季 K 线图以及年 K 线图。不同时间的 K 线图其间隔时间不同，如图 5-2 所示为柳药股份（603368）2018 年 12 月至 2019 年 4 月的日 K 线走势，即单根 K 线间隔时间为一日。

图 5-2 柳药股份 2018 年 12 月至 2019 年 4 月的日 K 线走势

根据实体部分的大小来进行划分，可以将其分为大阳线、中阳线、小阳线、小阳星，以及大阴线、中阴线、小阴线、小阴星，如图 5-3 所示。

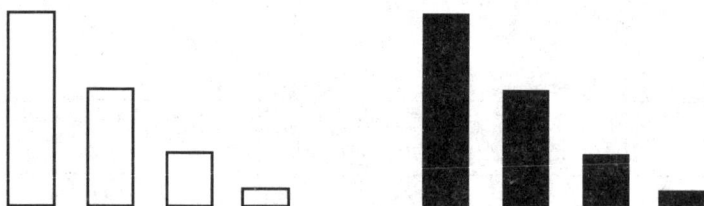

图 5-3 按照 K 线实体大小分类

◆ 大阴线和大阳线的股价波动范围在 3.6% 以上。

◆ 中阴线和中阳线的股价波动范围一般在 1.6% ~ 3.5%。

◆ 小阴线和小阳线的股价波动范围一般在 0.6% ~ 1.5%。

◆ 小阴星和小阳星的股价波动范围在 0.5% 左右。

NO.047 读懂单根 K 线的市场意义

了解了 K 线的基础形态之后，还要真正意义上读懂单根 K 线，了解其代表的股价趋势的强弱，买卖双方力量的变化。投资者查看 K 线图可以从 3 个方面进行，具体如表 5-2 所示。

表 5-2 单根 K 线的查看方式

看点	内容
看阴阳	K 线的阴阳实体表示趋势方向，阳线说明股价继续上涨，阴线则表示股价继续下跌
看实体大小	K 线的实体大小代表内在动力，实体越大，说明上涨或下跌的趋势越明显，反之则不明显
看影线长短	K 线某一方向的影线越长，越不利于股价向这个方向变动。上影线越长，越不利于股价上涨；下影线越长，越不利于股价下跌

常见的单根 K 线形态如表 5-3 所示。

表5-3　常见的K线形态

名称	形态	内容
光头光脚阳线		开盘价＝最低价，收盘价＝最高价，上下没有影线，说明多方力量处于强势，后市看涨
光头光脚阴线		开盘价＝最低价，收盘价＝最高价，上下没有影线，说明空方力量处于强势，后市看跌
大阳线		开盘后股价短暂下跌，然后快速回调并一路上涨，最后以高价收盘形成阳线，其上下影线短。无论是在上升行情还是在下跌行情中出现该形态，说明行情被看好，后市将上升
大阴线		开盘后股价短暂上升，然后快速下跌并一路下跌，最后以低价收盘形成阴线，其上下影线短。无论是在上升行情还是在下跌行情中出现该形态，说明行情不被看好，后市将下跌
带长上影线阳线		开盘后股价便呈现一路上涨走势，涨到最高价后，受到较大抛压导致股价回落，最后以高于开盘价的价格收盘，形成较长的上影线，说明后市股价可能出现下跌行情
带长上影线阴线		开盘后股价便呈现一路上涨走势，涨到最高价后，受到较大抛压导致股价回落，并低于开盘价，最终以低于开盘价的价格收盘，形成较长的上影线，后市股价出现下跌行情的可能性比带长上影线阳线的可能性大
带长下影线阳线		开盘后股价即受到打压下跌，但很快被拉回并保持上涨，最终以高于开盘价的价格收盘，形成较长的下影线，后市出现上升行情的可能性较高
带长下影线阴线		开盘后股价即受到打压下跌，但很快被拉回开盘价并保持上涨，但最终没有高过开盘价，以低于开盘价的价格收盘，形成较长的下影线，后市出现上升行情的可能性低于带长下影线阳线
带长上影光脚阳线		开盘价和最低价相同，无下影线，只有上影线。在低价位区域出现该形态，表明多方力量强势，股价将上涨；在高价位区域出现该形态，表明空方力量强势，多方抛盘压力大，股价看跌

续表

名称	形态	内容
带长上影光脚阴线		收盘价和最低价相同，无下影线，只有上影线。在低价位区域出现该形态，说明多方正积蓄能量上攻，但空方仍占据优势；在高价位区域出现该形态，说明多方的力量已经衰竭，而空方的能量不断加强，占据主动，行情可能出现反转
小阳线		与大阳线相似，但涨幅小于大阳线
小阴线		与大阴线相似，但跌幅小于大阴线
一字形	—	当日开盘价、收盘价、最高价以及最低价都相同，在上升的行情中出现该形态，说明该股涨势强劲，后市可能继续上涨；在下跌的行情中出现该形态，说明该股跌势强劲，后市可能继续下跌
T字形		开盘后空方力量强大，股价一路下跌，随后多方发起反攻，股价反弹，最终报收于开盘价。在下跌行情中出现该形态，后市可能上涨；在上升行情中出现该形态，后市可能下跌
倒T字形		开盘后多方力量强大，股价一路上升，达到当日最高低后，股价受到打压而下跌。在高价位出现该形态，后市股价可能下跌；在低价位出现该形态，后市股价可能上涨
下十字形		多空双方实力相当，当日股价不断上涨与下跌，最终以当日开盘价报收。下影线越长，表示买方力量越强
十字星		多空双方实力相当，当日股价不断上涨下跌，最终以当日的开盘价报收，可视为反转信号。在高价位区域出现该形态，且第二天收盘价低于当日收盘价，说明空方力量强，股价可能下跌；在低价位区域出现该形态，且第二天收盘价高于当日收盘价，说明多方力量强，股价可能上涨
倒十字线		多方和空方势力相当，当日股价不断上涨下跌，最终以当日的开盘价报收，上影线越长，说明空方的力量越强

5.2 预示盘口买入的形态

在了解完单根K线之后，投资者就可以分析研究K线组合形态了。这些K线组合形态在实际的投资炒股中更具意义，传递的信息也更准确。下面介绍一些常见的买入信号形态。

NO.048 早晨之星

早晨之星指太阳虽然还没升起，但黑暗已经过去，预示光明的曙光即将出现，所以早晨之星也称为希望之星，预示着一天的开始，在股票中预示希望，是较好的买进信号。

早晨之星出现在股市下跌行情中，由3根K线组成，第1根K线是大阳线或中阴线，第2根K线是向下跳空的小阴线或小阳线，第3根长线是长阳线，价格收复第1根阴线的大部分实体，如图5-4所示为其示意图。早晨之星为股价见底信号，投资者看见比信号可以大胆买进。

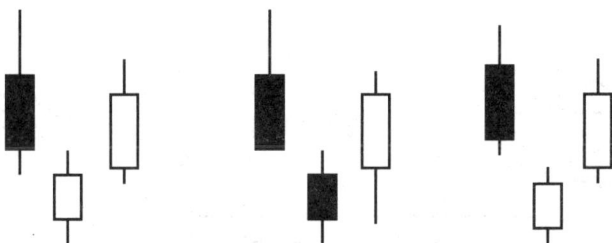

图5-4 早晨之星

实例分析

大康农业（002505）出现早晨之星，股价触底回升

如图5-5所示为大康农业2018年5月至10月的K线走势。从图中可以看到，该股处于缓慢下跌的行情中，下跌走势明显。10月18日，股价继续下跌，成交量放大，K线收出一根大阴线。第二天，股价跳空低开，K线收出一根带长下影线的小阳线。第三天，股价上涨，K线收出带量大阳线。这3天的K线形成早晨之星形态，预示股价见底，后市股价将反转上涨。此时，投资者可以抄底买进，等待后市上涨。

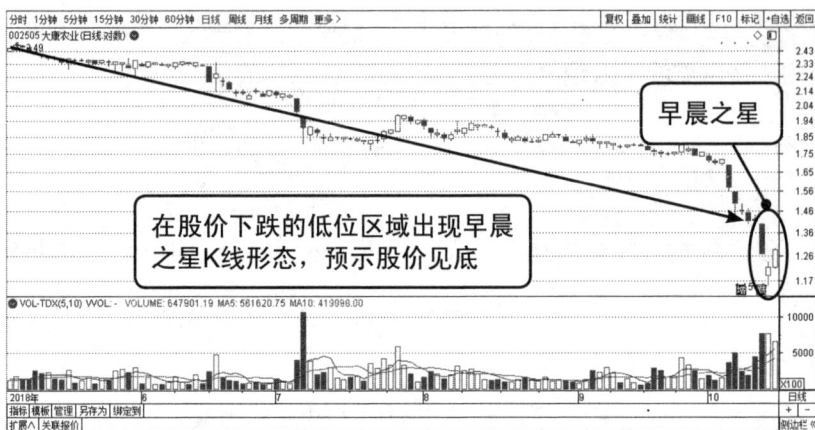

图 5-5 大康农业 2018 年 5 月至 10 月的 K 线走势

如图 5-6 所示为大康农业 2018 年 10 月至 2019 年 3 月的 K 线走势。

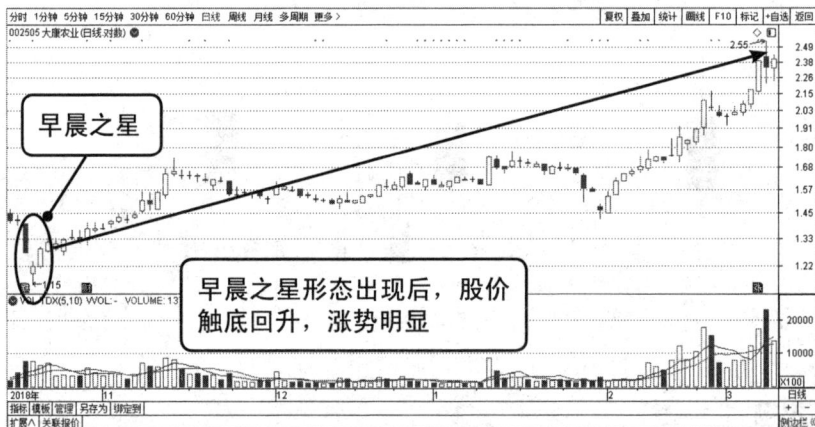

图 5-6 大康农业 2018 年 10 月至 2019 年 3 月的 K 线走势

从上图可以看到，该股在股价下跌的低位区域出现早晨之星 K 线形态，股价触底回升，从最低的 1.15 元上涨至最高的 2.55 元。

NO.049 曙光初现

曙光初现通常出现在下跌行情中，由两根一阴一阳的K线组成。其中第1根阴线为大阴线或中阴线，第2根为跳空低开的中阳线或大阳线，并且阳线的实体部分深入到阴线实体1/2以上的位置。如图5-7所示为曙光初现的示意图。

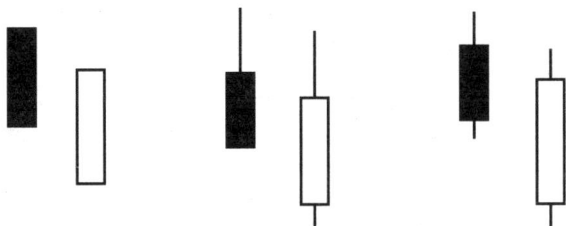

图5-7 曙光初现

曙光初现为股价见底转势信号，其阳线实体深入阴线实体的部分越多，说明见底转势的信号越强。

实例分析

北信源（300352）下跌行情低位区出现曙光初现形态，为买入信号

如图5-8所示为北信源2018年4月至10月的K线走势。

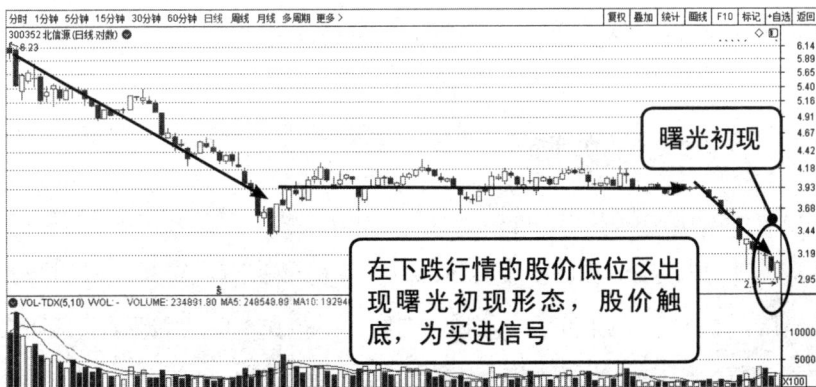

图5-8 北信源2018年4月至10月的K线走势

从上图可以看到，该股前期处于下跌行情，股价跌至3.93元附近时开始表现横盘震荡走势，随后股价跌破3.93元继续下跌。10月18日股价下跌，K线收出一根大阴线，第二天股价跳空低开高走，最终K线收出一根大阳线。这两天的K线形成曙光初现形态，说明股价跌势已尽，后市将反转上升。此时投资者要敢于重仓买进。

如图5-9所示为北信源2018年10月至2019年3月的K线走势。

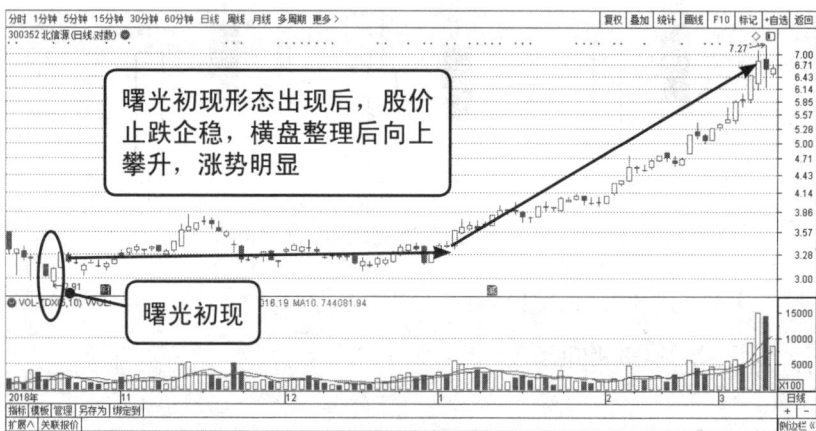

图 5-9 北信源 2018 年 10 月至 2019 年 3 月的 K 线走势

从上图可以看到，曙光初现形态出现之后，股价一改之前的颓势，经过短暂的横盘整理之后开始稳定向上攀升，涨幅较大。如果投资者在曙光初现形态出现时，买进该股，可以得到不错的收益。

NO.050 底部穿头破脚

穿头破脚由两根K线组合而成，是行情反转信号。穿头破脚的第2根K线实体部分长于第1根K线实体部分。穿头破脚有底部穿头破脚和顶部穿头破脚两种形态（顶部穿头破脚的内容见NO.054）。底部穿头破脚指的是在下跌行情中出现的第1根K线为阴线，第2根K线为包含第1根阴线实体的阳线，俗称阳包阴，如图5-10所示。

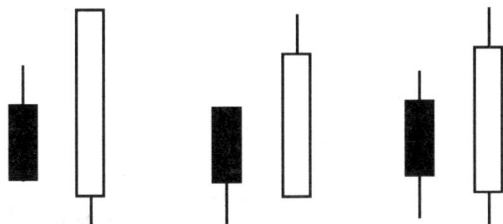

图 5-10 底部穿头破脚

实例分析

通威股份（600438）下跌底部出现穿头破脚，积极买进

如图 5-11 所示为通威股份 2018 年 5 月至 10 月的 K 线走势。

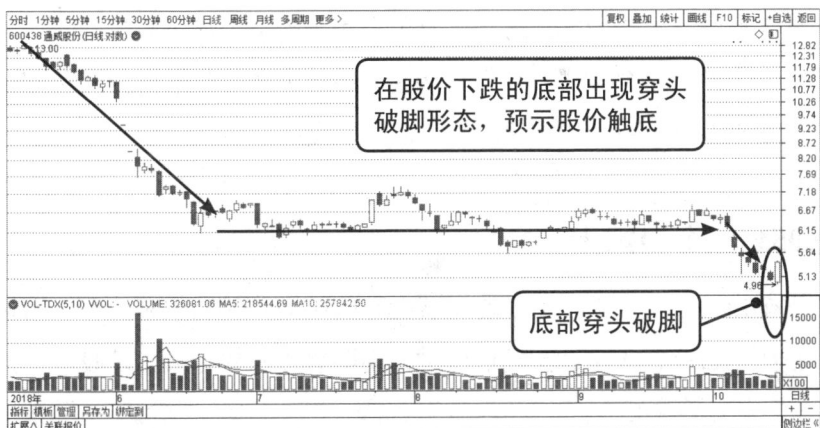

图 5-11 通威股份 2018 年 5 月至 10 月的 K 线走势

从上图可以看到，该股股价前期处于下跌行情中，跌势明显。当股价运行到 6.15 元附近时开始横盘走势，然后 K 线连续收出多根阴线，股价下跌，跌破 6.15 元。10 月 19 日 K 线收出一根大阳线，该阳线实体部分将前一根阴线完全包含，形成底部穿头破脚形态，预示股价触底，后市股价反转。此时投资者可以积极买进该股。

如图 5-12 所示为通威股份 2018 年 10 月至 2019 年 2 月的 K 线走势。

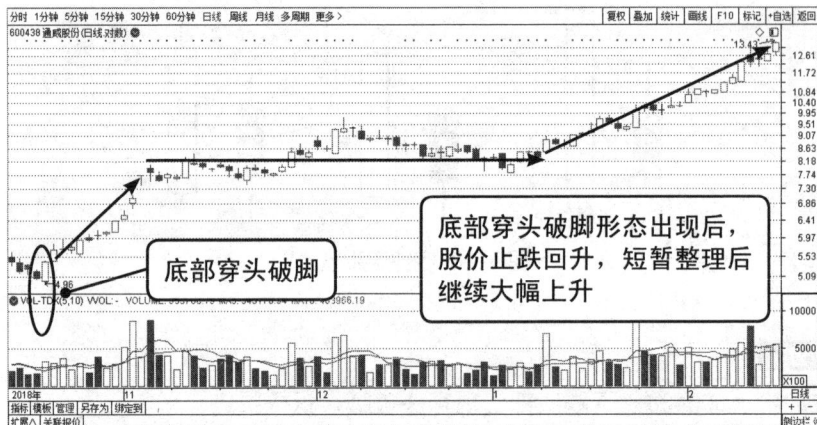

图 5-12 通威股份 2018 年 10 月至 2019 年 2 月的 K 线走势

从上图可以看到，底部穿头破脚形态出现之后，股价止跌回升，上涨至 7.74 元时表现横盘整理，整理完成之后继续上涨。股价从最低的 4.96 元上涨至最高 13.43 元，涨幅较大。

NO.051 三个白武士

三个白武士是由 3 根短小的连续上升的阳 K 线组合而成，K 线的收盘价一日比一日高，表示武士勇敢激进，说明后市涨幅加大，是股市走强的信号。

三个白武士需要满足 4 个要求，具体如下所示。

◆ 在下降趋势中连续 3 个交易日出现阳线。

◆ 每一根阳线的收盘价高于前一天的最高价。

◆ 每天的开盘在前一天的实体之内，即每根阳线的开盘价低于前一天的收盘价。

◆ 每天的收盘价等于或接近当天的最高价。

如图 5-13 所示为三个白武士示意图。

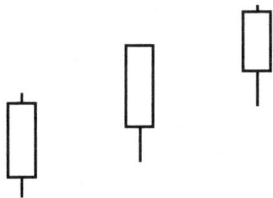

图 5-13　三个白武士

　　三个白武士是股市稳定上涨的标志，预示股市下跌行情的结束或上涨行情的继续。三个白武士如果出现在下跌行情的末期，为股价见底信号，投资者可以果断买进，等待后市上涨；三个白武士如果出现在上涨途中的盘整期，表示多方已经积聚力量，为看涨信号，投资者可以追涨买入。

实例分析

株冶集团（600961）下跌末期出现三个白武士，股价见底回升

　　如图 5-14 所示为株冶集团 2018 年 1 月至 10 月的 K 线走势。

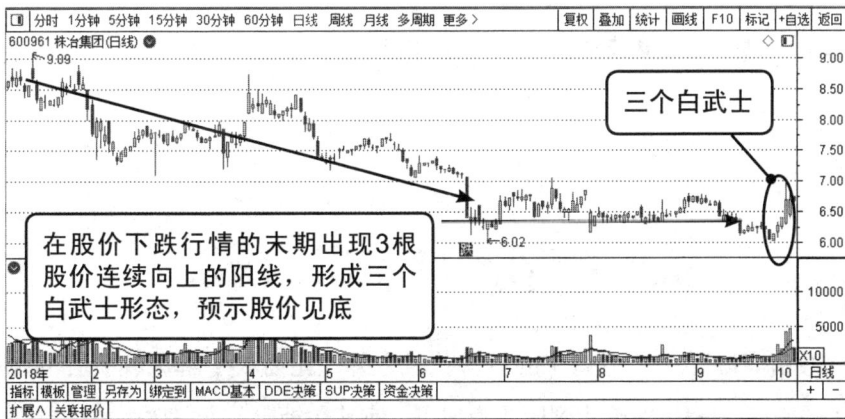

图 5-14　株冶集团 2018 年 1 月至 10 月的 K 线走势

　　从上图可以看到，股价前期处于下跌行情，下跌至 6.02 元时表现横盘震荡走势。10 月 8 日、10 月 9 日以及 10 月 10 日这 3 个交易日 K 线收出 3 根连续向上攀升的阳线，且 K 线的收盘价一天比一天高，每天的开盘在前一天的实体之内，即这 3 天的 K 线形成三个白武士形态，说明股价见底，后市股价上升，投资者可以重仓持有。

如图 5-15 所示为株冶集团 2018 年 10 月至 2019 年 4 月的 K 线走势。

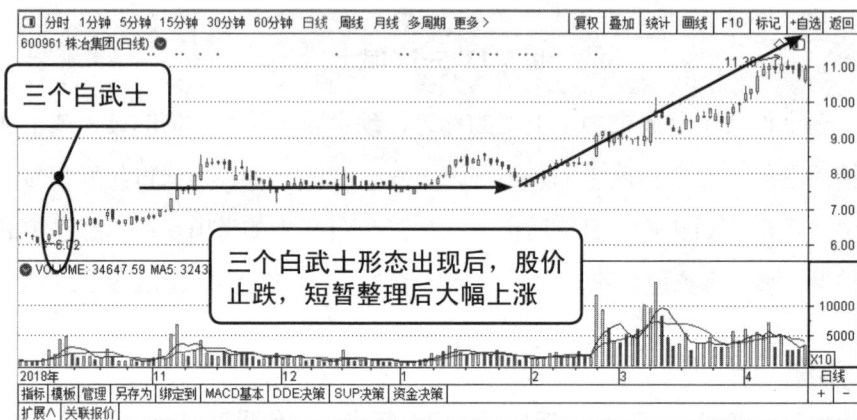

图 5-15 株冶集团 2018 年 10 月至 2019 年 4 月的 K 线走势

从上图可以看到，该股出现三个白武士 K 线形态之后，股价经过短暂整理后大幅上升，涨势明显，最高涨至 11.30 元。

5.3 预示盘口卖出的形态

投资者除了了解盘口中的涨势信号之外，还需要了解盘口中后市看跌的 K 线组合形态，准确找到股票卖出点，使其在锁定前期股票收益的同时，还能够有效地避免后市下跌带来的损失。

NO.052 黄昏之星

黄昏之星与早晨之星相反，它指太阳消失黑夜来临，是股市看跌的信号。黄昏之星由3根K线组合而成，第1根K线为大阳线，第2根K线为向上跳空的小阴线或小阳线，第3根为实体较长的阴线，它深入到第1根K线实体之内。如图5-16所示为黄昏之星示意图。黄昏之星是股价见顶回落的信号，通常在股价上升行情的顶部出现，预示行情将由强转弱，投资者要及时获利了结，锁定收益。

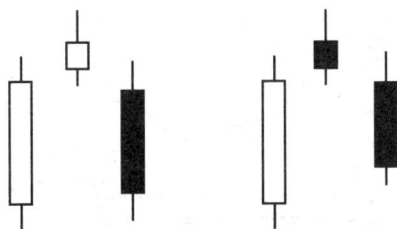

图 5-16　黄昏之星

实例分析

顾家家居（603816）上升行情的高价区域出现黄昏之星，股价见顶下跌

如图5-17所示为顾家家居2017年12月至2018年6月的K线走势。

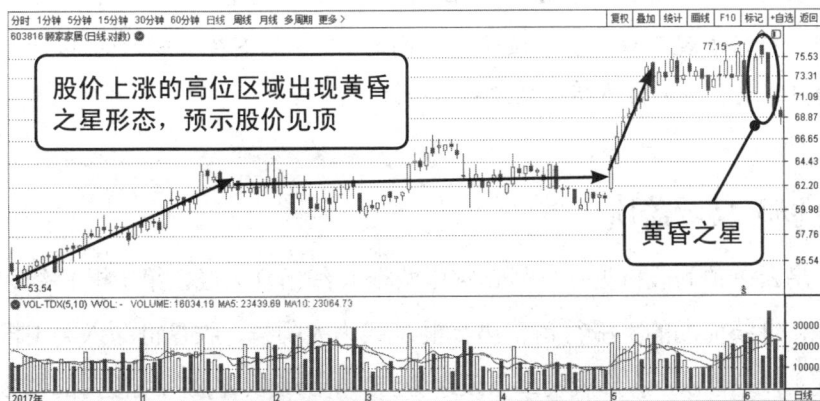

图 5-17　顾家家居2017年12月至2018年6月的K线走势

从上图可以看到，该股股价处于上升行情，涨势明显，当股价运行至73.31 元高位区域时，表现横盘整理走势。6 月 5 日 K 线收出大阳线，第二日股价跳空高开低走，K 线收出小阴线，第三日股价低开低走，K 线收出大阴线，这 3 日的 K 线形成典型的黄昏之星形态。说明此时股价的横盘走势不是为了后期股价拉升而做的整理，而是股价见顶，后市下跌的信号。此时为投资者最好的逃出机会。

如图 5-18 所示为顾家家居 2018 年 6 月至 10 月的 K 线走势。

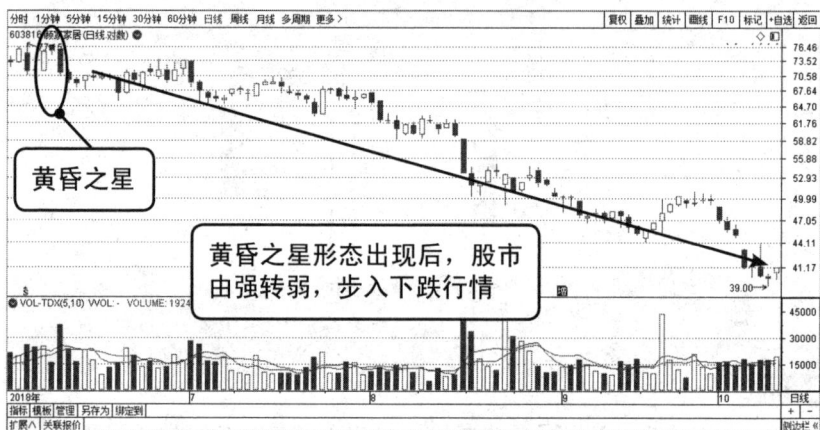

图 5-18 顾家家居 2018 年 6 月至 10 月的 K 线走势

从上图可以看到，在股价高位区域出现黄昏之星形态之后，股市由强转弱，行情表现下跌走势，股价从最高的 77.15 元下跌至最低的 39 元，下跌幅度较大，期间没有明显的反弹拉升迹象。

NO.053 乌云盖顶

乌云盖顶为股价见顶信号，它由两根 K 线组合而成，第 1 根 K 线为大阳线，继续前期的上涨行情，第 2 根 K 线为大阴线，收盘价深入第 1 根大阳线实体一半以下，形成乌云盖顶之势。其中阳线实体被阴线覆盖的越多，说明多方的力量越弱，空方的力量越强。如果第2根K线实体完全覆盖第1根K线实体，则反转意味更强。如图5-19所示为乌云盖顶示意图。

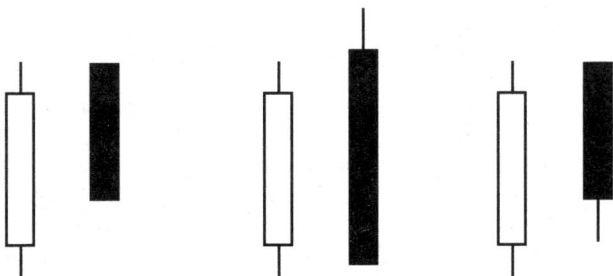

图 5-19 乌云盖顶

实例分析

老百姓（603883）股价高位处出现乌云盖顶股价见顶，果断卖出

如图5-20所示为老百姓2018年2月至7月的K线走势。

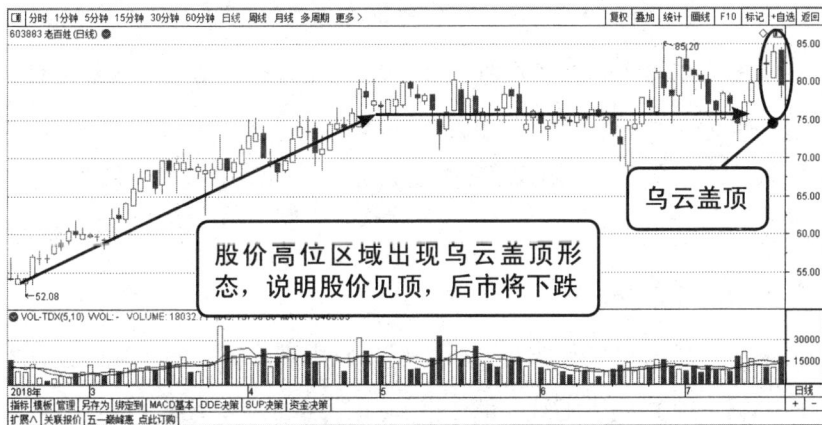

图 5-20 老百姓2018年2月至7月的K线走势

从上图可以看到，该股股价处于上升行情，股价向上运行至75.0元高位区域出现横盘震荡走势。7月18日股价持续前期上涨行情，K线收出大阳线，但仍未突破85.0元阻力位。接着7月19日股价高开低走，K线收出

大阴线，且阴线的实体部分完全覆盖阳线实体部分。这两日的 K 线形成乌云盖顶形态，说明股价见顶，后市股价将表现下跌，且跌势强烈。此时为投资者卖出股票出逃的最好时机。

如图 5-21 所示为老百姓 2018 年 7 月至 2019 年 2 月的 K 线走势。

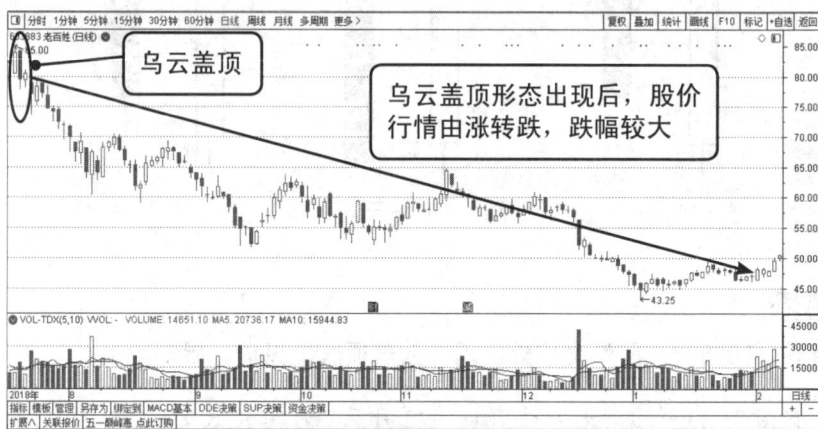

图 5-21 老百姓 2018 年 7 月至 2019 年 2 月的 K 线走势

从上图可以看到，该股股价高位区域出现乌云盖顶形态之后，股价一改之前的涨势，开始表现下跌走势，从最高的 85 元跌至最低的 43.25 元，跌幅较大。如果投资者之前没有果断卖出股票，将遭受巨大的损失。

NO.054 顶部穿头破脚

顶部穿头破脚与底部穿头破脚相反，它出现在上升行情中，由两根 K 线组成。第 1 根 K 线为阳线，第 2 根 K 线为阴线，且阴线实体部分的长度长于阳线实体部分，俗称阴包阳。

两根 K 线的实体部分长度悬殊越大，则反转的意味更强。另外，第 2 根 K 线包含第 1 根 K 线实体越多，反转的意味更强。如图 5-22 所示为顶部穿头破脚示意图。

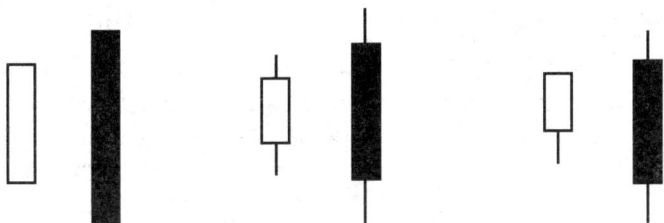

图 5-22　顶部穿头破脚

实例分析

共达电声（002655）上涨行情中出现穿头破脚形态，股价见顶下跌

如图 5-23 所示为共达电声 2018 年 2 月至 4 月的 K 线走势。

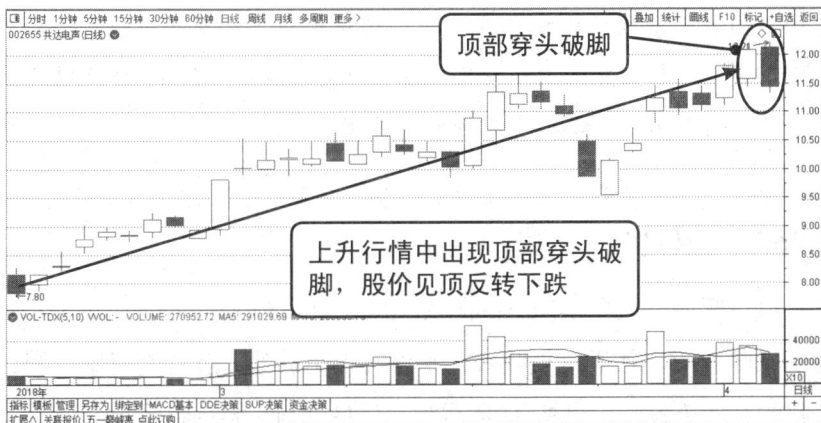

图 5-23　共达电声 2018 年 2 月至 4 月的 K 线走势

从上图可以看到，该股明显处于上升行情中，股价从最低的 7.80 元上涨至最高的 12.21 元。4 月 3 日，股价继续之前的上涨行情，高开高走，K线收出一根阳线，但第二日，股价高开低走，K 线收出一根大阴线，且阴线实体部分完全包含阳线实体部分。这两天的 K 线形成顶部穿头破脚形态，说明股价见顶，后市将表现下跌。投资者此时不要追涨介入，应该持币观望。

如图 5-24 所示为共达电声 2018 年 4 月至 10 月的 K 线走势。

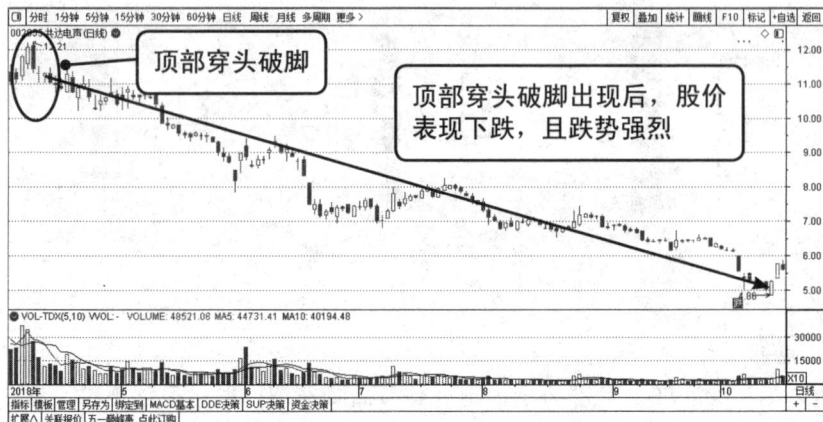

图 5-24 共达电声 2018 年 4 月至 10 月的 K 线走势

从上图可以看到，该股 K 线上涨行情中出现顶部穿头破脚形态后，股价见顶下跌，跌势强烈，周期较长，跌幅较大，从最高的 12.21 元跌至最低的 4.86 元，成交量逐渐萎缩，市场反应冷淡。

NO.055 三只乌鸦

三只乌鸦由 3 根持续向下的阴线组成，且每根 K 线的实体较长，后市看跌的意味较重。如果每根阴线几乎没有上下影线，就称为三胎乌鸦，后市下跌的意义更大。如图 5-25 所示为三只乌鸦与三胎乌鸦示意图。

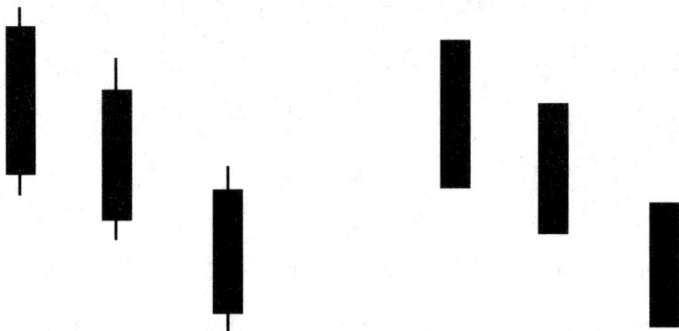

图 5-25 三只乌鸦与三胎乌鸦

三只乌鸦通常出现在上升趋势中，且每根阴线的收盘价低于前一天的最低价，每天的开盘价在前一天的实体之内，每天的收盘价接近当天的最低价。在实际操盘中，将连续3个交易日出现的阴线步步拉低股价的形态也视作三只乌鸦。

实例分析

道明光学（002632）出现三只乌鸦，股价反转下跌，进入暴跌行情

如图5-26所示为道明光学2018年2月至5月的K线走势。

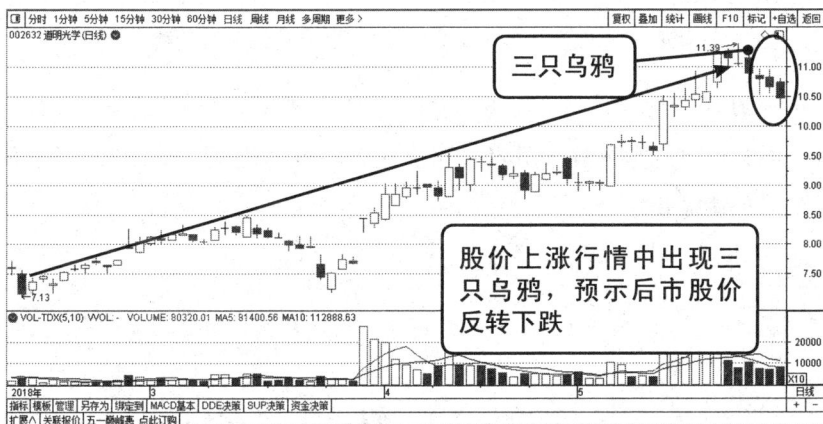

图 5-26 道明光学 2018 年 2 月至 5 月的 K 线走势

从上图可以看到，该股股价处于上升行情，股价涨势明显。当股价运行至11.0元时，K线连续收出多根阴线，股价下跌。且5月25日、28日以及29日，3个交易日的3根K线收盘价逐渐下跌，而开盘价都在上根K线的实体部分之内，形成三只乌鸦K线组合形态。

这是股价见顶，股市走弱的信号，后市将迎来暴跌行情。此时，投资者需要抓紧时机，及时逃脱，以免资金被套牢。

如图5-27所示为道明光学2018年5月至10月的K线走势。

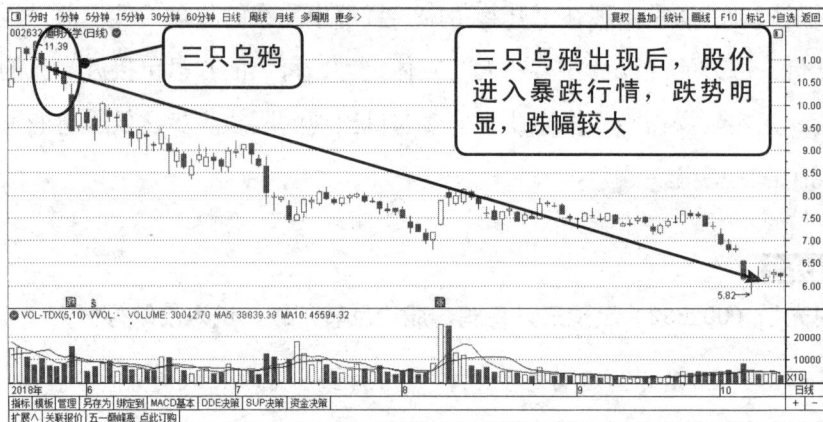

图 5-27 道明光学 2018 年 5 月至 10 月的 K 线走势

从上图可以看到，该股 K 线中出现三只乌鸦后，股价进入暴跌行情，跌势明显，没有任何反弹回升的迹象，股价从最高的 11.39 元下跌至最低的 5.82 元，下跌幅度较大。

5.4 预示盘口反转的长线形态

除了由短期 K 线形成的 K 线形态之外，长期发展下的 K 线也会形成特殊的形态，这些形态往往也具备反转意味，能够向投资者发出买卖信号，帮助投资者准确把控股市行情变化。

NO.056 W 底与 M 顶

W 底与 M 顶也称为双底和双顶形态，都是常见的反转信号，下面分别对其进行详细介绍。

（1）W 底

W 底形态通常出现在下跌趋势中，股票下跌到某一低点位置后出现技术性反弹，但反弹回升的幅度不大便又开始再次下跌，跌至上次低点附近时获得支撑，再一次回升，同时成交量放大。股价这段时间的移动轨迹与英文字母 W 相似，所以被称为 W 底形态。如图 5-28 所示为 W 底示意图。

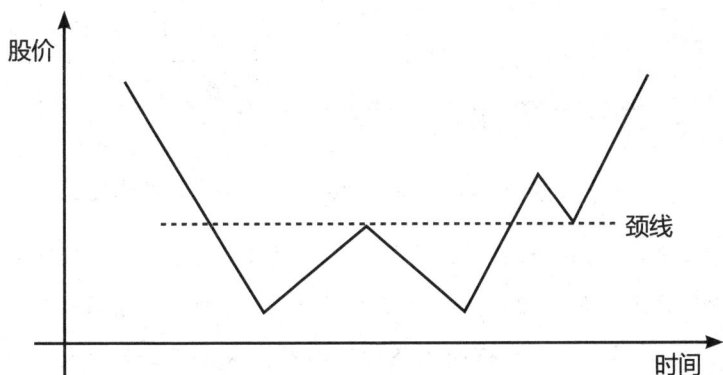

图 5-28 W 底

W 底形态主要有以下 4 点特征。

◆ W 底形态通常在下跌行情中出现。

◆ W 底形态有两个低点，但其低点的位置大致相同。

◆ 第二个低点形成时，成交量表现萎缩，但向上突破颈线时成交量迅速放大。

◆ 突破颈线之后通常会出现一个回踩，在颈线附近止跌回升，从而确认向上突破有效。

实例分析

S 佳通（600182）W 底形态出现，股价反转回升

如图 5-29 所示为 S 佳通 2018 年 11 月至 2019 年 4 月的 K 线走势。

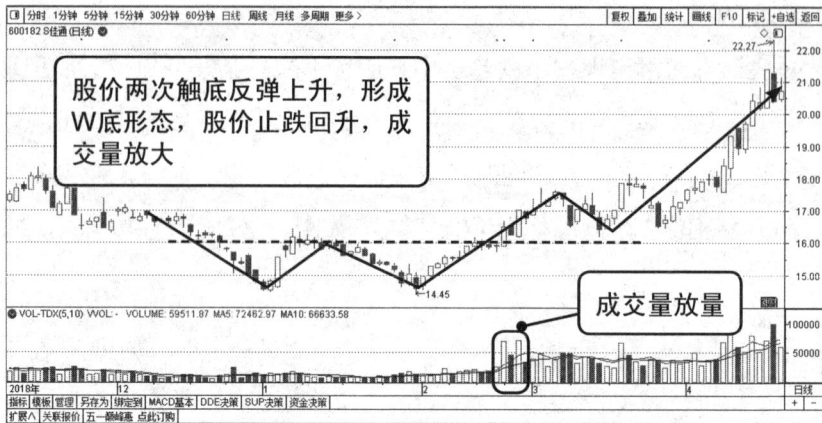

图 5-29 S 佳通 2018 年 11 月至 2019 年 4 月的 K 线走势

从上图可以看到，该股股价前期表现下跌走势，1 月初股价跌至 14.5 元附近时出现技术反弹，但反弹的幅度并不大。1 月中旬股价再次下跌，跌至 14.45 元时再次回升。当股价向上突破颈线时，成交量开始放大。两次的触底反弹形成 W 底形态，股价止跌回升。股价突破颈线后出现短暂回踩，然后表现出强烈的上升行情。当股价向上突破颈线时为投资者最好的买入点，此时投资者可以积极介入。

（2）M 顶

M 顶形态通常出现在上升行情中，当股价上升到某一高点后受阻回落，接着股价又继续上升，上升到与第一个高点接近的高度时掉头向下。股价这段时间的移动轨迹与英文字母 M 相似，所以称为 M 顶形态。

成交量随着股价的上升而增加，随着股价的下跌而缩小，但第二次股价上升带来的成交量的增加却不能达到上一个高峰的成交量。

双头是一个转向形态，出现双头时，表示股价的涨势结束。通常这种形态出现在长期性趋势的顶部，所以当双头形成时，可以肯定双头的最高点就是该股的顶点。如图 5-30 所示为 M 顶示意图。

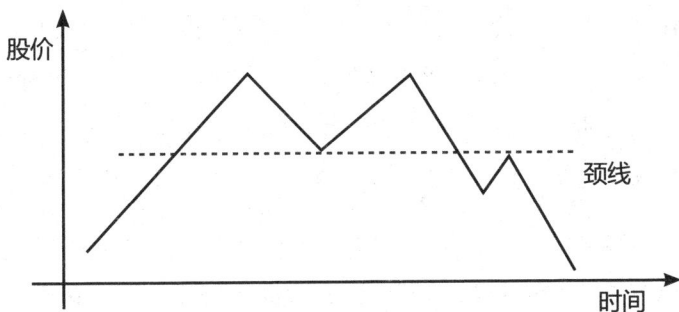

图 5-30 M 顶

M 顶形态的特点主要有以下 4 点。

◆ M 顶形态通常出现在上升行情中。

◆ M 顶形态两个峰顶点，其位置大致相同。

◆ 第二次反弹上冲时成交量小于第一次上冲时。

◆ 向下跌破颈线后通常会出现小幅反弹，颈线成压力位，受阻后继续
下跌，成交量明显缩量。

实例分析

飞科电器（603868）M 顶形态出现，股价反转下跌

如图 5-31 所示为飞科电器 2017 年 8 月至 2018 年 7 月的 K 线走势。

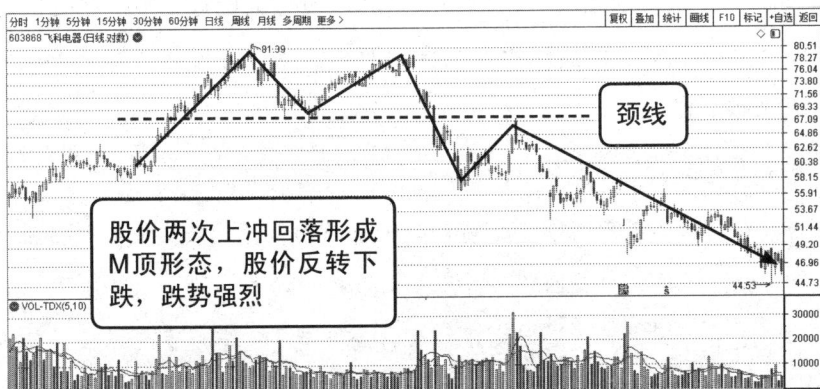

图 5-31 飞科电器 2017 年 8 月至 2018 年 7 月的 K 线走势

从上图可以看到，该股股价前期处于上升行情，当股价向上运行至80.0元附近时下跌，跌至67.0元附近又继续上升，上升至80.0元附近时掉头向下，跌破67.0元支撑位。这段时间股价的运行轨迹形成M顶形态，股价行情一改之前的上升，表现下跌，虽然短暂反弹，但在颈线形成的压力位受阻回落，股市走弱。

股价跌破支撑位小幅反弹为投资者最后的出逃机会，后市股价大跌，投资者如果没有及时逃脱将面临重大损失。

NO.057 圆弧顶与圆弧底

圆弧顶与圆弧底两种形态的形成是一种渐进的过程，表示市场中多空双方势均力敌，交替获胜，使股价维持了很长一段时间的盘踞，最终才出现向下或向上的反转行情。圆弧顶与圆弧底形态相比其他反转形态而言，其反转信号稍弱，下面分别进行介绍。

（1）圆弧顶

圆弧顶指K线在顶部形成的圆弧形状，多方维持了一段时间的上升趋势之后做多力量逐渐衰竭，难以维持之前的上涨，涨势缓和。此时空方力量有所加强，因此虽然股价顶部不断升高，但每次稍有上升都伴随快速回落，先出现新高点，然后回落点略低于前期低点，将K线短期高点连接，形成圆弧顶形状。

圆弧顶的特点主要有以下3点。

◆ 在到达圆弧顶的顶点之前，股价呈弧形上升，虽然不断创出新高，但涨不了多少就回落，呈现相对窄幅波动的格局。

◆ 随后升到顶点附近时卖压加大，高点走平，出现盘局，最后是每波回升点都略低于前期低点。

◆ 圆弧顶形态形成过程中，成交量也呈现圆弧状态。

实例分析

中国电影（600977）圆弧顶形态出现，股价表现跌势

如图5-32所示为中国电影2018年4月至10月的K线走势

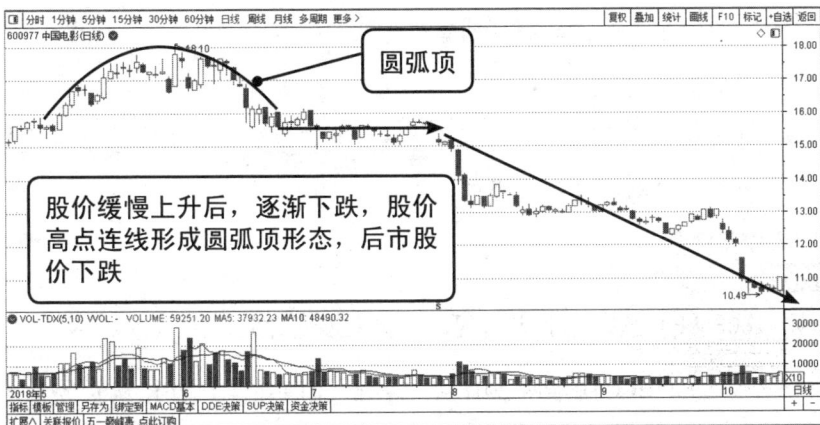

图5-32 中国电影2018年4月至10月的K线走势

从上图可以看到，该股股价在4月上涨到高位后上升幅度逐渐较小，说明做多力量逐渐衰竭。当股价运行至17.5元附近时开始横盘调整，多空双方开始博弈，随后做空力量逐渐加强，股价开始逐渐小幅下跌。这段时间股价的运行轨迹形成圆弧顶形态，成交量也表现出与股价相对的圆弧形态。

圆弧顶形态出现后，股价横盘整理一段时间后继续下跌走势，跌幅较大，成交量表现萎缩。投资者在发现圆弧顶形态出现后要果断清仓。

（2）圆弧底

K线在底部形成的圆弧形状，空方维持了一段时间的下跌趋势之后，做空力量逐渐衰竭，而做多力量逐渐增强，因此股价跌势逐渐缓和，然后逐渐上升。由于多空双方表现都不积极，所以股价走势沉闷，成交量表现萎缩。

圆弧底形态的特点主要有以下 5 点。

◆ 圆弧底形态通常出现在股价下跌行情的低价位区域。

◆ 股价变动简单且连续，先是缓缓下滑，而后缓缓上升，K 线连线呈圆弧形。

◆ 成交量变化与股价变化相同，先是逐步减少，伴随股价回升，成交量也逐步增加，同样呈圆弧形。

◆ 时间周期较长。

◆ 圆弧底形成末期，股价迅速上扬形成突破，成交量也显著放大，股价涨势迅猛，往往很少回调整理。

实例分析

新华网（603888）圆弧底形态出现，投资者抄底介入

如图 5-33 所示为新华网 2018 年 7 月至 2019 年 4 月的 K 线走势。

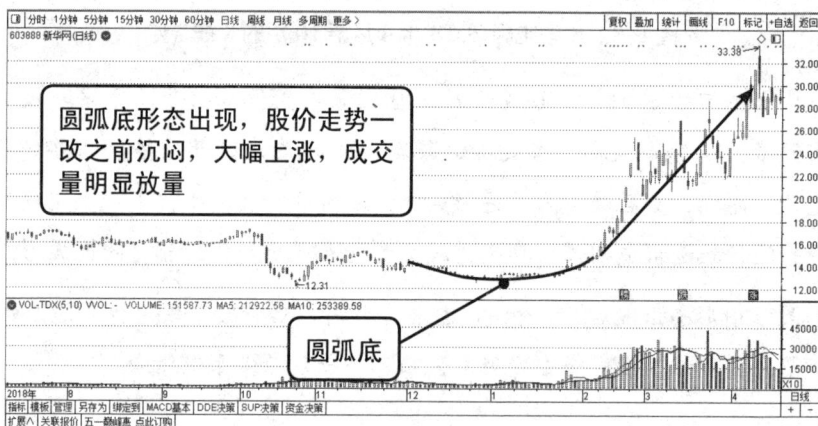

图 5-33 新华网 2018 年 7 月至 2019 年 4 月的 K 线走势

从上图可以看到，该股前期股价处于缓慢下跌的行情中，成交量表现萎缩，走势非常沉闷。2018 年 12 月到 2019 年 2 月这段时间，股价前期表现缓慢下跌，后期表现缓慢上升，该阶段走势形成圆弧底形态。2019 年 2

月初，圆弧底形成之后，股价继续上涨趋势，涨幅大幅增加，成交量表现放量。投资者在发现圆弧底形态时应及时抄底介入，等待后市大幅上升。

NO.058 V形底与倒V形顶

V形底与倒V形顶是K线形态中常常出现的反转形态，也是投资者经常利用的形态，下面分别对其进行介绍。

（1）V形底

V形底也称作尖底，即股价先跌后涨的K线形态，因为形似英文字母V，所以称之为V形底。V形底通常出现在一段下跌行情的末期，股价快速下跌至某一低点后，强势反弹上涨。股价下跌和上涨之间没有调整过渡的行情。V形底是一种变化较快、转势力度极强的反转形态，经常在几个交易日内形成，并且在转势点往往伴随着较大的成交量。如图5-34所示为V形底示意图。

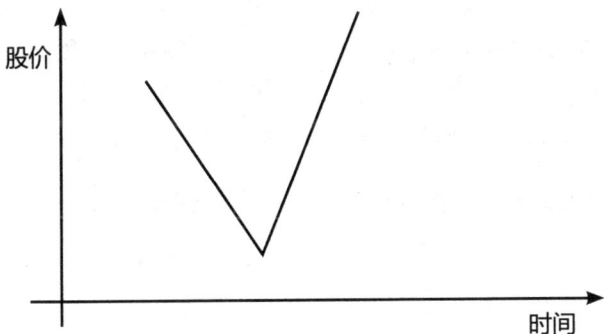

图5-34 V形底

V形底是熊市反弹行情常见的底部形态。主力利用熊市淡薄的市场人气，在股价下跌接近底部时，以连续长阴下跌的方式，使投资者产生恐慌心理，而不得不在低位区廉价抛售股票。然后主力再利用连续长阳快速上攻，使深度被套尚未平仓的投资者在上涨初期减亏平仓，以便在下跌后期和上涨初期加快建仓进程。

对于投资者而言，一旦 V 形底形成，就要敢于进场抄底，前期下跌的幅度越大，则后市上涨的空间就越大。

实例分析

东吴证券（601555）下跌行情末期出现 V 形底，股价涨势强烈

如图 5-35 所示为东吴证券 2018 年 5 月至 2019 年 3 月的 K 线走势。

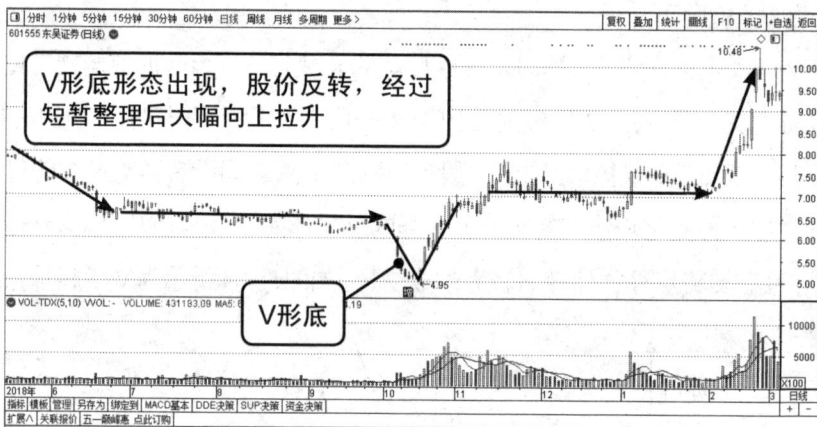

图 5-35 东吴证券 2018 年 5 月至 2019 年 3 月的 K 线走势

从上图可以看到，该股股价前期处于下跌行情，下跌至 6.5 元附近时开始表现横盘整理走势。10 月初，主力做空杀跌，大幅打压股价，K 线连续收出多根阴线，股价跌至最低的 4.95 元。

许多持股投资者不堪重负纷纷抛售股票，成交量呈现相对放量。主力吸收浮筹，随后大力拉升股价，成交量明显放大，K 线收出跳空高开高走的大阳线，股价上涨。此时，V 形底形态形成，后市股价经过短暂整理后大幅向上拉升。V 形底形成的初期为投资者介入的良好时机。

（2）倒 V 形顶

倒 V 形顶形态与 V 形底形态完全相反。倒 V 形顶通常出现在上涨行情的顶部，股价先是快速上涨然后快速下跌，头部为见顶，形态像倒写的英文字母 V 而得名。倒 V 形顶形态的涨势很凶猛，但在突如其来的利空消息下，其跌势也十分迅速，短时间内就完成了倒 V 形顶的形态。如图 5-36 所示为倒 V 形顶形态示意图。

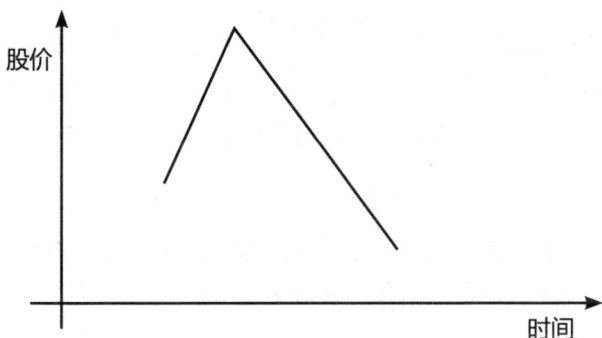

图 5-36 倒 V 形顶

倒 V 形顶形态出现的原因在于，投资者被乐观情绪影响，积极追涨，成交量放量，股价被快速推至高位。但股价未经调整涨势过快，市场中的累积获利还没得到消化，此时遇到突发性的利空消息，获利盘和恐慌盘大规模涌出，股价表现出高台跳水。

倒 V 形顶形态没有明确的卖出点，投资者见长阴杀跌出现时就应果断离场，这往往是倒 V 形顶形成的初期表现。

实例分析

金能科技（603113）股价高位区出现倒 V 形顶形态，股价反转下跌

如图 5-37 所示为金能科技 2018 年 6 月至 10 月的 K 线走势。

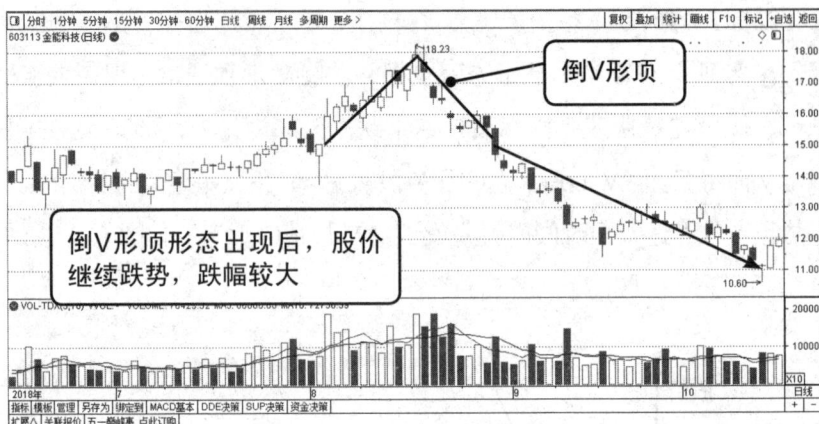

图 5-37　金能科技 2018 年 6 月至 10 月的 K 线走势

从上图可以看到，股价前期处于缓慢上升行情，股价运行至 8 月，成交量表现放量，股价大幅上升。股价上涨至 18.23 元时，开始下跌，K 线连续收出多根跳空低开低走的阴线，股价大幅下跌。

股价的快速上涨和快速下跌在 K 线中形成倒 V 形顶形态，后市股价继续维持下跌走势，下跌幅度较大。

从零开始
看懂盘口分析

第 6 章

读懂盘面的量价形势，研判市场强弱

　　为了达到拉升或打压股价的目的，市场中可能存在各种各样的虚假信息，但唯有成交量是真实的，它能够真实反映某一时间段内股票具体交易数量。借助这些真实可靠的成交量数据分析股价的变化趋势，判断市场强弱，往往更准确。

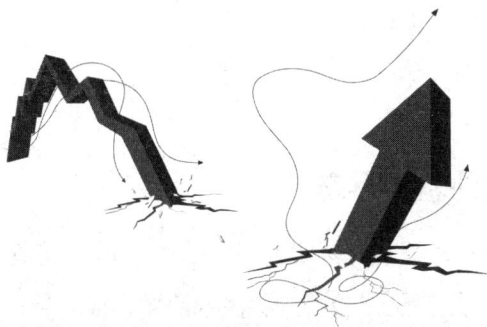

6.1 清楚量价的基础内容与常见术语

成交量与股价之间有着密不可分的关系，股价后市的上升与下跌趋势都能够通过前期成交量与股价之间的表现进行研判。其中就涉及对量价关系内容的基础把握，这是投资者研判后市的前提。

NO.059 市场分析的利器——成交量

股市成交量为股票买卖双方达成交易的数量，使用单边计数。如果某只个股成交量为1万股，即买方按照意愿买了1万股，卖方按照意愿卖了1万股。

广义上的成交量包括成交股数、成交金额以及换手率，但狭义上的成交量仅指成交股数。通常股市成交量是用成交股数和成交金额两项指标来进行衡量的，但在具体的股市交易中以手作为成交量的单位，1手 =100股。成交金额和换手率公式如下所示。

成交金额 = 成交股数 × 成交价格

换手率 = 成交股数 / 发行总股数（手）×100%

另外，根据时间的不同可以对成交量进行划分，一日成交的股数称为日量，一个交易周成交的股数为周量。

总的来说，成交量是市场中的一种供需表现，它代表的是市场上投资者想要购买该股的意愿强弱程度，显示出的是该股在投资者中的人气指标，对股价趋势变化分析有着重要作用。

NO.060 成交量的基本形态

依照市场中投资者对不同个股的不同买卖意愿，在成交量中形成了不同的形态。例如人气较高、比较受到关注的股票，成交量通常较大，其形态表现为逐渐放大，或持续性放大；而市场中受到冷落、关注度较低的股票，成交量通常较小，其形态通常表现萎缩。下面对常见的成交量形态进行详细介绍。

（1）缩量

缩量是指市场中交投不活跃，成交量保持萎缩的一种成交量形态。如果缩量形态出现在上升或下跌趋势的中期，说明市场中的多空双方对个股后市走向看法一致，因此没有成交，使得成交量萎缩；如果是下跌趋势中出现缩量，投资者应及时卖出，坚决出局，待缩量结束后放量上攻时再买入。如图 6-2 所示为成交量缩量形态。

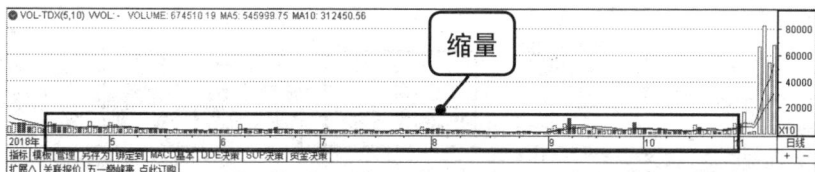

图 6-1 缩量形态

（2）放量

放量即成交量相较于前期相对放大的现象，说明市场中形成明显的买卖方向对立的多空双方，多方认为买卖机会来临，急于买入筹码；空方认为顶部将至，急于抛售筹码，于是空方抛出，多方接盘。如图 6-2 所示为成交量放量形态。

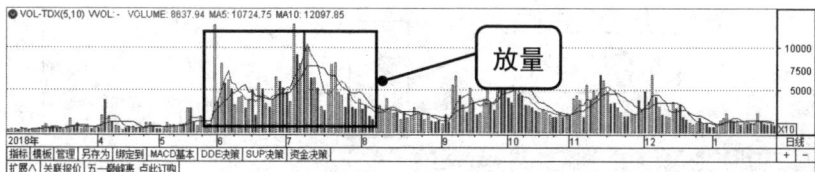

图 6-2 放量形态

需要注意的是，放量通常出现在股市行情变化的转折处，是行情变化的信号，但也有可能是主力利用手中持有的大量筹码刻意制造的放量形态。因此，投资者需要谨慎对待放量形态，多加分析。

（3）堆量

主力在低价位想要拉升股价时，经常会把成交量做得非常漂亮，让成交量缓慢放大，股价慢慢推高，成交量形成一个状似土堆的形态，堆得越漂亮后市产生的行情可能越大。但如果在高价位区域出现堆量，则说明主力正在大肆出货，后市股价可能下跌，投资者要果断离场。如图6-3所示为成交量堆量形态。

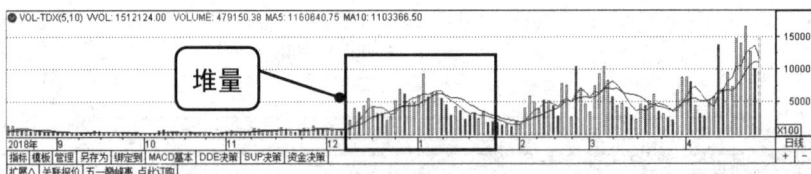

图6-3 堆量形态

（4）没有规则的突然放大或缩小

在市场平淡稳定的行情中，成交量突然性的被放大或缩小，随后又恢复之前的常态，一般是实力不强的庄家无法发动大规模的拉升或出货而采取的策略，短时间成交量的放量或缩量，用来吸引市场中投资者的注意。如图6-4所示为成交量突然放大示意图。

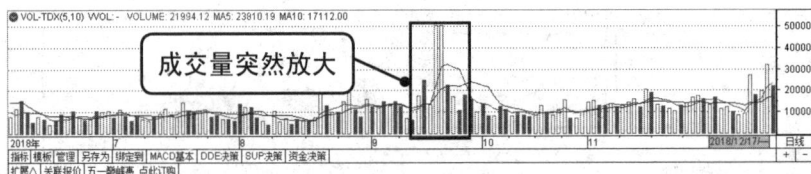

图6-4 成交量突然放大

NO.061 量价配合与量价背离

成交量是推动股价上涨的动力，即股价的有效变动需要依靠成交量的配合。但在实际的炒股过程中我们会发现，有时候成交量不仅没有配合股价上涨而放大，反而出现与股价走势背离的情况。因此，成交量与股票之间的关系可以根据成交量的配合程度分为量价配合与量价背离两种情况。

（1）量价配合

量价配合简单而言就是股价与成交量变化的方向相同。当股价上升时，成交量放大，说明市场中的投资者一致看好股价后市走向，多空双方存在的分歧较少；当股价下跌或调整时，成交量逐步萎缩，说明持股投资者惜售，对后市看好。如图 6-5 所示为量价配合示意图。

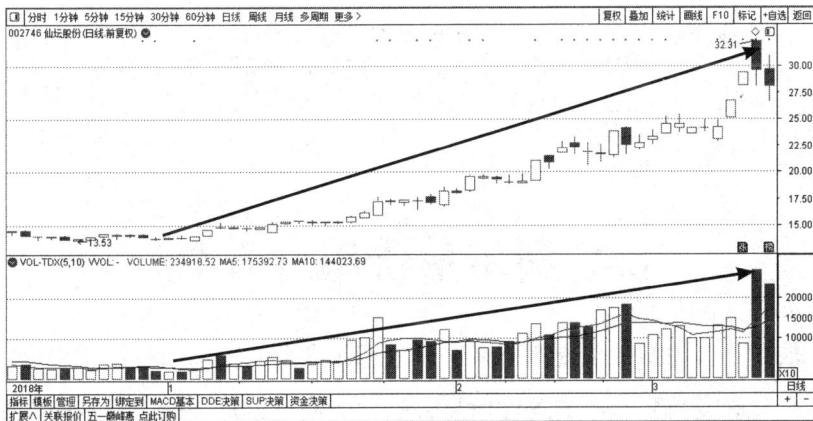

图 6-5 量价配合

（2）量价背离

量价背离与量价配合相反，它指股价与成交量呈现完全相反的变化趋势，即股价上涨时，成交量表现萎缩或持平现象，此时说明股价的上涨并没有得到成交量的支持，市场参与度不高，买卖双方的交投并不活跃，出现该种情形，股价难以保持持续上涨行情；当股价下跌时，成交量放大，说明盘中抛盘严重，如果该形态出现在下跌初期，预示后市股价大跌，投资者需要引起注意。如图 6-6 所示为量价背离示意图。

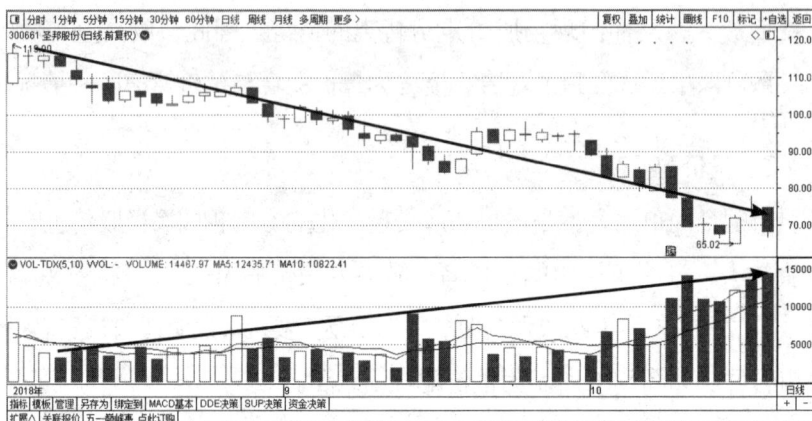

图 6-6 量价背离

6.2 利用量价组合看盘

根据量价关系变化规律可以对其进行组合分析，以便投资者可以快速看盘，准确查找到盘中的关键信息，从而提高自己炒股的实战水平。下面将对其进行详细介绍。

NO.062 量增组合

成交量增加，股价表现出的不同走势称为量增组合，它包括量增价升、量增价跌以及量增价平，具体介绍如表 6-1 所示。

表 6-1　量增组合介绍

量价关系	含义	市场意义
量增价升	量增价升指股价逐渐上升，成交量逐渐放量，即股价的上升得到了成交量的支持，后市继续看涨	量增价升通常出现在股价上涨的初期、中期以及末期，股价上涨的同时，成交量放大，是一种良性的走势，也是可靠的买入信号
量增价跌	量增价跌指股价下跌，成交量反而增加的一种量价关系，它是典型的短线量价背离现象	量增价跌出现在高位区域，说明主力获利出货，后市下跌，投资者应果断清仓；量增价跌出现在长期下跌之后，说明有主力进场吸筹，此时投资者不要过早入场，应持币观望
量增价平	量增价平指在成交量增加的情况下，股价却维持在某一价位水平	量增价平出现在股价大幅下跌后期，说明股价可能止跌见底，投资者应等底部形态确立之后再择机介入；量增价平出现在股价大幅上涨之后，说明股价可能见顶，后市可能出现下跌

实例分析

星宇股份（601799）下跌末期出现量增价跌，主力进场建仓

如图 6-7 所示为星宇股份 2018 年 6 月至 10 月的 K 线走势。

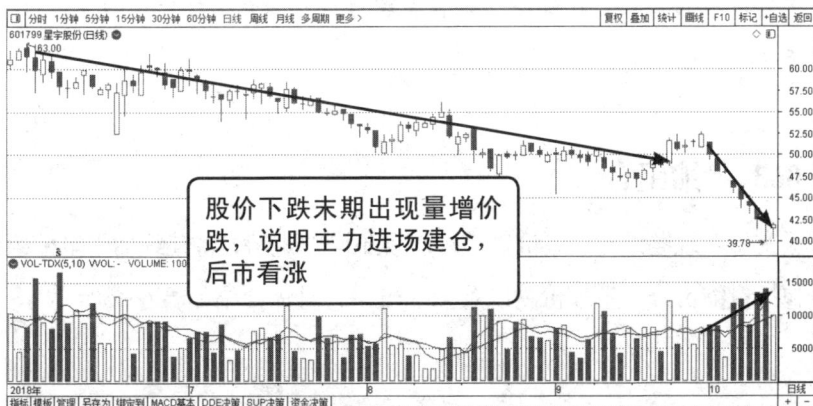

图 6-7 星宇股份 2018 年 6 月至 10 月的 K 线走势

从上图可以看到，该股股价处于下跌行情中，股价向下运行，成交量表现缩量。10月11日开始，K线连续收出多根阴线，股价下跌，而成交量却出现逐渐放大，形成量增价跌形态。该形态出现在股价长时间大幅下跌之后，说明此时有主力进场吸筹，后市股价可能被大幅拉升。此时投资者不要贸然入场，应该持币观望待底部形成，再抄底介入。

如图6-8所示为星宇股份2018年10月至2019年4月的K线走势。

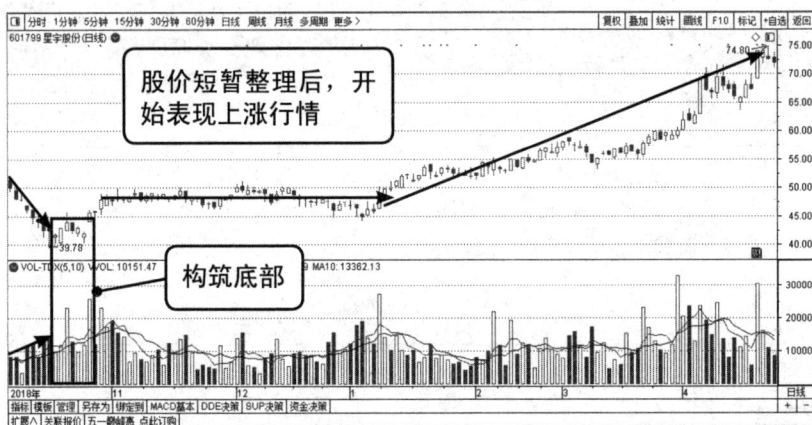

图6-8 星宇股份2018年10月至2019年4月的K线走势

从上图可以看到，股价跌至39.78元时开始止跌，说明底部形成，此时投资者可以抄底介入。股价经过短暂整理后，开始大幅拉升，向上运行，最高涨至74.80元。

NO.063 量缩组合

成交量表现萎缩时，股价也表现出现不同的走势，将其统称为量缩组合，具体包括量缩价升、量缩价跌以及量缩价平，具体介绍如表6-2所示。

表6-2　量缩组合介绍

量价关系	含义	市场意义
量缩价升	量缩价升指成交量表现萎缩，但股价却表现出上涨行情，是量价背离的现象	量缩价升通常出现在上涨行情的末期或下跌行情的反弹过程中，说明股价即将进入新一轮的下跌行情，是一个可靠的卖出信号
量缩价跌	量缩价跌指成交量萎缩减小的同时股价也向下运行，表现下跌行情，是一种量价配合现象	量缩价跌出现在股价下跌的过程中，说明场内没有资金流入，后市股价将继续下跌；量缩价跌出现在经历长期且大幅下跌后，说明空方力量衰竭，后市可能出现反弹拉升；如果量缩价跌出现在股价上涨的高位区域，说明多方力量衰竭，上涨乏力，后市股价可能出现大幅下跌
量缩价平	量缩价平指成交量逐渐萎缩，但股价却维持在某一价位水平	量缩价平出现在股价大幅长期下跌之后，说明主力介入，可能在此位置筑底拉升；量缩价平出现在上涨的初期，说明股价涨势未明，可能还会出现下跌行情；量缩价平出现在股价大幅长期上涨之后，说明多方力量衰竭，追涨买盘不足，后市可能止涨下跌

实例分析

五粮液（000858）股价大幅下跌后出现量缩价平，主力筑底拉升

如图6-9所示为五粮液2018年6月至11月的K线走势。从图中可以看到，该股股价处于下跌行情中，跌势明显，跌幅较大，股价从最高的84.51元跌至最低的46.06元。

当股价运行至50元价位线时，表现横盘走势，期间的成交量表现缩量，形成典型的量缩价平形态，说明有主力介入，在此位置筑底，后市股价走高，投资者此时可以抄底入场。

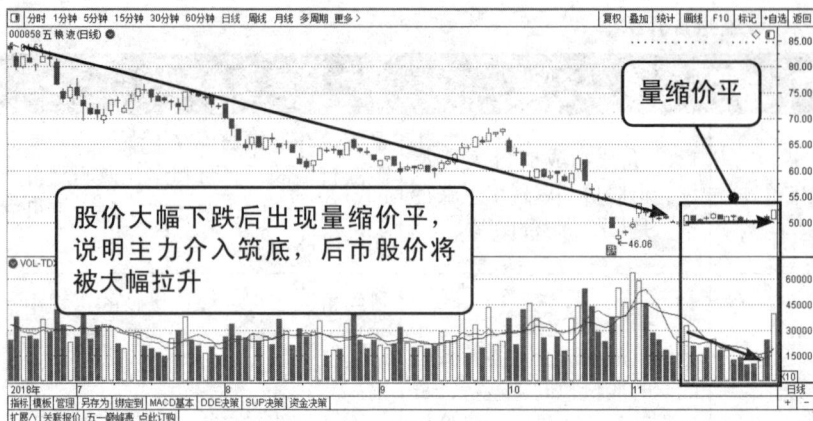

图 6-9 五粮液 2018 年 6 月至 11 月的 K 线走势

如图 6-10 所示为五粮液 2018 年 11 月至 2019 年 4 月的 K 线走势。

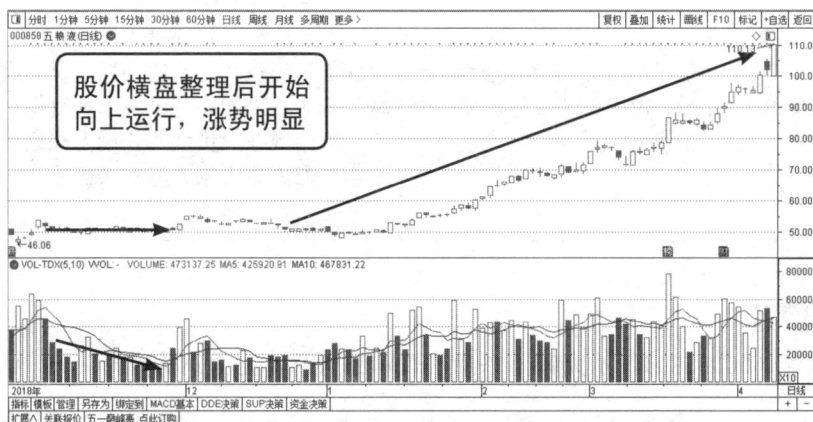

图 6-10 五粮液 2018 年 11 月至 2019 年 4 月的 K 线走势

从上图可以看到，该股股价在量缩价平形态出现后，股价表现横盘整理，然后向上拉升，涨势强烈，股价最高涨至 110.13 元，出现翻倍上涨的行情。如果投资者前期抄底买入，此时可以得到较高的收益。

NO.064 量平组合

除了常见的量增和量缩之外，成交量还会出现量平现象，成交量在某一水平维持上下浮动，幅度较小。量平情况下与股价之间的关系分为量平价升、量平价跌以及量平价平，具体介绍如表 6-3 所示。

表 6-3 量平组合介绍

量价关系	含义	市场意义
量平价升	量平价升指股价上升，但成交量却维持在某一位置，说明场外资金还在观望，跟进做多力量不强	量平价升出现在上涨初期，说明股价涨势未明，投资者应在行情明朗之后再介入；量平价升出现在股价长期筑底之后，说明主力持仓较重，少量的筹码便可以使股价表现大幅拉升行情，投资者此时可以跟进追涨；量平价升出现在下跌途中，说明股价的反弹没有得到成交量的支撑，后市股价将继续下跌
量平价跌	量平价跌指股价下跌，但成交量却维持在某一位置	量平价跌出现在上涨初期，说明投资者相对谨慎，稍有获利便卖出，而主力也正好利用回调清理浮筹，后市可能继续上涨；量平价跌出现在上涨的末期，说明主力做多意愿降低，有出货迹象；量平价跌出现在下跌途中，说明跌势依旧，投资者不要盲目抄底；量平价跌出现在下跌末期，说明下跌动能衰竭，底部将近
量平价平	量平价平指成交量和股价都保持一个平衡的状态，这样的量价关系较少出现，是一种后市不明的关系变化	量平价平出现在股价下跌低位区，说明股价进入盘底阶段，多空双方不明；量平价平出现在上涨途中的调整阶段，说明调整结束，后市将继续上涨；量平价平出现在下跌途中的调整阶段，后市可能出现反转

实例分析

安徽合力（600761）下跌途中出现量平价升，股价短暂反弹后继续跌势

如图 6-11 所示为安徽合力 2018 年 8 月至 11 月的 K 线走势。

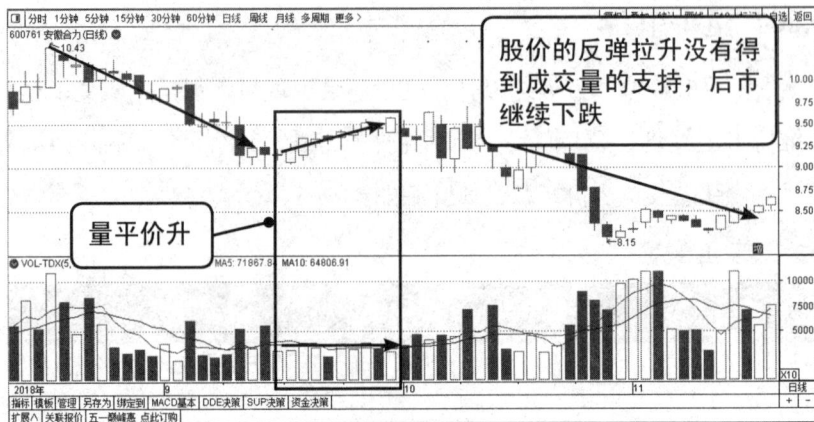

图 6-11 安徽合力 2018 年 8 月至 11 月的 K 线走势

从上图可以看到，该股股价整体处于下跌行情中。9 月中旬时，股价出现小幅反弹，向上拉升，此时成交量却表现相对平衡，形成量平价升形态。说明此时的股价反弹并没有得到成交量的支持，所以反弹的幅度不会太大，后市股价还会继续之前的跌势。

6.3 运用指标进行量价分析

除了利用量价形态来对股价后市作出研判之外，还可以借助成交量中的指标来进行量价关系的分析，辅助看盘。这样不仅能够提高炒股分析技能，还可以提高预判的准确性。

NO.065 OBV 指标：根据能量变化推测股价

OBV 是能量潮指标，它主要通过成交量的变化来分析股价运动趋势，即将成交量予以数字化再绘制成趋势线，配合股价趋势线，从价格的变动以及成交量的增减变化来预测股价后市的走向。OBV 以 N 字形为波动单位，并且由许许多多的 N 形波构成了 OBV 的曲线图，对一浪高于一浪的 N 形波，称其为上升潮，上升潮中的下跌回落则称为跌潮。股价与 OBV 之间的关系如下所示。

◆ 股价上涨而 OBV 下降，表示能量不足，股价可能会下跌。

◆ 股价上涨而 OBV 上升，表示价量配合良好，股价继续上涨。

◆ 股价下跌而 OBV 上升，表示买方力量强，股价可能止跌回升。

◆ 股价下跌而 OBV 下降，表示价量配合良好，股价继续下跌。

在实际的操作中，投资者需要根据股价与 OBV 之间的变化，找到买卖信号，具体如下所示。

◆ 股价一顶比一顶高，而 OBV 一顶比一顶低，说明顶部即将形成，股价将止涨下跌，为卖出信号。

◆ 股价一底比一底低，而 OBV 一底比一底高，说明底部即将形成，股价即将向上拉升，为买入信号。

◆ OBV 突破其 N 字形波动的高点次数达 5 次时，为短线卖点。

◆ OBV 跌破其 N 字形波动的低点次数达 5 次时，为短线买点。

实例分析

吉华集团（603980）OBV 跌破 N 字形波动的低点次数达 5 次时买入

如图 6-12 所示为吉华集团 2018 年 5 月至 10 月的 K 线走势。从图中可以看到，在这段周期内该股股价向下运行，OBV 趋势线也表现向下运行，说明量价配合良好，因此股价表现出稳定的下跌走势。

9 月下旬至 10 月上旬股价继续下跌，OBV 继续下降，但此时 OBV 向下跌破 N 字形波动的低点次数达 5 次，说明股价触底，预示股价将止跌上涨。此时为投资者抄底买入的信号点。

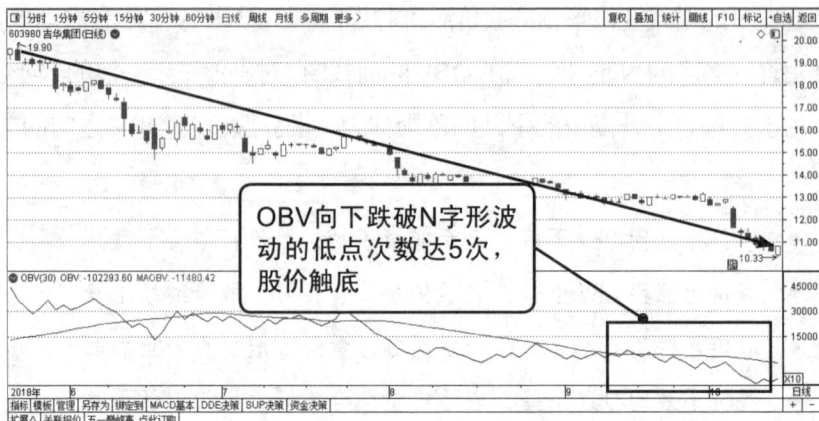

图 6-12 吉华集团 2018 年 5 月至 10 月的 K 线走势

如图 6-13 所示为吉华集团 2018 年 10 月至 2019 年 4 月的 K 线走势。

图 6-13 吉华集团 2018 年 10 月至 2019 年 4 月的 K 线走势

从上图可以看到，OBV 向下跌破 N 字形波动的低点次数达 5 次以后，股价止跌并向上小幅拉升，横盘整理之后股价开始大幅上涨，此时 OBV 也表现上升趋势，说明量价配合良好，股价涨势稳定。

NO.066 RSI 指标：根据 RSI 值判断股市强弱

RSI 指标为相对强弱指标，它是根据一定时期内上涨和下跌幅度之和的比率绘制出的一种技术曲线，它能够反映出市场在一定时期内的景气程度。RSI 指标的计算公式如下所示。

N 日 RSI=N 日内收盘涨幅的平均值／（N 日内收盘涨幅均值 +N 日内收盘跌幅均值）×100%

根据 RSI 计算公式可以看出其技术含义，以向上的力量与向下的力量进行比较，若向上的力量较大，则计算出来的指标上升；若向下的力量较大，则计算出来的指标下降，由此测算出市场走势的强弱。

参数小的 RSI 称为短期 RSI，参数大的 RSI 称为长期 RSI。默认情况下，系统设置的参数为 RSI1 为 6 日，RSI2 为 12 日，RSI3 为 24 日。

RSI 指标能够显示市场中的超买超卖信号，预期价格将见顶回落或见底回升，具体使用方法如下所示。

◆ 短期 RSI 值在 20 以下，由下向上交叉长期 RSI 值时为买入信号。

◆ 短期 RSI 值在 80 以上，由上向下交叉长期 RSI 值时为卖出信号。

◆ 短期 RSI 值由上向下跌破 50，代表股价已经转弱。

◆ 短期 RSI 值由下向上突破 50，代表股价已经转强。

◆ 当 RSI 值高于 80 进入超买区，股价随时可能形成短期回调。

◆ 当 RSI 值低于 20 进入超卖区，股价随时可能形成短期反弹。

◆ 股价一波比一波高，而 RSI 一波比一波低，形成顶背离，行情可能反转下跌。

◆ 将 RSI 的两个连续低点连成一条直线，当 RSI 向下跌破这条线时，为卖出信号。

◆ 将 RSI 的两个连续峰顶连成一条直线，当 RSI 向上突破这条线时，为买入信号。

◆ 为了确认 RSI 是否进入超买区、超卖区或是否穿越了 50 中界线，
应尽量使用长期 RSI，以减少骗线的发生。

实例分析

大连圣亚（600593）RSI 值大于 80 进入超卖区，后市股价大跌

如图 6-14 所示为大连圣亚 2018 年 7 月至 12 月的 K 线走势。

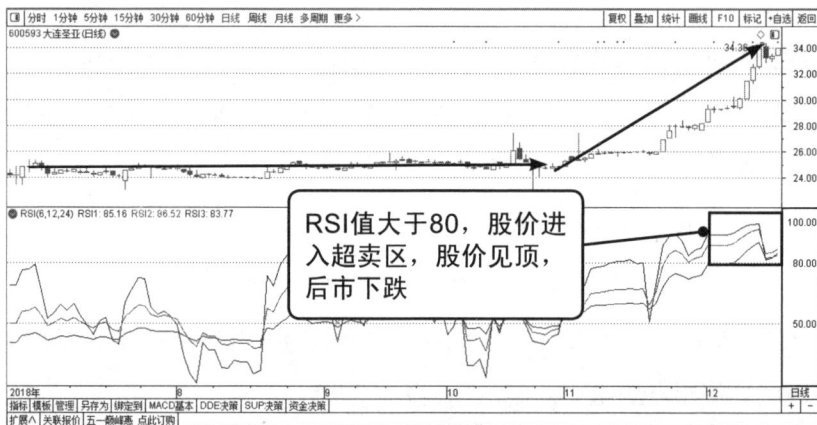

图 6-14 大连圣亚 2018 年 7 月至 12 月的 K 线走势

从上图可以看到，该股股价经过前期长时间的横盘调整之后开始表现
大幅向上运行走势，股价最高涨至 34.36 元，涨势明显。但是此时可以发现，
RSI1 为 85.16，RSI2 为 86.52，RSI3 为 83.77，不管是短期 RSI 值还是长期
RSI 值，都大于 80，说明股价进入超卖区，股价即将见顶，后市股价将止
涨下跌，此时为投资者出逃的机会。

如图 6-15 所示为大连圣亚 2018 年 12 月至 2019 年 2 月的 K 线走势。
从图中可以看到，RSI 值大于 80 之后，股价开始大幅下跌，K 线连续两日
一字跌停，股价从 34.71 元快速跌至 24.61 元，然后开始进入了漫长的横盘
整理期。RSI 也在 50 附近水平运行。

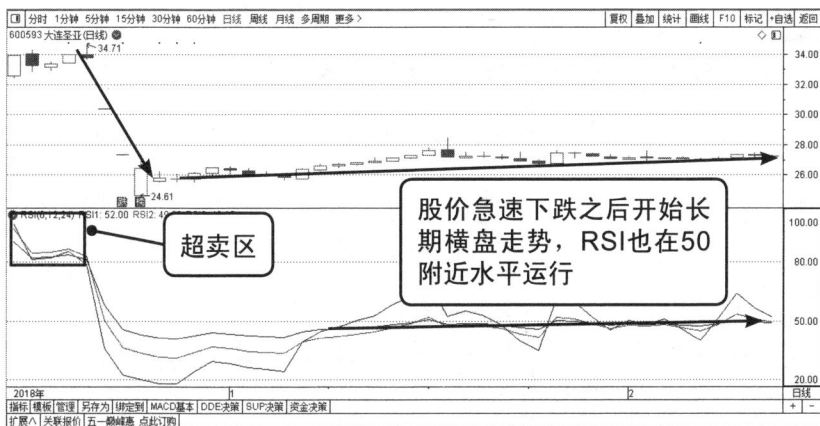

图 6-15 大连圣亚 2018 年 12 月至 2019 年 2 月的 K 线走势

NO.067 ROC 指标：反映股价上升下降动能

ROC 指标又叫变动速率指标，是以当日收盘价和 N 天前的收盘价作比较，通过计算股价在某一时段内收盘价变动的速率，应用价格的波动来测算股价移动的动量、衡量多空双方买卖力量的强弱，从而达到预测股价走势、分析是否有转势趋势的目的。ROC 指标的计算公式如下。

ROC（N 日）=（当日收盘价 − N 日前的收盘价）/N 日前的收盘价

ROC 指标是测量股票价位动能的一个指标，变动速率以 0 值为中心线上下波动，操作原则如下所示。

◆ 当 ROC 值在 0 线以上且继续上升，表示上涨动能继续增加；如果 ROC 值出现回落，即使股价还在上升，仍然表示个股上涨动能已经开始减弱。

◆ 当 ROC 值在 0 线以下且继续下降，表示下跌动能仍在增加；如果 ROC 值在 0 线以下，但出现反转上升走势，则表示下跌动能已经减弱。

实例分析

名家汇（300506）股价与 ROC 背离，股价反转

如图 6-16 所示为名家汇 2018 年 6 月至 2019 年 3 月的 K 线走势。

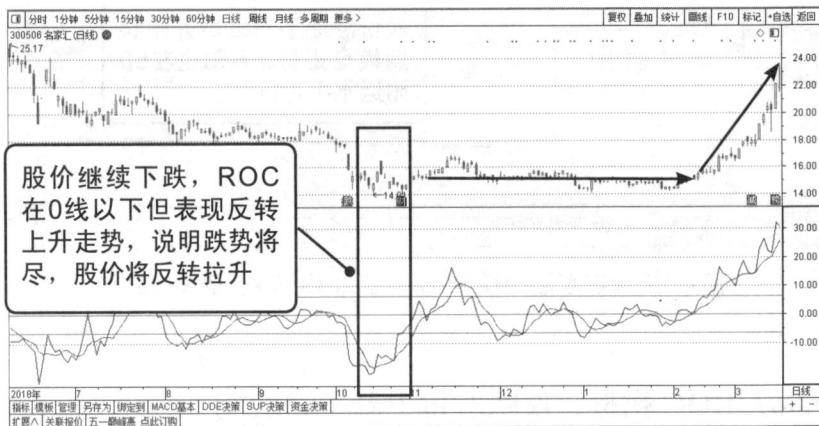

图 6-16 名家汇 2018 年 6 月至 2019 年 3 月的 K 线走势

从上图可以看到，该股股价前期处于下跌行情，跌幅较大。当股价运行至 10 月底时，股价表现缓慢下跌，此时 ROC 表现反转上升走势，说明股价下跌的动能已经减弱，这是股价见底信号，后市股价止跌上涨。投资者此时可以抄底介入。

从该股后市走势来看，股价在 10 月底止跌之后，小幅回升，横盘整理一段时间后开始向上运行，大幅拉升。

小贴士　*修改副图指标*

默认情况下，副图指标为成交量，想要利用 OBV 指标、RSI 指标以及 ROC 指标分析盘口，就需要修改副图指标。有两种方法修改：一是在 K 线走势页面中直接输入指标字母，然后按【Enter】键完成修改；二是在副图窗口的任意位置单击鼠标右键，在弹出的快捷菜单中执行"副图指标 / 选择副图指标"命令，然后在打开的"请选择副图指标"对话框中选择需要指标，单击"确定"按钮即可完成修改。

从零开始
看懂盘口分析

第 **7** 章

解读盘口的线与势，
掌握行情变动趋势

在盘口中还存在着一些重要的线，通过这些线的绘制可以查看到股价在某一方面的运行轨迹和形成的趋势。在股市中，股价的走向往往遵循"顺势而为"的原则，因此从"势"看盘是分析股价后市走向变化的重要手段。

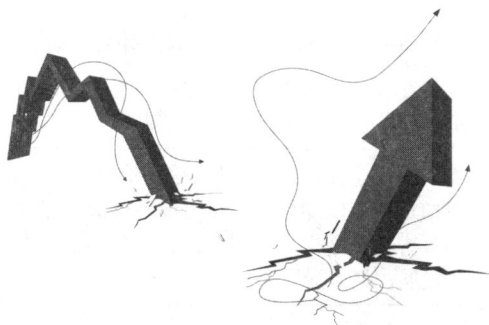

7.1 均线看盘入门

均线指的是移动平均线，它是股票市场中运用最早，也是最为权威的技术指标，更是投资者技术分析看盘的入门指标，在股市行情分析中占据重要位置。下面我们具体来看看。

NO.068 认识移动平均线

移动平均线（MA）是将一定时期内的股票价格加以平均，并随着时间累计计算连成曲线，从而显示股价在一定时间内的变化趋势，它是分时股价走势的重要参考指标。

移动平均线的计算公式：N 日移动平均线 =N 日收盘价之和 /N

移动平均线的特点如表 7-1 所示。

表 7-1　移动平均线的特点

特性	内容
趋势性	移动平均线表示的股票的价格走势，在没有巨大的外部因素的影响下，股价会继续沿着当前走势继续运行
稳定性	从移动平均线的计算方法可以知道，移动平均线不是一天形成的，而是由几天，甚至是几个月形成的，所以一天的大变动分摊到多个交易日中，变动也会变小，从而体现出其稳定性的特点
助涨助跌性	当价格突破了移动平均线，无论是向上突破还是向下突破，价格有继续向突破方面再走一程的愿望，这就是移动平均线的助涨助跌性
支撑和压力	移动平均线在股价走势中主要起支撑和压力的作用。移动平均线的被突破，实际上是支撑线和压力线被突破
滞后性	移动平均线由多个交易日的收盘价的平均值得到，相对于单日收盘价来说，更稳定。所以如果某只股出现当日价格涨幅过大，但在移动平均线上却不容易体现出来。因此，有可能牛市来临，它仍然以一种平缓的趋势发展，具有滞后的特性

NO.069 不同周期移动平均线的作用

移动平均线按照时间的长短进行划分，可以分为3类，即短期移动平均线、中期移动平均线和长期移动平均线，其具体内容如表7-2所示。

表 7-2　不同周期移动平均线的作用

均线周期	含义	主要类型	盘面意义
短期移动平均线	指周期为1个月以下的移动平均线，其波动较大，过于敏感，适合短线投资者	5日均线和10日均线	5日均线代表一个星期的股价运行方向；10日均线代表半个月的股价运行方向
中期移动平均线	指1个月以上，3个月以下的移动平均线，其走势相对沉稳，经常被使用	20日均线、40日均线和60日均线	20日均线代表1个月的股价运行方向；40日均线代表两个月的股价运行方向；60日均线代表3个月的股价运行方向
长期移动平均线	指半年以上的移动平均线，其走势过于平稳，不灵活，适合长线投资者使用	120日均线和240日均线	120日均线代表半年的股价运行方向；240日均线表示一年的股价运行方向

在实际的运用中，短期均线、中期均线和长期均线在不同的情况有不同的选择，投资者应该按照其不同的优缺点进行对应选择。

◆ 短期均线对股价的变动比较敏感，能够快速地对股价变化做出反应，但当股价表现上下震荡走势时，短期均线将表现出较大的起伏变化，使得投资者难以看清股价中长期运行趋势。但因为其反应灵敏，便于追踪股价，帮助投资者及时作出进场和离场的决定，所以短期均线常常作为短线操作的技术指标。

◆ 中期均线的波动幅度相较于短期均线而言，更平滑、更有迹可循。相较于长期均线而言，灵敏度更高、反应更快，所以中期均线常用于观察和判断中期趋势的延续和转折。

◆ 长期均线滞后性严重，对股价变化反应不灵敏，所以在实战的运用中几乎不会单独利用长期均线来对股市行情作出判断。长期均线主要用来判断大盘趋势。

NO.070 黄金交叉和死亡交叉的盘面含义

黄金交叉和死亡交叉是股市中常用的技术名词，黄金交叉为股票买入信号，死亡交叉为股票卖出信号。当上升的短期均线从下向上突破上升中的中／长期均线形成的交叉为黄金交叉；当下跌中的短期均线从上向下穿过下降中的中／长期均线形成的交叉为死亡交叉。

黄金交叉说明股市短期走强，股价具有较强的上涨动力，后市股价将表现上涨，投资者可以短线买进；死亡交叉说明股市短期走弱，股价上涨动力衰竭，后市股价将表现下跌走势，投资者应该及时出逃。

下面以短期10日均线和中期30日均线的交叉为例进行介绍。

实例分析

思维列控（603508）黄金交叉买入，后市上涨

如图7-1所示为思维列控2018年7月至11月的K线走势。

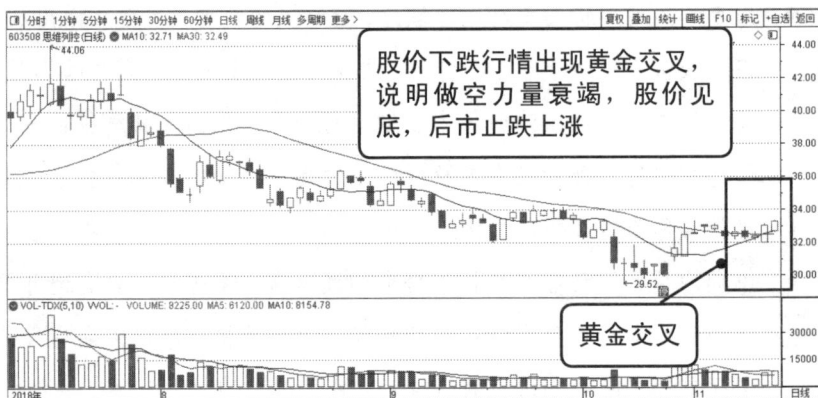

图7-1 思维列控2018年7月至11月的K线走势

从上图可以看到，股价处于下跌行情，10日均线和30日均线皆向下运行。11月中旬，股价下跌至32元附近，10日均线止跌上涨，由下向上突破30日均线形成黄金交叉，说明股价下跌见底，做空力量衰竭，后市股价将止跌上升。此处为投资者买入信号点。

如图7-2所示为思维列控2018年10月至2019年4月的K线走势。

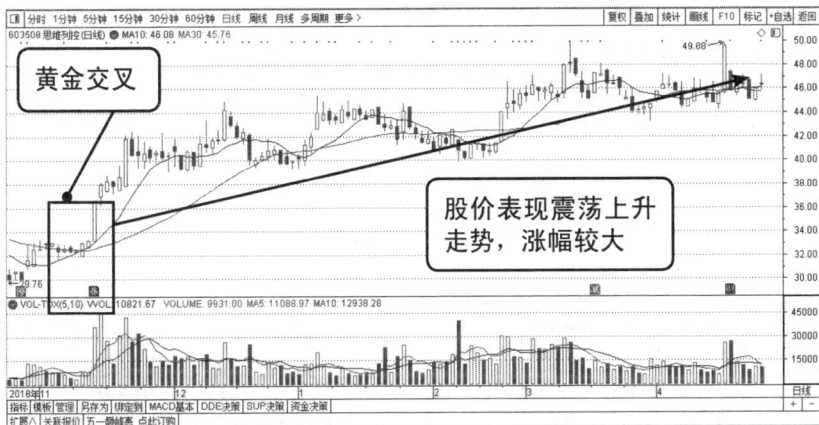

图7-2 思维列控2018年10月至2019年4月的K线走势

从上图可以看到，该股均线出现黄金交叉之后，股价一改之前的跌势，表现出震荡向上的走势，股价重心逐渐上移，股价最高上涨至49.88元，涨幅较大。

实例分析

乐歌股份（300729）死亡交叉出现，投资者出逃机会

如图7-3所示为乐歌股份2018年2月至7月的K线走势。从上图可以看到，该股股价处于上升行情，股价表现出震荡上升的走势，10日均线和30日均线也表现向上运行的趋势。7月中旬，股价运行至34.0元附近，10日均线从上向下突破，与30日均线形成死亡交叉。说明股价上涨动力衰竭，股价见顶，后市股价将止涨下跌，此时为投资者最好的出逃机会。

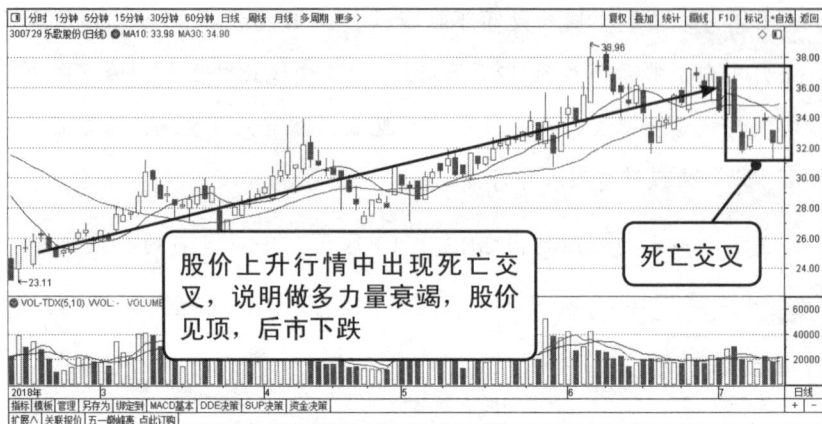

图7-3 乐歌股份2018年2月至7月的K线走势

如图7-4所示为乐歌股份2018年7月至2019年2月的K线走势。

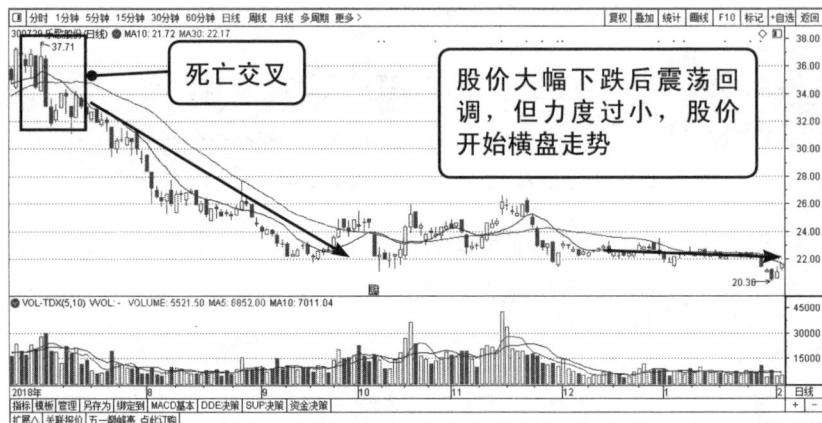

图7-4 乐歌股份2018年7月至2019年2月的K线走势

从上图可以看到，均线在股价高位处出现死亡交叉之后，股价表现下跌走势，跌幅较大，从最高的37.71元跌至22.0元，然后股价出现小幅回调，但力度较小，并没有明显拉升股价，随后股价长期横盘在22.0元附近。如果投资者没有在死亡交叉点顺利逃，将面临资金被套的危机。

NO.071 葛兰威尔买卖法则看盘技巧

葛兰威尔是美国著名投资专家，他通过研究均线与股价之间的关系总结出了八大交易法则，分别为四大买入法则和四大卖出法则。葛兰威尔的八大法则是通过对股价走势的关键性拐点对方向、幅度以及动能作出综合性的判断，从而作出对应的买入、卖出操作。如图 7-5 所示为葛兰威尔法则买卖点示意图。

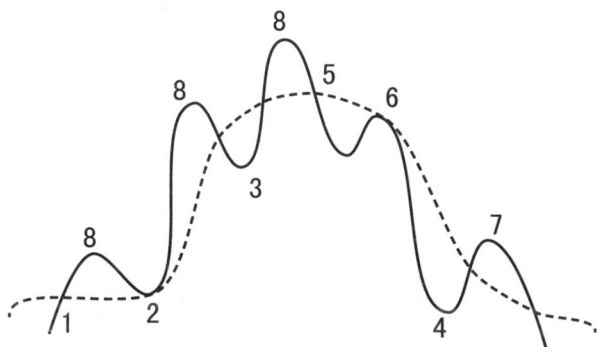

图 7-5 葛兰威尔法则

葛兰威尔法则八大法则具体内容如表 7-3 所示。

表 7-3 葛兰威尔法则内容

信号	内容	位置
买入信号	均线从原来的下跌走势转变为平滑整理状态，此时股价上升，并从均线的下方向上穿过，形成金叉，此处为第一个买入机会	1
	股价经过一波拉升之后，短线获利盘开始集中抛售，股价下跌，主力借此机会清理盘中浮筹。主力洗盘结束后继续拉升股价，且将股价拉回均线之上，此处为第二个买入机会	2
	股价在上升过程中出现回调，股价下跌，但获得均线支撑后回升时为买入机会	3
	股价在高位区跌破了均线支撑线，开始急速下跌，且远离均线，有可能出现反弹上升，此处为买入机会	4

续表

信号	内容	位置
卖出信号	当均线从上升逐渐转为盘局或下跌，而股价向下跌破平均线，为卖出信号	5
	当股价虽突破平均线，但又立刻回跌至均线下，此时均线仍然保持持续下跌势态，还为卖出信号	6
	当股价趋势线走在平均线下，股价上升并突破平均线且立刻反转下跌，亦是卖出信号	7
	当价格突然暴涨，突破平均线，且远离平均线，则有可能反弹回跌，亦为卖出信号	8

7.2 用轨道线分析盘面

利用轨道线分析盘面是一种趋势分析法，它将股价顶部和底部用直线或者曲线连接起来，形成一个通道，再以此来预测股价后市的走向。在实际的操作中常运用的轨道线包括直线轨道线、ENE 轨道线以及 BOLL 轨道线。

NO.072 直线轨道线的看盘方法

直线轨道线又称通道线或管道线，是基于趋势线的一种方法。将股价顶部和底部分别用直线连接起来形成的轨道就是直线轨道线。

直线轨道线由 3 部分组成，顶点之间的连线为上轨线，底点之间的连线为下轨线，以及中间位置的中轨线。直线轨道还分为 3 种形态，具体如表 7-4 所示。

表 7-4　直线轨道形态

形态	内容
上升轨道	表现上升趋势的轨道为上升轨道，在该轨道中，下轨线作为一个有力的支撑，是股价震荡上涨的助力
下降轨道	表现下跌趋势的轨道为下跌轨道，在该轨道中，上轨线对整个轨道形成一个阻力，驱使股价向下运行
多级轨道	在实际的股市行情中，股价不会单纯地在一个轨道中运行，因此常常会形成二级轨道、三级轨道甚至多级轨道

直线轨道线的具体用法如下所示。

◆ 股价向上突破中轨是短线买入信号，股价向下突破中轨线是短线卖出信号。尤其当股价持续下行或上行后突破中轨线的阻力或支撑，这时的买卖信号准确度较高。

◆ 股价向上突破上轨线是短线极佳的买入时机。如果此后股价快速上升，那么当股价跌破上轨线时是短线极佳的卖出时机；如果此后股价只是缓慢上行，那么就选择跌破中轨线作为卖出信号。

◆ 股价向下突破下轨线是短线极强烈的卖出信号。如果此后股价快速下跌，那么当股价向上突破下轨线时是短线极佳的买入时机；如果此后股价只是缓慢下行，那么就选择向上突破中轨线作为买入信号。

◆ 轨道线收敛预示着股价的突变，这时应密切注意中轨线的变动方向。

◆ 轨道线的买卖信号以短线为主。如果中轨线的趋势明显，可按照趋势来操作，如果中轨线的趋势不明显，应该采取快进快出的操作。

实例分析

瑞斯康达（603803）股价由下向上突破上轨线，买入信号

如图 7-6 所示为瑞斯康达 2018 年 6 月至 11 月的 K 线走势。

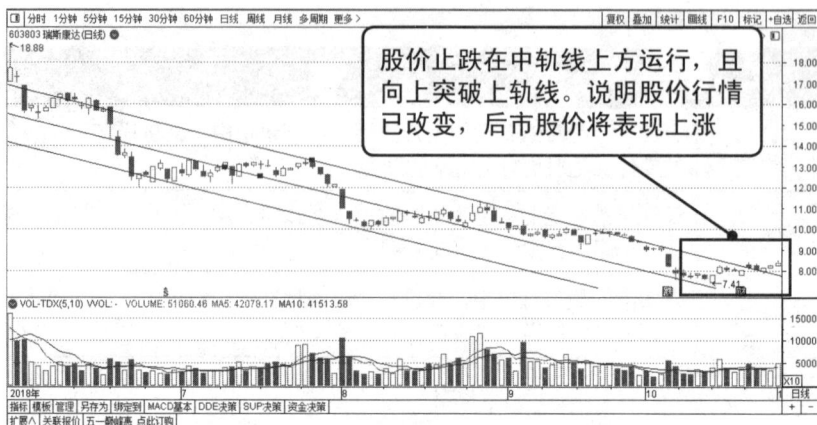

图 7-6 瑞斯康达 2018 年 6 月至 11 月的 K 线走势

从上图可以看到，该股股价处于下跌行情，上轨线对其形成强力阻碍，股价始终在上轨线下方运行。10 月中旬，股价运行至低位区，停止下跌，在中轨线上方运行，且向上突破上轨线。说明股价行情已改变，后市股价将向上拉升，表现上涨行情。此处为投资者买入信号点。

如图 7-7 所示为瑞斯康达 2018 年 10 月至 2019 年 3 月的 K 线走势。

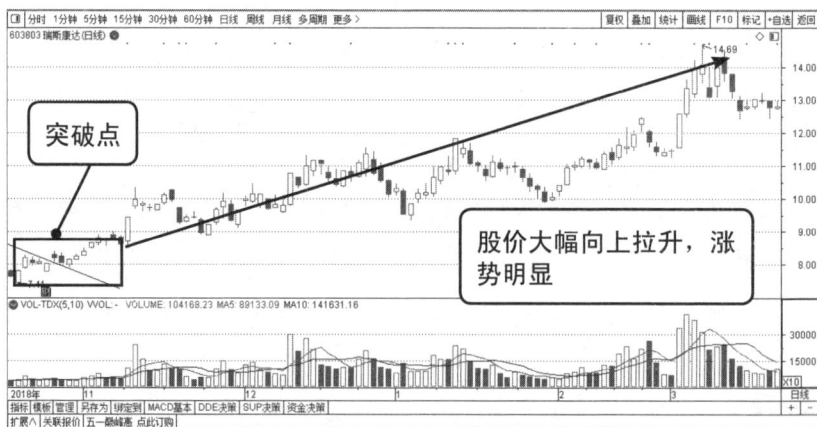

图 7-7 瑞斯康达 2018 年 10 月至 2019 年 3 月的 K 线走势

从上图可以看到，股价由下向上穿过上轨线后，股价一改之前的跌势，表现出强烈的震荡上涨行情，涨幅较大。

NO.073 ENE 轨道线的看盘方法

ENE 轨道线同直线轨道线一样，由上轨线（UPPER）和下轨线（LOWER）及中轨线（ENE）组成，轨道线的优势在于其不仅具有趋势轨道的研判分析作用，也可以敏锐觉察股价运行过程中方向的改变。

ENE 轨道线实战运用法则如下所示。

◆ 当 ENE 轨道线向下缓慢运行时，如果股价跌穿下轨线后，很快重新上涨穿越下轨线时，可以买入。

◆ 当 ENE 轨道线向上缓慢运行时，如果股价跌至下轨线附近后重新恢复上涨行情，这时即使没有击穿下轨线也可以买入。

◆ 当 ENE 轨道线向上缓慢运行时，如果股价上涨穿越上轨线后，很快掉头向下并跌穿上轨线时可以卖出。

◆ 当 ENE 轨道线向下缓慢运行时，如果股价涨至上轨线附近后，出现掉头下跌行情，这时即使股价没有触及上轨线，也可以卖出。

实例分析

大立科技（002214）股价跌破下轨线再上涨穿越下轨线，买入机会

如图 7-8 所示为大立科技 2018 年 5 月至 11 月的 K 线走势。从图中可以看到，该股股价处于下跌行情，ENE 轨道线也向下运行，当股价跌至 5.5 元附近时跌势渐缓，股价横盘震荡运行。10 月中，股价向下运行，跌破下轨线，但是快速止跌，并在几个交易内上涨由下向上穿过下轨线。说明股价下跌的动能已经消失，股价的运行方向已经发生改变，后市股价将表现上涨行情。而股价上穿下轨线为投资者的买入机会。

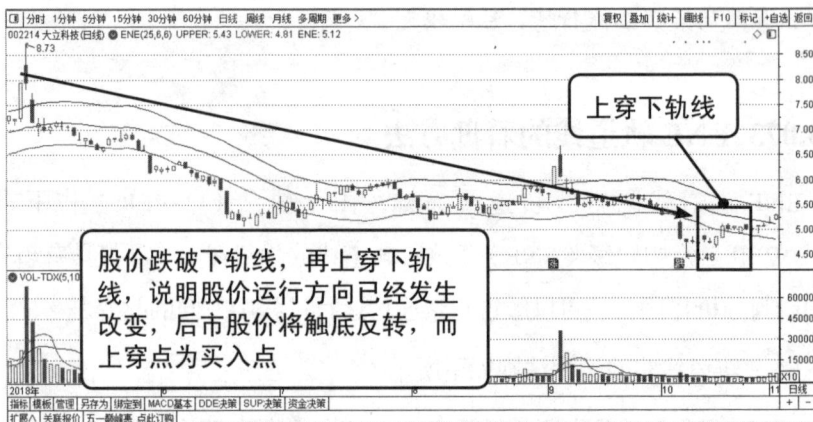

图 7-8 大立科技 2018 年 5 月至 11 月的 K 线走势

如图 7-9 所示为大立科技 2018 年 10 月至 2019 年 4 月的 K 线走势。

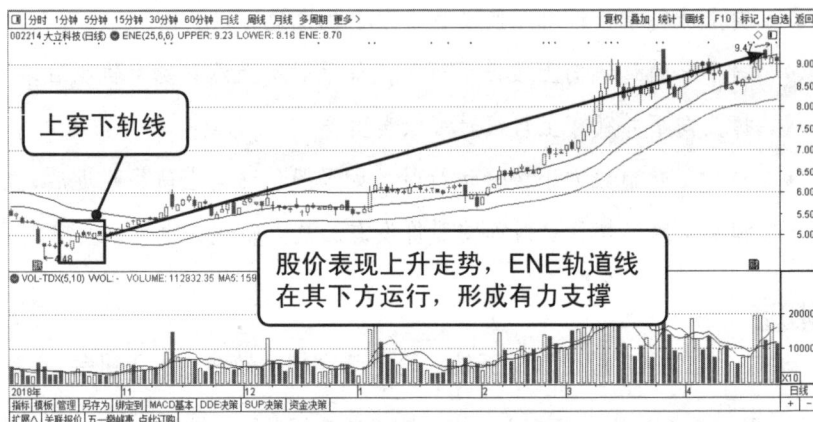

图 7-9 大立科技 2018 年 10 月至 2019 年 4 月的 K 线走势

从上图可以看到，股价走势行情发生改变，横盘整理后大幅向上拉升，ENE 轨道线在股价下方运行，形成有力支撑，股价涨势良好。

ENE 轨道线在平稳震荡的波段行情中能够准确提示出买卖信号，但在股价处于单边上涨或者单边下跌中技巧就完全不一样了，具体如下所示。

◆ **单边上涨行情**：上涨初期，股价震荡运行，此时可以运用普通行情的买卖规则操作；当股价向上突破上轨线时，投资者可以积极介入；
当股价在高位区偏离上轨线的高位，投资者可以锁定前期收益离场；
如果高位区股价跌破下轨线走弱，投资者应果断离场。

◆ **单边下跌行情：**下跌初期如果投资者在上涨顶部没有及时离场，可
以采取逢高卖出的止损策略；当股价跌破下轨线走弱时，投资者应
坚决离场；在股价低位区，投资者可以采取普通行情的买卖规则进
行操作。

实例分析

神马股份（600810）单边上涨行情中的买卖信号

如图 7-10 所示为神马股份 2018 年 1 月至 9 月的 K 线走势。

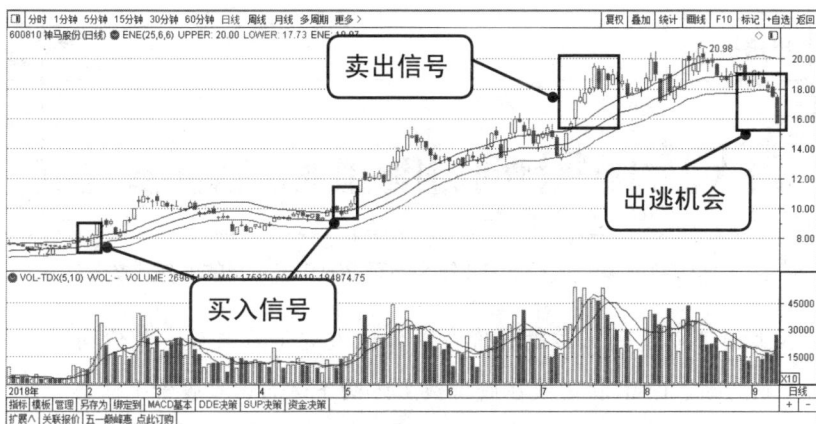

图 7-10 神马股份 2018 年 1 月至 9 月的 K 线走势

从上图可以看到，该股股价表现上涨行情，ENE 轨道线配合向上运行，
涨势良好，股价从最低的 7.2 元上涨至最高的 20.98 元，涨幅较大。在上涨初期，
股价上穿上轨线为投资者的买入机会，此时股价向上穿过上轨线，说明股
价的运行方向向上，且上升动力十足，后市股价将出现大幅拉升。

当股价运行至高位区 16 元时，股价大幅偏离上轨线，出现乖离。经过

长期且大幅的涨势之后出现该走势，说明这是主力想要在高位区出货而刻意拉升股价吸引投资者入场的手段。此时，投资者为了锁定前期收益，降低风险，可以在高位区域卖出股票。

股价在高位区表现出横盘震荡走势，9月初股价下跌，跌破下轨线，K线连续收阴，股价向下运行。说明主力出货接近尾声，后市股价将大幅下跌，此时为投资者出逃的最佳机会。

如图7-11所示为神马股份2018年8月至2019年1月的K线走势。

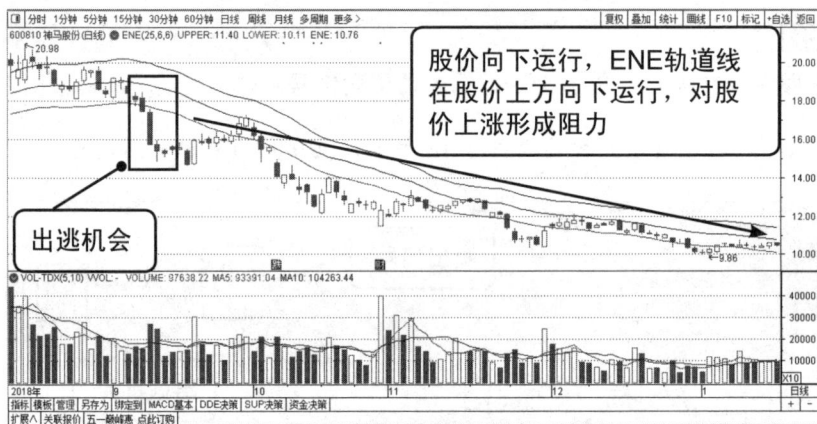

图 7-11 神马股份 2018 年 8 月至 2019 年 1 月的 K 线走势

从上图可以看到，该股股价在高位区跌破下轨线后，股价向下运行表现出下跌行情，ENE轨道线在股价线上方向下运行，对股价上涨形成阻力。如果前期投资者没有及时逃脱将面临巨大损失。

NO.074 BOLL 轨道线的看盘方法

BOLL 轨道线是股市技术分析中常常运用的工具之一，它利用统计学原理计算出股价的标准差以及股价的信赖区间，从而判定股价的波动范围以及未来走势。

BOLL 轨道线也由 3 条线组成，分别为上轨线、中轨线以及下轨线，其中，上下轨线可以分别看作股价的压力线和支撑线，中轨线则为股价平均线。股价通常会运行在压力线和支撑线所形成的通道中。

在行情分析软件中，BOLL 轨道线可以加载在主图中查看，也可以在副图中单独查看，其分析运用的方法和作用一样，只是展示的位置不同罢了，如图 7-12 所示。

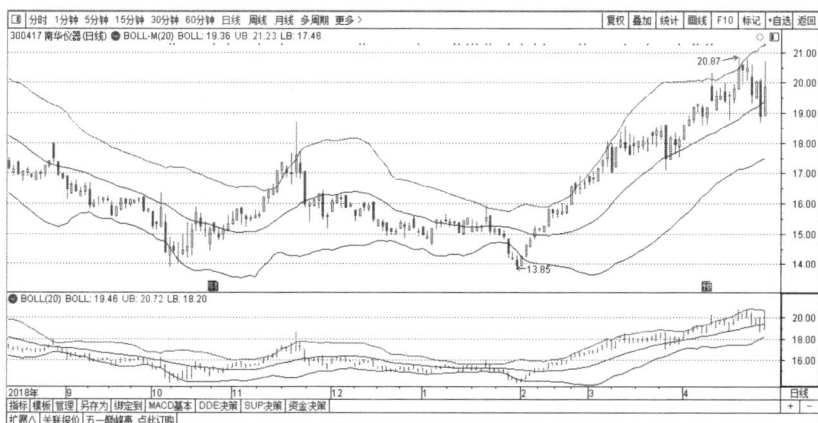

图 7-12 BOLL 轨道线的不同显示

BOLL 指标的参数不能小于 6，通常为 10 或 20。另外，在使用该指标时股价需要在常态区，即股价在一定的范围内波动，没有暴涨或暴跌，这样比较准确。如果股价处于非常态区，那么就不能单独以 BOLL 指标来确定买卖点了。

利用 BOLL 轨道线寻找股票买卖点，具体内容如下。

◆ 股价在 BOLL 轨道线中长时间窄幅运行后向上突破上轨线，此时 BOLL 轨道线向上运行，且形态变大，说明股价将脱离之前的轨道继续上涨，此时投资者可以买入。

◆ 股价在 BOLL 轨道线中长时间窄幅运行后向下跌破下轨线，此时

BOLL 轨道线向下运行，且形态变大，说明股价将脱离之前的轨道反转下跌，此时投资者可以卖出。

实例分析

雄韬股份（002733）股价向上突破上轨线，股价改变运行轨道上升

如图 7-13 所示为雄韬股份 2018 年 9 月至 2019 年 1 月的 K 线走势。

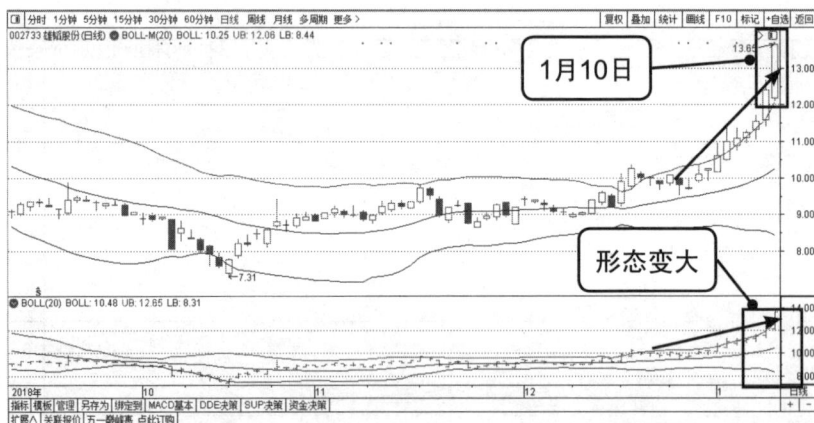

图 7-13 雄韬股份 2018 年 9 月至 2019 年 1 月的 K 线走势

从上图可以看到，该股股价前期处于横盘走势，股价在 BOLL 轨道线内窄幅运行，1 月 10 日 K 线收出放量大阳线，股价上升，向上突破上轨线。此时，BOLL 轨道线由原本的横向运行转变为向上运行，并且形态变大。说明股价已经脱离之前的运行轨道，进入上升行情，后市股价将大幅拉升。股价突破上轨道线为投资者买入的机会。

如图 7-14 所示为雄韬股份 2019 年 1 月至 4 月的 K 线走势。从图中可以看到，股价向上突破上轨线之后，股价表现上升行情。股价在中轨线上方，在上轨线下方运行，中轨线成为股价线的支撑线，上轨线成为股价线的压力线。

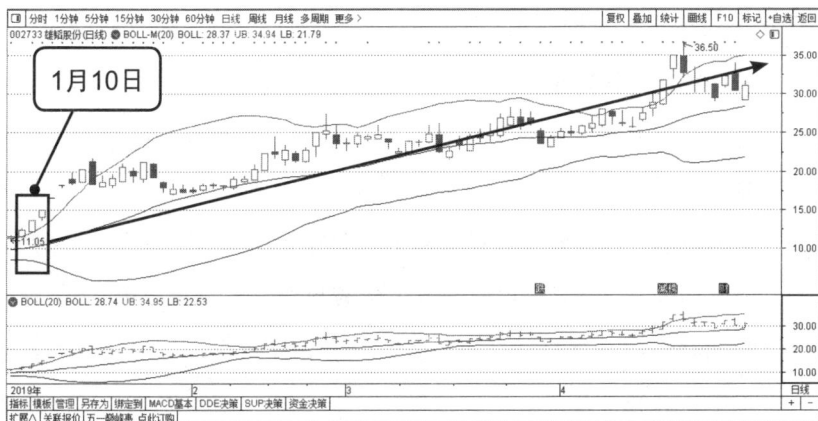

图 7-14　雄韬股份 2019 年 1 月至 4 月的 K 线走势

7.3　应用趋势线分析盘口

趋势线就是利用股价的运行轨迹绘制的股价未来运动变化的方向和线路。市场中的股价按照一定的趋势运行，在没有外界因素的影响下，股价会继续当前趋势运行，这就是趋势分析盘口，预测后市的原理所在。

NO.075　趋势线的含义与类型

股价运行过程中，将逐浪上涨的低点，或者逐浪下跌的高点用直线连接起来就是趋势线。趋势线按照不同的划分标准可分为不同的种类。

（1）按照时间划分

趋势线按照绘制的时间长短进行划分，可以分为长期趋势、中期趋势以及短期趋势。一个长期趋势由若干个中期趋势组成，而一个中期趋势由若干个短期趋势组成。具体如下所示。

◆ **长期趋势**：长期趋势的时间跨度较长，通常经过几个月或 1 年以上。时间跨度越长，股价趋势越明显，投资者也更容易把握。长期趋势稳定、可靠，但具有一定的滞后性。

◆ **中期趋势**：中期趋势的时间跨度要短于长期趋势，而大于短期趋势，通常为 4 ~ 13 周。中期趋势更容易把握，实战性更强。

◆ **短期趋势**：短期趋势时间较短，一般在 4 周以内。短期趋势灵活，但变化较快，投资者难以把握。

长期趋势、中期趋势以及短期趋势都具有各自的优势和缺点，在实际的分析中，投资者应该结合三者进行综合分析，遵循从长到短的原则，先分析长期趋势，再分析中期趋势，最后分析短期趋势。

（2）按照运行方向划分

按照趋势线的运行方向对趋势线进行划分，可以分为 3 类，即上升趋势、下降趋势以及震荡趋势。具体内容如表 7-5 所示。

表 7-5　趋势线按照运行方向划分

名称	趋势	趋势线
上升趋势	股价运行过程中每个波段的峰和谷都高于前一个波段的峰和谷，则趋势就是上升趋势	上升趋势线是在股价持续上涨过程中，将每次的调整低点相连而形成的趋势线
下降趋势	如果股票运行过程中每个波段的峰和谷都低于前一个波段的峰和谷，则趋势就是下降趋势	下降趋势线是在股价持续下跌过程中，将每次的反弹高点相连而形成的趋势线
震荡趋势	如果股价运行过程中后面的峰和谷与前面的峰和谷相比，没有明显的高低之分，几乎呈水平延伸，这时的趋势就是震荡趋势	在股价持续横盘整理过程中，将每次的低点或高点相连而形成的横向延伸线，没有明显的上升和下降趋势

NO.076 趋势线的绘制

想要通过趋势线分析盘口，首先就要懂得如何在行情分析软件中绘制趋势线。趋势线的绘制非常简单，即在 K 线图中将一段行情的低点和高点用直线连接起来，形成上升或下降的趋势。下面以绘制上升趋势线为例进行介绍。

打开行情分析软件，找到需要分析的个股走势，这里以天孚通信（300394）股价走势为例。进入个股 K 线走势页面，单击"工具"菜单项，在弹出的下拉菜单中选择"画线工具"命令，如 7-15 左图所示。在打开的"画图工具"对话框中选择"直线"选项，如 7-15 右图所示。

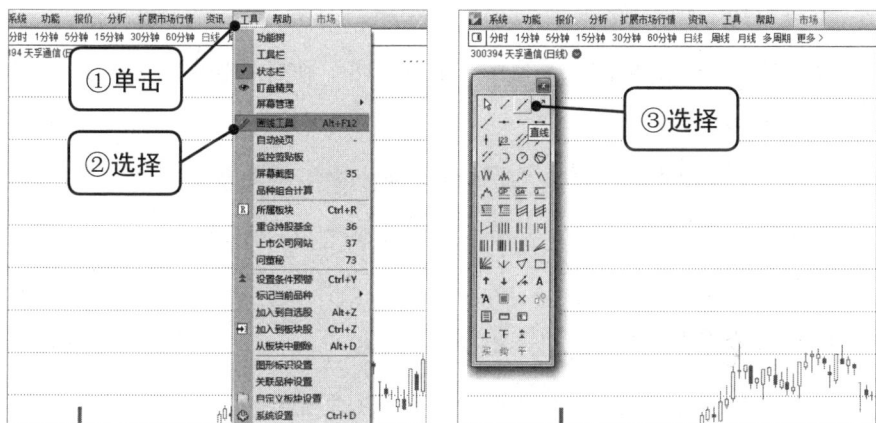

图 7-15 选择直线工具

然后在个股 K 线走势中找到波段低点，至少两个。这里找到天孚通信 2018 年 7 月至 2019 年 2 月 K 线走势中的波段低点，在其中任意一个低点位置单击鼠标左键不放，再移动鼠标位置，屏幕低点位置出现直线，最后再根据具体情况简单的调整移动直线位置即可。此时天孚通信的上升趋势线便画好了，如图 7-16 所示。

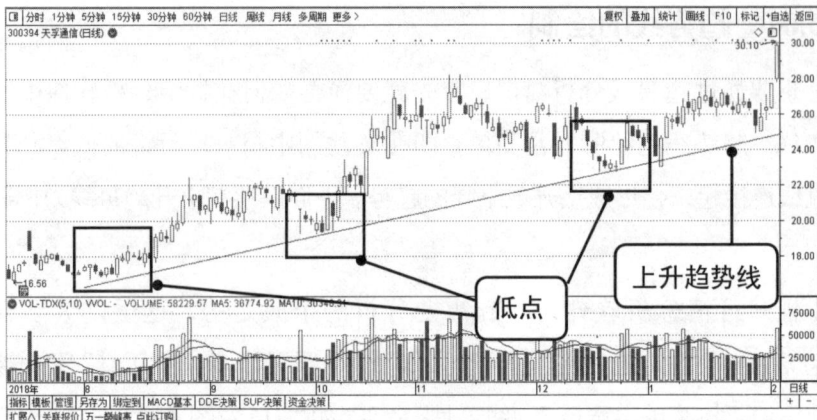

图 7-16 绘制趋势线

投资者在绘制趋势线时要注意以下两点。

◆ 第一，选择的高点或低点，应该在同一级别趋势中，而且是较为重要的高点或低点。

◆ 第二，趋势线的画法是否适当，有一个非常重要的判断标准，就是"落在上面的低点或者高点要尽可能多"。

NO.077 趋势线中的支撑线与阻力线

趋势线除了判断后市股价走向之外，还对股价起到支撑或阻碍的作用。股价上升趋势形成后，将两个或两个以上的波段高点进行连线，可以得出上升趋势的上升阻力线；将两个或两个以上的波段低点连线，得到上升趋势线。上升趋势线对股价起到支撑作用，而上升阻力线将对股价构成一定的压力作用。因此，在上升趋势中，股价实际上是在上升趋势线和上升阻力线所组成的一个不规则的通道内运行的。

同理，在下降趋势中，将两个或两个以上的波段低点进行连线，可以得出下跌趋势的下降支撑线；将两个或两个以上的波段高点连线，得到下降趋势线。下降趋势线对股价具有阻碍作用，而下降支撑线对股价具有重要的支撑作用。因此，在下跌趋势中，股价实际上是在下降趋势线和下降支撑线中间的通道内运行。

如图 7-17 所示为股价在下跌行情中的支撑线和阻力线。

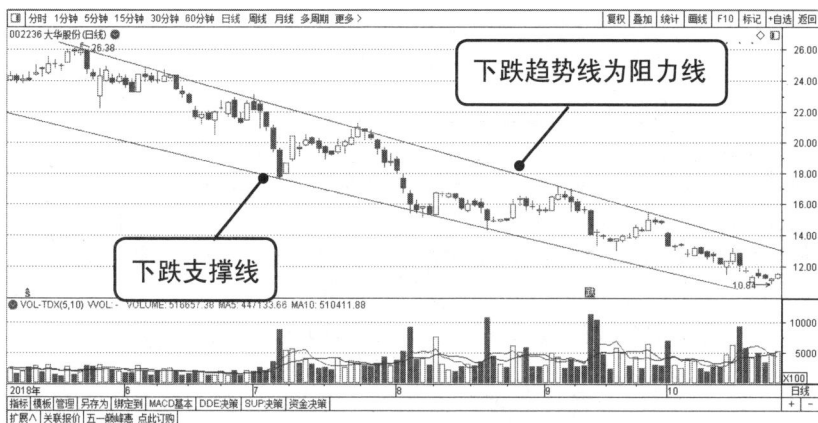

图 7-17 支撑线和阻力线

但支撑线和阻力线并不是一成不变的，股价向上突破阻力线之后，这条阻力线就会转变为支撑线。相对的，当股价跌破支撑线之后，这条支撑线就会变成压力线。

NO.078 趋势线的有效突破

趋势线的有效突破是行情反转的信号，在上升行情中，股价向下跌破上升趋势线后继续走弱，说明股价见顶，后市走弱，为卖出信号；在下跌行情中，股价向上突破下降趋势后继续走强，说明股价触底反弹，后市走强，为买入信号。

实例分析

台基股份（300046）股价向上有效突破下降趋势线，股价反弹回升如图 7-18 所示为台基股份 2018 年 9 月至 2019 年 2 月的 K 线走势。

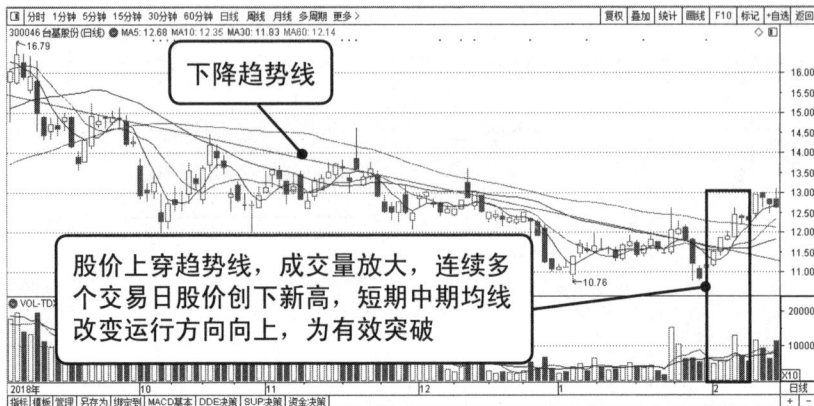

图 7-18 台基股份 2018 年 9 月至 2019 年 2 月的 K 线走势

从上图可以看到，该股股价处于下跌行情中，下降趋势线形成阻力线，股价在阻力线下方运行。2 月初时，股价由下向上突破下降趋势线，且之后连续几个交易日股价向上运行，创下新高，成交量放大，且短期均线和中期均线都止跌上升。说明此时的突破为有效突破，股价下跌的动能已经消失，后市将企稳回升，投资者可以在时处买入股票。

如图 7-19 所示为台基股份 2019 年 1 月至 4 月的 K 线走势。

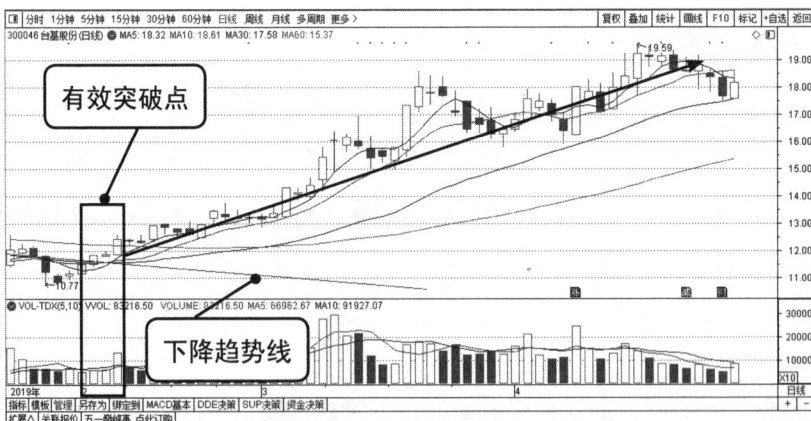

图 7-19 台基股份 2019 年 1 月至 4 月的 K 线走势

从上图可以看到，该股股价向上有效突破下降趋势线后，股价反转表现出上升行情，均线皆向上运行，股价涨幅较大。

因为趋势线是投资者自己绘制的，可能会出现误差，从而出现趋势线无效突破的情况。判断趋势线突破的有效性，首先要确定自己所绘制的趋势线适当，然后还要满足以下几个条件。

◆ 连续两天以上的突破是有效的突破。

◆ 连续两天以上创新价的突破是有效的突破。

◆ 股价突破趋势线后，成交量上升或保持不变的突破是有效的突破。

◆ 股价突破趋势线后，持续的时间越长，突破越有效。

◆ 短期均线和中期均线运行方向发生改变的突破是有效突破，长期均线因其滞后性的特点，可能不会出现运行方向的转变。

NO.079 顶部或底部偏离趋势线分析

股市行情风云多变，上涨行情不会一直上涨，下跌行情也不会永远下跌，所以趋势线不管维持的时间多长，最终都会在某个位置发生反转，这也是股价行情趋势的末期。投资者判断趋势线是否达到末期，可以利用股价的高点或低点的偏离情况来进行判断。

通常，在趋势末期，股价都会表现出加速上涨或急速下跌的走势，此时的高点和低点大多都偏离趋势线。

实例分析

联创电子（002036）底部偏离下降趋势线，股价触底回升

如图 7-20 所示为联创电子 2018 年 4 月至 11 月的 K 线走势。

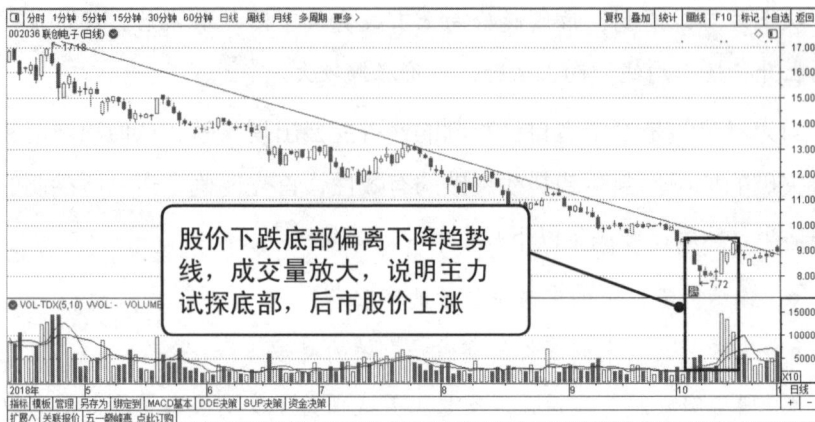

图7-20 联创电子2018年4月至11月的K线走势

从上图可以看到，该股股价表现下跌行情，股价在下降趋势线下方顺着趋势线下跌。10月初，股价下跌运行至低位区域，股价突然急速大幅下跌，几个交易日后股价止跌回升，形成一个波谷，其低点偏离下降趋势线，且成交量放大。说明这次的急速下跌是因为有主力入场探测市场底部，股价触底之后，便被快速向上拉升，K线连续收出3根带量阳线。可以预测股价下跌行情即将结束，后市股价上涨。投资者此时可以抄底进场。

如图7-21所示为联创电子2018年10月至2019年4月的K线走势。

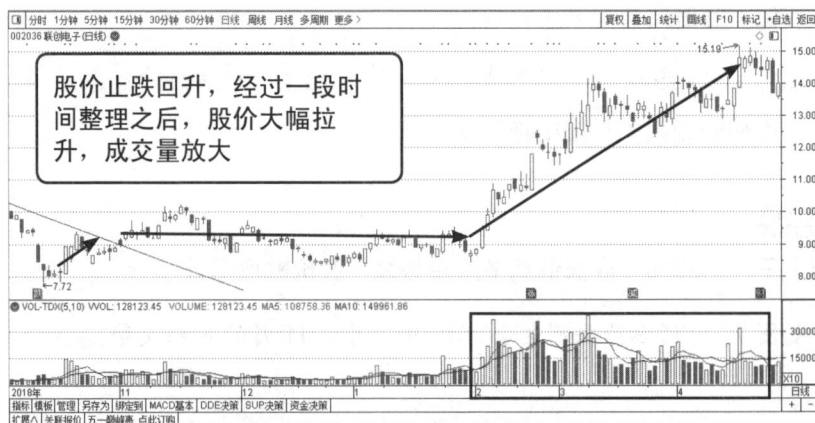

图7-21 联创电子2018年10月至2019年4月的K线走势

从图中可以看到，股价底部偏离下降趋势线之后股价止跌回升，经过一段时间的整理之后股价开始表现上升行情，股价被大幅拉升，成交量放大，市场反应活跃。

NO.080 利用趋势线的斜率分析盘口

斜率代表趋势线的相对陡峭程度，是用来衡量股价趋势陡峭与平缓的指标。斜率是股价趋势线与水平方向形成的夹角，通过夹角的大小可以分析盘口，研判股价后市走向，具体使用方法如下所示。

◆ 在股价上升行情中，夹角小，说明股价上升缓慢，此时主力可能正在建仓或拉升的初期；夹角大，说明股价大幅拉升，增长较快，此时主力已经完成建仓开始强势拉升股价。

◆ 在股价下跌行情中，夹角大，说明股价下跌较快，此时股价通常处于下跌初期，主力出货阶段；夹角小，说明股价缓慢下跌，或横盘，此时主力已经完成出货，股价的下跌已经到末期了。

通常来说，趋势线的斜率越小，该趋势线越有效，可持续性越长久；斜率越大，说明该趋势线的有效性越小，可持续性越弱。在上升行情中，上升趋势线的斜率越大，行情发生逆转的可能性也就越大；在下跌行情中，下降趋势线的斜率越小，股价触底反转的可能性也就越大。

实例分析

美的集团（000333）斜率变大股价大幅拉升，见顶下跌

如图7-22所示为美的集团2016年1月至2017年2月的K线走势。从图中可以看到，该股股价处于上升行情中，前期股价上升趋势缓慢，上升趋势线形成的夹角较小，斜率较低，形成缓慢上升趋势线。股价运行至2017年9月股价突然大幅向上拉升，股价走势远离缓慢上升趋势线，该趋势线失效。重新绘制急速上升趋势线，发现夹角变大，斜率变大，说明股价可能见顶，后市股价将反转下跌。此时为持股投资者出逃的机会。

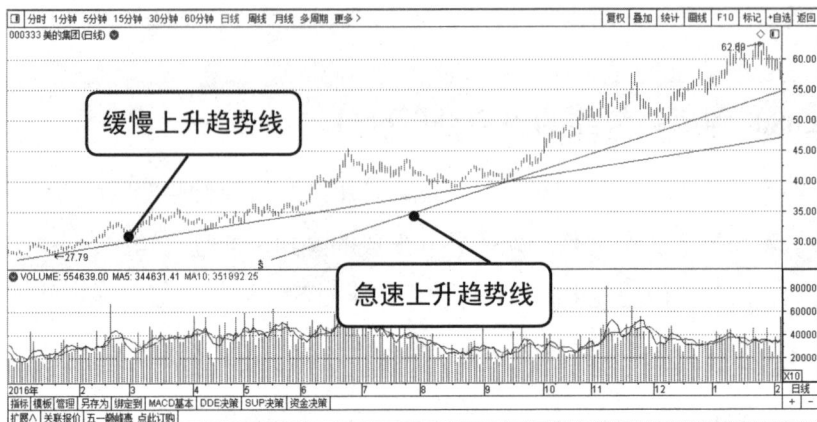

图 7-22 美的集团 2016 年 1 月至 2017 年 2 月的 K 线走势

如图 7-23 所示为美的集团 2018 年 1 月至 2019 年 1 月的 K 线走势。

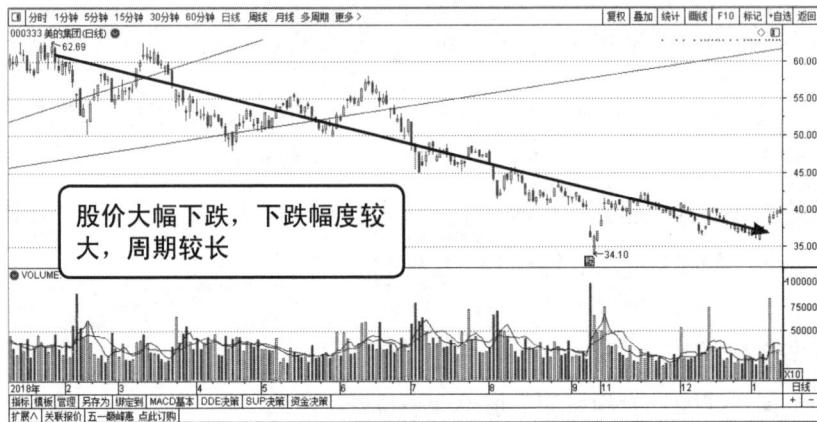

图 7-23 美的集团 2018 年 1 月至 2019 年 1 月的 K 线走势

从上图可以看到，上升趋势线斜率变大之后，股价急速大幅上涨见顶，之后股价表现下跌行情，下跌幅度较大，从最高的 62.69 元下跌至最低的 34.10 元，下跌周期较长。

从零开始
看懂盘口分析

第 **8** 章

活用指标看盘，提升分析可靠性

在股市投资中，通过技术分析来预测股价走势可以提升分析的可靠性。然而在炒股软件中，系统自带了很多技术指标，投资者不需要全部将其记住，只需要掌握常用的几个指标，然后进行综合使用，即可达到看盘的目的。在众多指标中，MACD和KDJ是股民最常选用的两个指标，本章将具体来介绍这两个指标的实战应用方法。

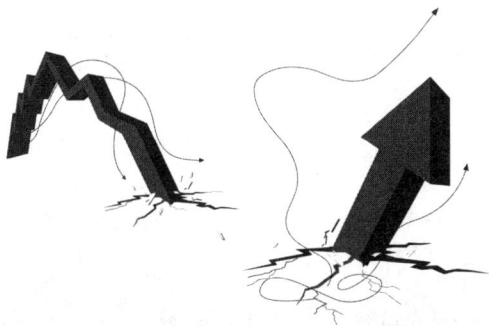

8.1 运用 MACD 指标看盘

MACD 指标是一种趋势性指标，其英文全称为 Moving Average Convergence and Divergence，简写为 MACD。通过该指标中的各种曲线、曲线的取值以及曲线的相对位置关系来分析盘面，可以帮助投资者判断股票的买卖时机。

NO.081 了解 MACD 指标

MACD 指标也称为平滑异同移动平均线指标，它是移动平均线指标派生的技术指标。其构造原理与移动平均线的构造原理相似，只不过它对股票收盘价进行了平滑处理。

MACD 指标由差离值（DIF）、异同平均数（DEA）、柱状线（BAR）和 0 轴组成，其中，DIF 是核心，DEA 和 BAR 都是辅助。MACD 各组成部分表示的意义如表 8-1 所示。

表 8-1 MACD 各组成部分的意义

组成部分	具体描述
差离值	差离值是短期指数移动平均线与长期指数移动平均线之间的差，用于反映指数移动平均线的聚合程度
异同平均数	异同平均数也叫差离值移动平均数，是 DIF 的 M 日移动平均数，将差离值进行平滑处理
柱状线	柱状线是用差离值减去异同平均数值的两倍绘制而成的，可代表未来发展趋势的强弱程度
0 轴	用于分隔差离值、异同平均数、柱状线正负数值的中心轴

很多炒股软件在计算差离值时采用的短期指数移动平均线为 12 日（EMA12），长期指数移动平均线为 26 日（EMA26），而在计算异同平均数时则采用的是 DIF 的 9 日移动平均线。MACD 指标在炒股软件中的副图

窗口中显示，其效果如图8-1所示。

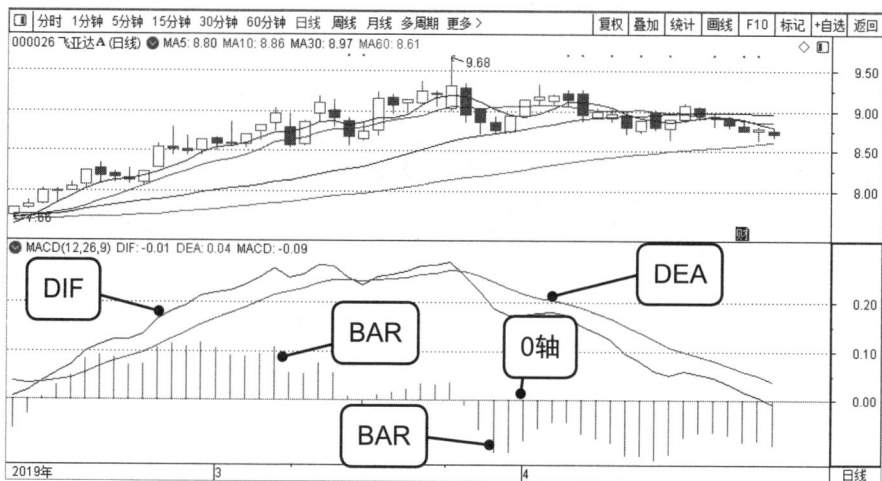

图 8-1 炒股软件中 MACD 指标效果

MACD 指标中各组成部分的基本用法如下所示。

◆ 当 DIF 和 DEA 处于 0 轴以上时，属于多头市场。DIF 和 DEA 处于 0 轴以下时，属于空头市场。

◆ 当 DIF 曲线从下向上突破 DEA 曲线时，视为买入时机。当 DIF 曲线从上向下穿破 DEA 曲线时，视为卖出时机。

◆ 柱状线在 0 轴上方表示趋势向上，柱状线在 0 轴下方表示趋势向下；柱状线越长，表示股价越有可能向此方向发展。当柱状线逐渐缩短时，表示趋势正在减弱。

◆ 柱状线从 0 轴以下运行到 0 轴以上，视为买入信号；柱状线从 0 轴以上运行到 0 轴以下，视为卖出信号。

NO.082 MACD 低位金叉看盘

MACD 指标的低位金叉是指 DIF 和 DEA 运行在 0 轴以下，并且 DIF 从 DEA 下方上穿 DEA 形成金叉，金叉是较佳的买入信号，后市看涨。

实例分析

美的集团（000333）下跌末期 MACD 低位金叉买入

如图 8-2 所示为美的集团 2018 年 8 月至 2019 年 2 月的 K 线走势。

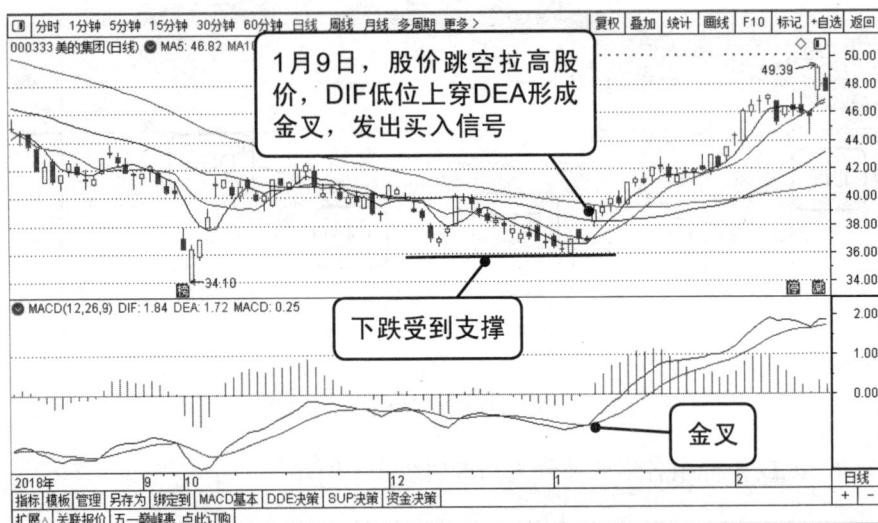

图 8-2 美的集团 2018 年 8 月至 2019 年 2 月的 K 线走势

从图中可以看到，该股大幅下跌后在 2018 年 10 月初下跌运行到低价位，并创出 34.10 元的新低，随后股价出现连续阳线拉升的行情，但是最终受到向下的 30 日均线的压制，股价反弹受阻，随后股价依托 30 日均线缓慢下跌，整个下跌过程中，DIF 和 DEA 始终在 0 轴下方运行。

但是从这波下跌走势中可以看到，36 元为明显的支撑位，股价两次下跌到此位置均受到支撑止跌。

在 2019 年 1 月 9 日，该股放量高开高走，当日以 5.81% 的涨幅阳线报收将股价拉高，BAR 线由绿转红，DIF 从下向上上穿向上运行的 DEA 形成金叉，发出股价止跌回升的买入信号。

如图 8-3 所示为美的集团 2018 年 8 月至 2019 年 4 月的 K 线走势。

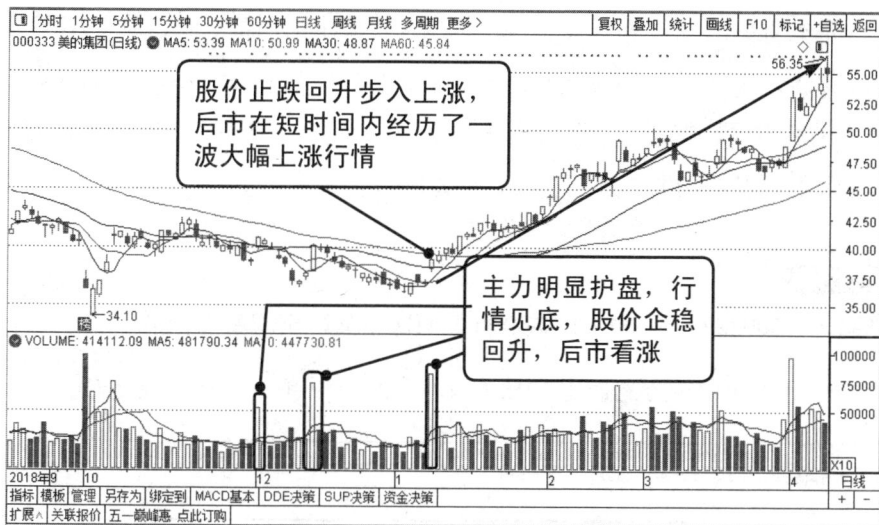

图 8-3 美的集团 2018 年 8 月至 2019 年 4 月的 K 线走势

从图中可以看到，该股创出 34.1 元后，股价放大量将股价拉高，虽然随后股价上涨受阻继续下跌，但是在每次股价运行到 36 元附近止跌时，均有明显的巨量阳线拉高股价，阻止股价继续下跌，这是主力明显的护盘行为。

因此，当 1 月 9 日的巨量阳线拉高股价脱离下跌，DIF 从下向上上穿向上运行的 DEA 形成金叉的位置发出的买入信号就更加可靠了，投资者可逢低吸纳买入该股，持股待涨。

而事实上，该股后市在短短的时间内就从 37 元附近上涨到 56.35 元的高价，涨幅超过 51%。

NO.083 MACD 低位二次金叉看盘

如果 DIF 和 DEA 在 0 轴下方短期内（8 或 13 个交易日内）发生两次金叉，此时，当第二次金叉形成时，股价可能发生暴涨现象，投资者可逢低吸纳，积极做多。

需要说明的是，MACD 低位一次金叉未必不能出暴涨股，但 MACD 低位二次金叉出暴涨股的概率和把握更高。这主要是因为经过第一次金叉后，空头虽然再度小幅进攻，造成又一次死叉，但是，空头的进攻在多方的两次金叉面前遭遇溃败，从而造成多头力量的喷发。

实例分析

光韵达（300227）上涨初期 MACD 低位两次金叉，出现暴涨行情

如图 8-4 所示为光韵达 2018 年 10 月至 2019 年 2 月的 K 线走势。

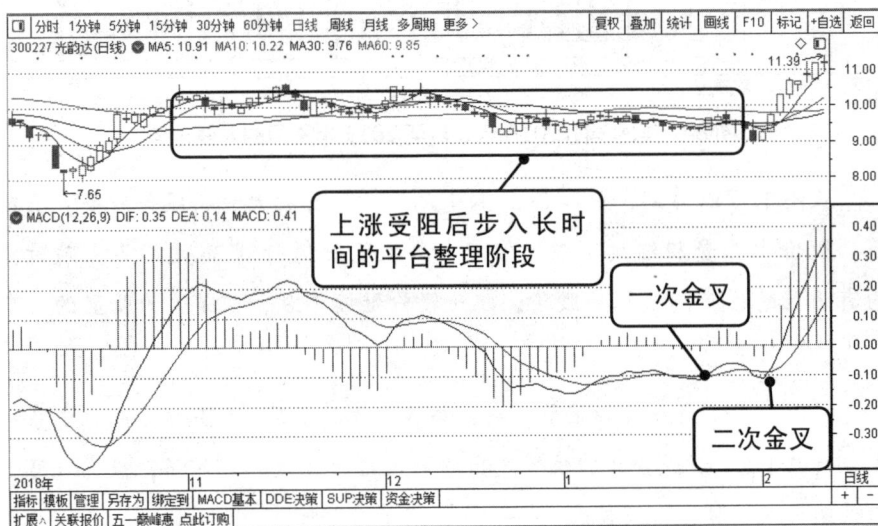

图 8-4 光韵达 2018 年 10 月至 2019 年 2 月的 K 线走势

从图中可以看到，该股大幅下跌到 2018 年 10 月中旬后创出 7.65 元的低价，随后股价连续 13 日阳线报收将股价逐步拉高脱离下跌走势，由于此时市场中仍然存在一部分做空势能，因此上涨受阻后，股价步入一个平台整理阶段。

在 12 月中旬，DIF 和 DEA 均运行到 0 轴下方，但是随着股价进一步整理，绿色 BAR 柱状线逐步缩小，且多次运行到 0 轴上方，DIF 和 DEA 也交错在一起运行，表明空方的势能正在被逐步释放，此时市场中的多方力量逐步增强。

在 2019 年 1 月 24 日，股价开盘后一路高走，当日 DIF 上穿 DEA 形成一次金叉，随后，股价在连续阴线的作用下继续回调，空头再度小幅进攻，造成又一次死叉。

但是在 2019 年 2 月 12 日，股价高开高走，当日以 5.96% 的涨幅收出大阳线，将股价拉高脱离平台整理，此时 DIF 再次上穿 DEA 形成二次金叉，BAR 柱状线在 0 轴上方逐步放大，说明市场中的做多气氛越来越浓。

在长时间的横盘整理过程中，MACD 低位出现两次金叉，后市出现暴涨行情的概率很大，投资者可以逢低吸纳，积极做多。

如图 8-5 所示为光韵达 2018 年 12 月至 2019 年 3 月的 K 线走势。

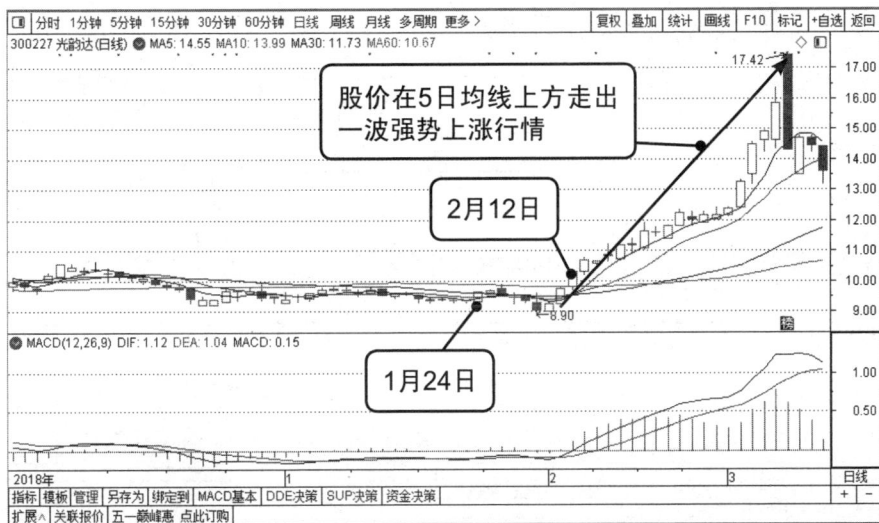

图 8-5 光韵达 2018 年 12 月至 2019 年 3 月的 K 线走势

从图中可以看到，该股随后在向上的 5 日均线上方步步拉升，短短一个月的时间，股价从最低的 8.9 元上涨到最高的 17.42 元，涨幅超过 95%，可谓短期暴涨行情，如果投资者在 MACD 低位二次金叉出现后积极做多，将获利丰厚。

NO.084 MACD 高位死叉看盘

MACD 指标的 DIF 和 DEA 同时运行在 0 轴上方，当 DIF 从上向下穿破 DEA 形成交叉时，即为 MACD 的高位死叉，它往往是一段牛市行情的结束，一段调整的开始，此时为强烈的卖出信号。投资者在股价大幅上涨的高价位区，遇到此种情形，一定要及时抛售，锁定利润。

实例分析

开尔新材（300234）MACD 高位死叉卖出

如图 8-6 所示为开尔新材 2016 年 8 月至 2017 年 1 月的 K 线走势。

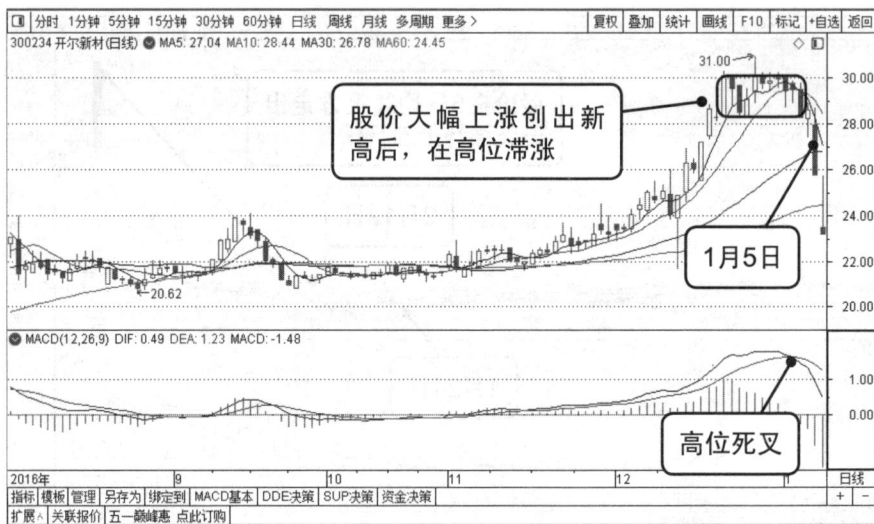

图 8-6 开尔新材 2016 年 8 月至 2017 年 1 月的 K 线走势

从图中可以看到，该股大幅上涨到 12 月底创出 31 元的高价后出现滞涨，股价始终受到 30 元价位线的压制。与此同时，DEA 在高位也出现走平的趋势。

2017 年 1 月 5 日，该股开盘出现下跌走势，虽然午市后该股出现一波上涨，但是最终在收盘前一个小时，该股股价出现跳水式的下跌，当日股价以 4.04% 的跌幅收出大阴线，拉低股价跌破平台。当日 DIF 从上向下穿破走平的 DEA 形成死叉，发出强烈的卖出信号。

如图 8-7 所示为开尔新材 2016 年 12 月至 2017 年 5 月的 K 线走势。

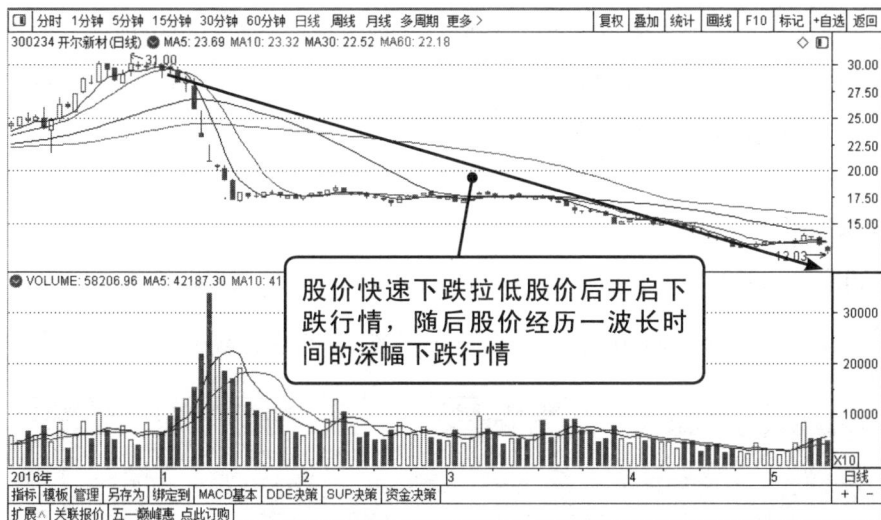

图 8-7 开尔新材 2016 年 12 月至 2017 年 5 月的 K 线走势

从图中可以看到，在 1 月 5 日收出大阴线后，此时 5 日均线也向下穿过 10 日均线形成死叉，30 日均线和 60 日均线也出现了走平的迹象。

再来观察成交量的变化，前期股价大幅拉升的过程中，成交量没有明显的变化，在死叉出现后，成交量却明显放大，主力出货明显。

综合多方面的分析，更加确定了高位死叉发出的卖出信号，投资者此时不要对后市抱有任何幻想，果断抛售出局，锁定利润为上策。

否则，在该股后市的长时间深幅下跌过程中，投资者将被严重套牢，并且没有任何的翻身机会。

NO.085 MACD 高位二次死叉看盘

如果 DIF 和 DEA 在 0 轴上方短期内（8 或 13 个交易日内）发生两次死叉，此时，当第二次死叉形成时，股价可能发生暴跌现象，因为出现此种形态表示主力已经悄悄出货，并准备打压股价，这时候投资者要密切关注该股动向，一旦出现卖出信号，就立即出局观望。

需要注意的是，在实战中的高位二次死叉又泛指在高位出现死叉的次数不止一次，有时候死叉可能在短期内多次产生，这就说明下跌信号更加强烈，跌幅可能会更大。

实例分析

金圆股份（000546）上涨末期 MACD 高位二次死叉，出现暴跌行情

如图 8-8 所示为金圆股份 2017 年 8 月至 11 月的 K 线走势。

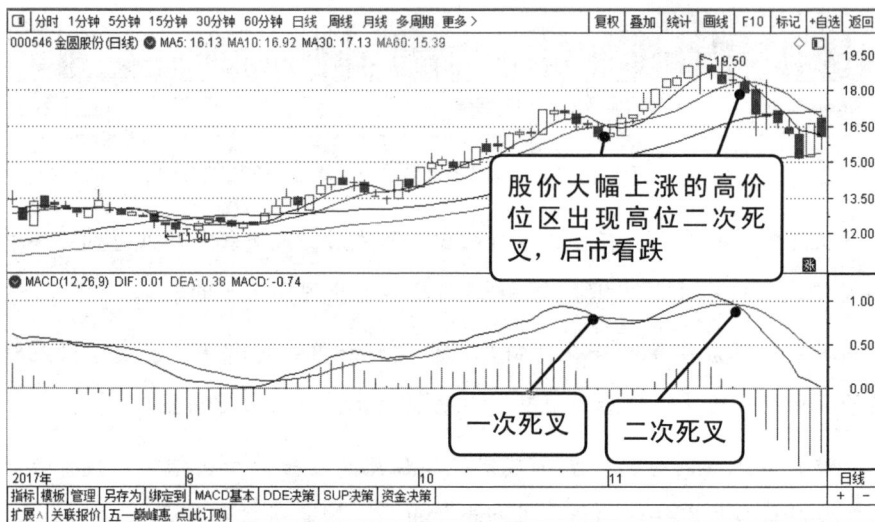

图 8-8 金圆股份 2017 年 8 月至 11 月的 K 线走势

从图中可以看到，该股大幅上涨后运行到 10 月下旬上涨受阻，经过短暂的回落后股价在 30 日均线上方获得支撑，于 11 月 1 日当天收出小阳线，

DIF 在 0 轴上方下穿 DEA 形成一次死叉。在大幅上涨的高位出现该情形，稳健的投资者最好出售一部分筹码，锁定一部分利润。

随后股价依托 5 日均线继续上涨，并在 11 月中旬收出带长下影线的十字星线的当天创出 19.5 元的新高，随后股价收出连续阴线拉低股价跌破 30 日均线，DIF 于 11 月 17 日再次在 0 轴上方从上至下穿过 DEA 形成二次死叉，此时更加确定了行情见顶，股价后期将经历一波深幅的暴跌行情，此时投资者应该果断斩仓。

如图 8-9 所示为金圆股份 2017 年 10 月至 2019 年 1 月的 K 线走势。

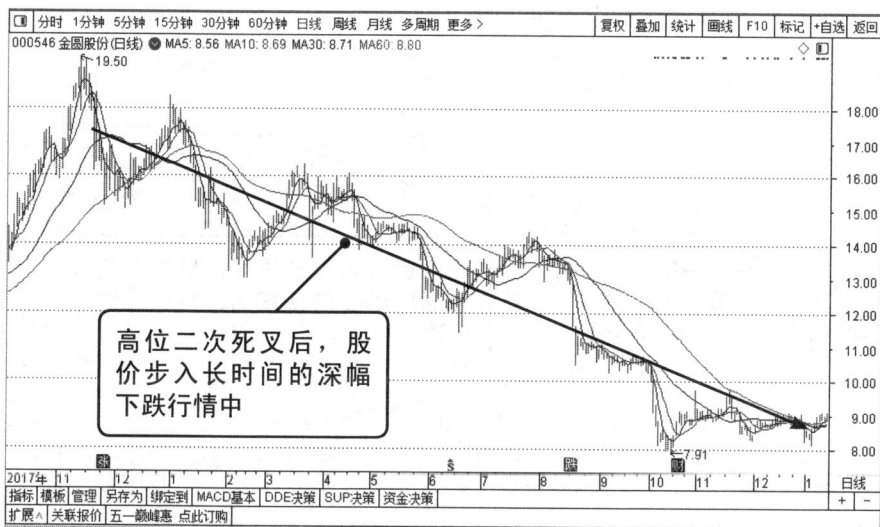

图 8-9　金圆股份 2017 年 10 月至 2019 年 1 月的 K 线走势

从图中可以看到，该股在 11 月中旬出现高位二次死叉后，股价一路震荡下跌，且每次的反弹高点都不及上次的反弹高点，整个下跌持续了一年多的时间。

这就更加说明了，当投资者在股价大幅上涨的高价位区，MACD 指标高位出现二次死叉，无论如何都要卖出持有的股票，离场观望。否则在后市的深幅下跌行情中，将被深度套牢。

NO.086 MACD 与股价顶背离

MACD 与股价顶背离是指当股价在大幅上涨后创出新高，而 DIF 和 DEA 却逐步下降走低，形成一种背离现象。此时说明股价继续上涨的空间有限，行情有望见顶，是一个出货信号，投资者应及时出局避险。尤其是出现两次死叉后，投资者更应立即止损。

实例分析

泰山石油（000554）大幅上涨后 MACD 与股价顶背离，行情逆转

如图 8-10 所示为泰山石油 2016 年 12 月至 2017 年 3 月的 K 线走势。

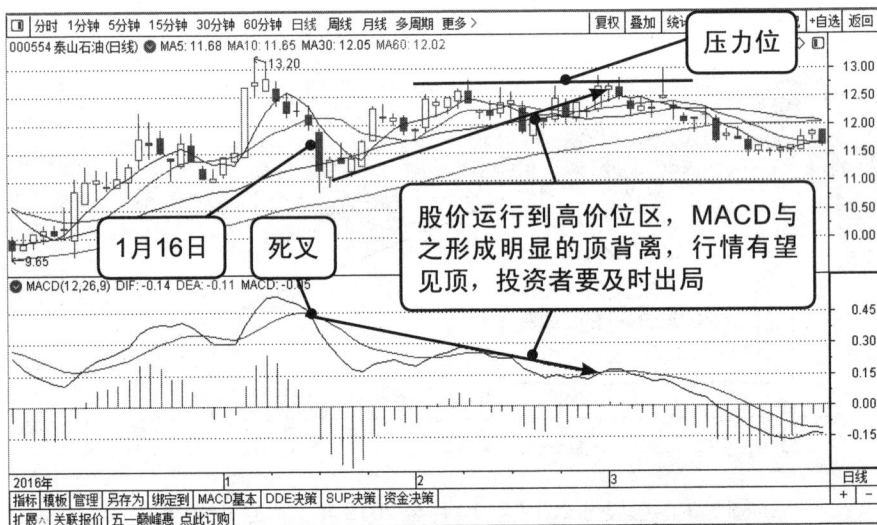

图 8-10 泰山石油 2016 年 12 月至 2017 年 3 月的 K 线走势

从图中可以看到，该股大幅上涨后在 2017 年 1 月创出 13.20 元的新高后，该股在五连阴的作用下出现了一波回调走势。在 1 月 16 日，该股低开低走，以 6.92% 的跌幅收出大阴线，跌破 30 日均线，当日 DIF 向下下穿走平的 DEA 形成死叉。

次日，该股低开后震荡拉升高走，当日以 1.88% 的涨幅阳线报收，股价

止跌，同时 DEA 有向下运行的趋势。

随后股价依托 30 日均线逐步向上，但是最终股价上涨到 12.5 元的价位线时受阻步入横盘整理阶段，股价始终受到 12.5 元的压制，说明该价位线是一个有效的压力位。

与此同时，DIF 和 DEA 出现明显的向下运行，与上涨的股价形成典型的背离。当在股价的高价位区形成这种背离时，说明行情可能见顶，投资者要及时抛售股票，离场观望。

如图 8-11 所示为泰山石油 2016 年 12 月至 2017 年 6 月的 K 线走势。

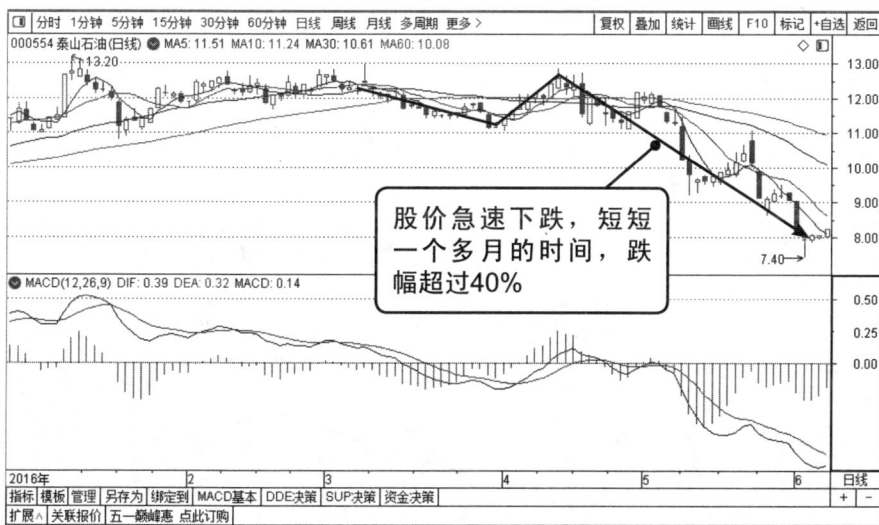

图 8-11 泰山石油 2016 年 12 月至 2017 年 6 月的 K 线走势

从图中可以看到，该股在 3 月初跌破横盘整理后步入下跌，虽然在月底该股出现了短暂的上涨，当时股价最终仍然在 12.5 元的价位线上涨受阻，随后股价进入了一波急速下跌行情。

在短短一个多月的时间内，股价从最高的 12.5 元快速下跌到 7.4 元左右，跌幅超过 40%。

NO.087 MACD 与股价底背离

MACD 与股价底背离是指当股价在下跌过程中不断创出新低，而 DIF 和 DEA 却逐步上升走高，形成一种背离现象。此时说明股价继续下跌的空间有限，行情有望见底，是一个买入信号，投资者可趁早介入。尤其是出现低位两次金叉后，投资者可以果断建仓，积极做多，持股待涨。

实例分析

中成股份（000151）大幅下跌后 MACD 与股价底背离，最后一跌后买入

如图 8-12 所示为中成股份 2017 年 10 月至 2018 年 3 月的 K 线走势。

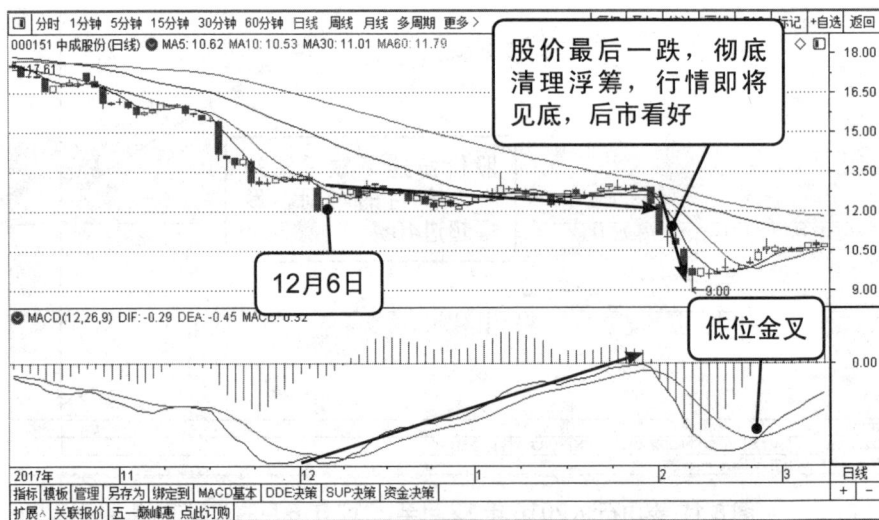

图 8-12 中成股份 2017 年 10 月至 2018 年 3 月的 K 线走势

从图中可以看到，该股大幅下跌到 12 月后跌势减缓，在 12 月之前，股价大幅下跌，MACD 指标与股价同向发展，且始终在 0 轴下方向下运行。但是在 12 月 6 日，股价以 3.92% 的涨幅阳线报收后股价止跌，有短暂的拉升行情，此时 DIF 和 DEA 已拐头向上运行。

股价短暂调整后便继续下跌，虽然跌势减缓，但是整体运行重心偏下。

与此同时，DIF 和 DEA 却不受股价下跌的影响，反而逐步拉升，形成明显的上升走势。在大幅下跌的末期，股价与 MACD 指标形成明显的底背离，说明股价继续下跌的空间有限，行情有望见底。

在 2018 年 2 月初，股价连续阴线报收拉低股价出现急速下跌，这只是主力清理浮筹的一种手段，通过快速的最后一跌，清除盘中意志不坚定的筹码。这波下跌的持续时间不会长，最终在短短几日后，股价出现了止跌回升的走势，DIF 从下向上穿上 DEA 形成金叉，更加确定了行情见底回升，投资者可以积极做多。

如图 8-13 所示为中成股份 2017 年 12 月至 2018 年 4 月的 K 线走势。

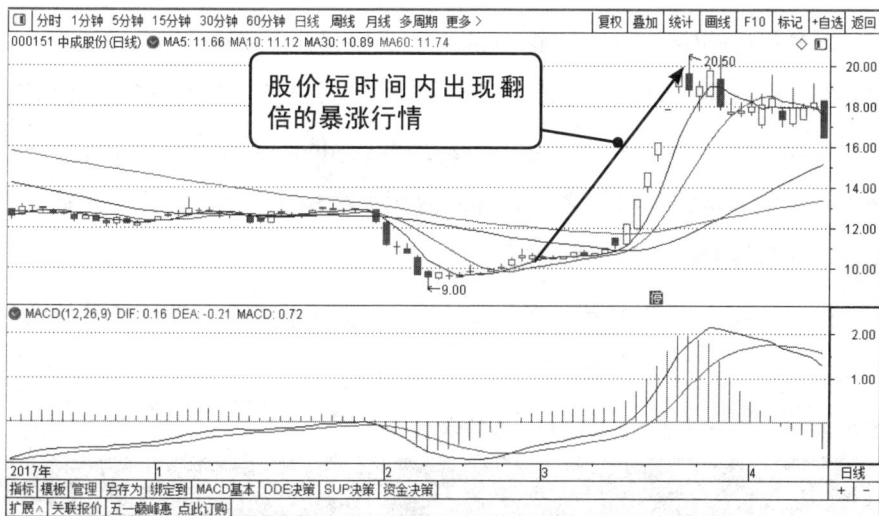

图 8-13 中成股份 2017 年 12 月至 2018 年 4 月的 K 线走势

从图中可以看到，该股在 3 月后出现了一波强势上涨行情，股价经过短短一个月的时间，从最低的 10 元附近上涨到最高的 20.50 元，涨幅翻倍。

如果投资者在 MACD 指标与股价发生底背离后分析出了行情下跌接近尾声，并在止跌后的低位金叉位置积极买入做多，短暂持股后就会获得不菲的收益。

8.2 运用 KDJ 指标看盘

随机指标（KDJ）是一个超买超卖指标，该指标通过当日或最近几日最高价、最低价及收盘价等价格波动的波幅，反映价格趋势的强弱，是投资者判断买卖时机的常用指标之一。

由于它对行情的反映速度较快，发出的买卖信号也容易把握，因此受到众多投资者的喜爱。

NO.088 初识 KDJ 指标

KDJ 指标的中文名称又叫随机指标，最早起源于期货市场，由乔治·莱恩（George Lane）首创。该指标依据统计学原理，根据一段时间内的最高价、最低价及最后一个周期的收盘价及这三者之间的比例关系，从而计算最后一个周期的未成熟随机值 RSV，而后应用平滑移动平均线的方法来计算出 K 值、D 值与 J 值，并绘制成曲线图。

因此 KDJ 指标由 K 线、D 线和 J 线 3 条曲线构成，各曲线的具体含义如表 8-2 所示。

表 8-2　KDJ 指标中 K 线、D 线和 J 线的含义

构成部分	具体描述
K 线	K 线是该指标的主线，其计算公式为：K=（今日收盘价 −N 个交易日的最低价）/（N 个交易日内的最高价 −N 个交易日的最低价）×100
D 线	D 线是该指标的辅线，其计算公式为：D=M 个交易日内 K 线值的平均数
J 线	J 线反映 K 线和 D 线之间的偏离度，其计算公式为：J=K×3−D×2

如图 8-14 所示为炒股软件中副图窗口中显示的 KDJ 指标效果。

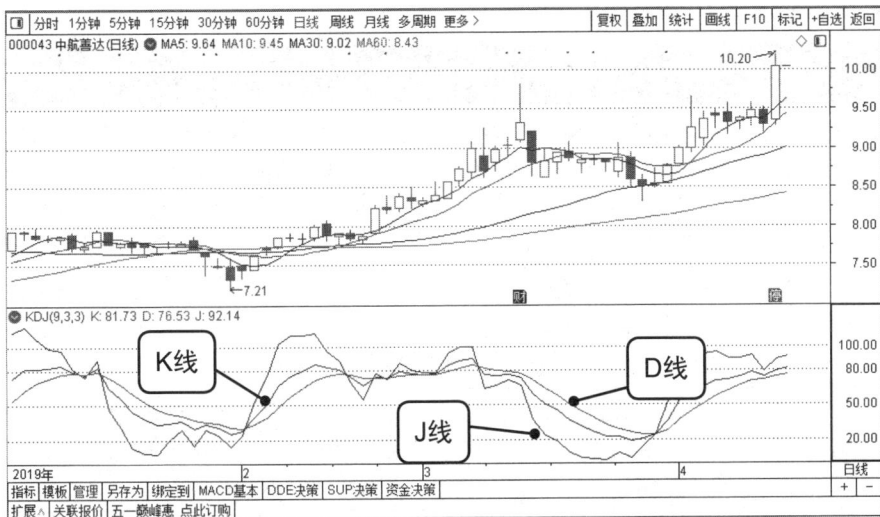

图 8-14 炒股软件中 KDJ 指标效果

从上图中可以看到，在副图窗口的左上角中，KDJ 指标的 3 条曲线各带一个参数，表示指标的周期。

在窗口右侧有一个数值坐标轴，表示 K、D、J 值的取值范围，3 条曲线的值的取值范围都是 0 ～ 100。但是 K、D、J 值在不同的取值范围，其市场意义是不同的，具体介绍如下。

◆ 当 K、D、J 的值在 20 线以下为超卖区，视为买入信号。

◆ 当 K、D、J 的值在 80 线以上为超买区，视为卖出信号。

◆ 当 K、D、J 的值在 20 ～ 80 之间为徘徊区，投资者应观望。

NO.089 KDJ 金叉看盘策略

在 KDJ 指标中，当 K 线和 J 线几乎同时向上突破 D 线时形成的交叉即为 KDJ 金叉。根据金叉出现的位置不同，其盘面意义也不同，其具体介绍如表 8-3 所示。

表 8-3　KDJ 指标不同位置的金叉

金叉位置	具体描述
低位金叉	当股价大幅下跌运行到低位，KDJ 曲线在 20 线附近徘徊形成金叉，股价放量向上突破中长期均线，说明行情即将逆转，此时的 KDJ 金叉就是低位金叉，投资者可考虑买入（有的投资者将 KDJ 曲线上穿 20 线作为低位金叉，也具有买入意义）
中位金叉	当股价经过一段较长时间的中低位盘整，KDJ 曲线在 50 线附近徘徊形成金叉，股价放量向上突破中长期均线，说明行情可能转强，此时的 KDJ 金叉就是中位金叉，短中线投资者可建仓介入
高位金叉	当股价大幅上涨后在中高位盘整，KDJ 曲线处于 80 线附近徘徊形成金叉，并伴随放量，说明股市处于强势之中，股价短期将再次上涨，此时的 KDJ 金叉就是高位金叉，短线投资者可介入获利

实例分析

川能动力（000155）下跌末期 KDJ 在 20 线金叉，放量突破中长期均线买入

如图 8-15 所示为川能动力 2018 年 11 月至 2019 年 2 月的 K 线走势。

图 8-15　川能动力 2018 年 11 月至 2019 年 2 月的 K 线走势

从图中可以看到，股价大幅下跌后在2019年1月31日阴线报收创出3.38
元的低价后触底。随后股价连续两个交易日阳线拉升股价止跌，在第三个
交易日，该股继续小阳线报收拉高股价站上走平的30日均线上，此时K、J
线从20线下方上穿D线形成金叉，可以推算出股价止跌企稳，行情将发生
逆转，激进的投资者可以逢低吸纳，买入该股。

如图8-16所示为川能动力2018年12月至2019年3月的K线走势。

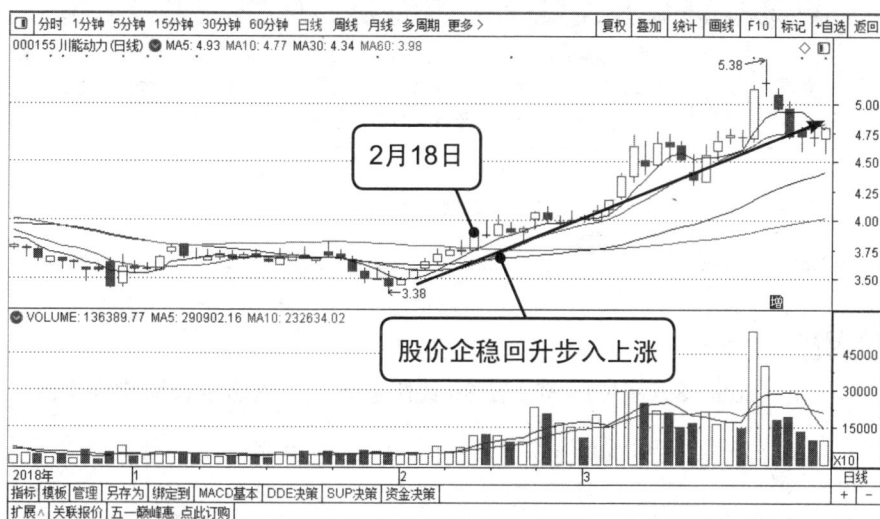

图8-16 川能动力2018年12月至2019年3月的K线走势

从图中可以看到，该股站上走平的30日均线后，继续温和放量在5日
均线上方收出小阳线逐步拉高股价。

在2月18日，股价高开高走，当日以4.28%的涨幅放量收出中阳线拉
高股价突破走平的60日均线。

从创出3.38元的低价以后，5日、10日均线逐步与30日均线形成金叉，
2月18日的阳线拉高股价，更是让5日均线与60日均线形成金叉。通过综
合分析，更加确定了KDJ在20线附近形成的金叉的可靠性，稳健的投资者
可以积极做多买入该股，持股待涨。

NO.090 KDJ 死叉看盘策略

在 KDJ 指标中，当 K 线和 J 线几乎同时向下跌破 D 线时形成的交叉即为 KDJ 死叉。根据死叉出现的位置不同，其盘面意义也不同，其具体介绍如表 8-4 所示。

表 8-4　KDJ 指标不同位置的死叉

死叉位置	具体描述
中位死叉	当股价较长时间的下跌后，股价反弹在中长期均线下方受阻，KDJ 曲线向上未突破 80 线，最终在 50 线附近形成中位死叉，说明行情处于极度弱市，股价将继续下跌，投资者应离场观望
高位死叉	当股价大幅上涨运行到高位，KDJ 曲线处于 80 线附近形成死叉，同时股价向下跌破中短期均线，说明上涨行情即将结束，此时形成高位死叉，投资者应逢高卖出

实例分析

华灿光电（300323）高位区 KDJ 在 80 线附近死叉，跌破中长期均线卖出

如图 8-17 所示为华灿光电 2017 年 8 月至 12 月的 K 线走势。

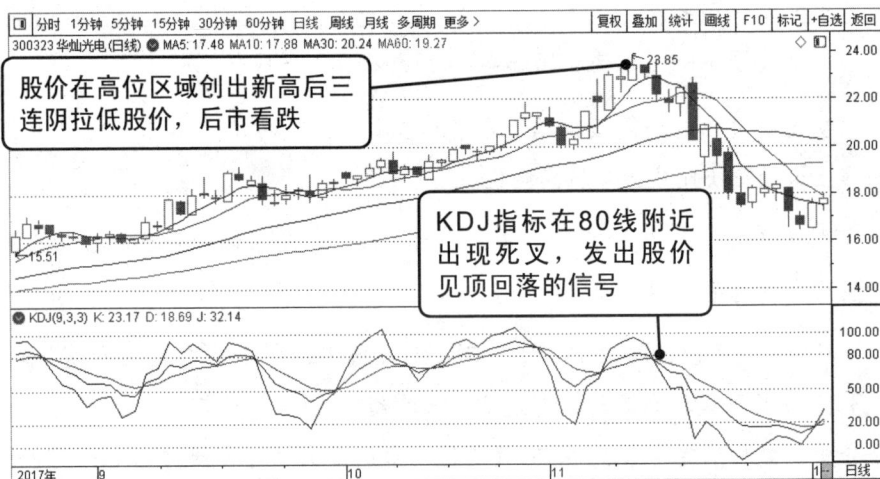

图 8-17　华灿光电 2017 年 8 月至 12 月的 K 线走势

从图中可以看到，该股大幅上涨后在 11 月运行到高价位区域，股价最终在 11 月 10 日以 2.23% 的涨幅阳线报收，创出 23.85 元的新高。随后连续 3 个交易日阴线报收将股价节节拉低，此时，KDJ 指标中的 K 线、J 线在 80 线附近下穿 D 线形成死叉，说明行情有望见顶，投资者此时最好逢高卖出，锁定利润。

如图 8-18 所示为华灿光电 2017 年 11 月 17 日的分时走势。

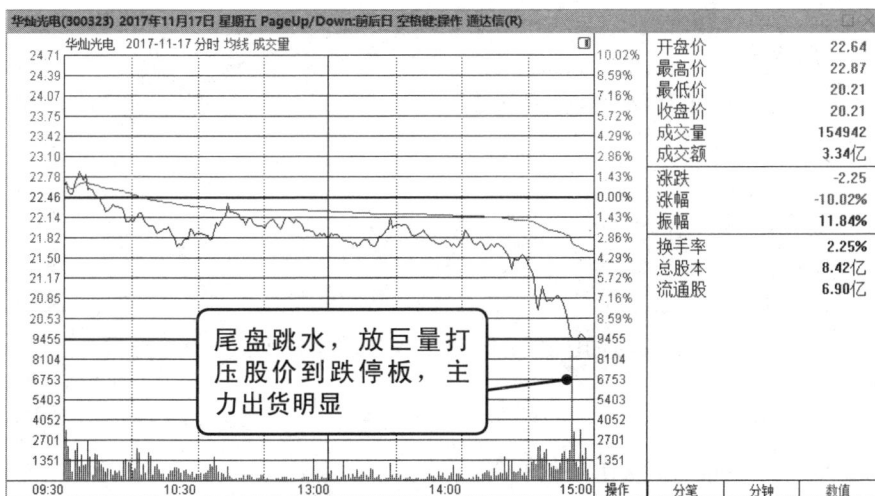

图 8-18 华灿光电 2017 年 11 月 17 日的分时走势

从图中可以看到，该股当日开盘后一路震荡下跌，成交量只有在早市时相对活跃，在 10:30 ～ 14:30 之间，交投非常清淡。

但是在收盘前 30 分钟，市场开始活跃，成交量出现温和放大，在临近收盘时，股价突然巨量打压股价到跌停板，当日股价以跌停板放量收出大阴线，主力出货明显。下面来看看对应的 K 线图。

如图 8-19 所示为华灿光电 2017 年 11 月至 2018 年 2 月的 K 线走势。

从图中可以看到，2017 年 11 月 17 日的大阴线相继跌破 5 日、10 日和 30 日均线，5 日均线与 10 日均线出现明显的死叉。当日 MACD 指标也在 0

轴上方的高位出现死叉。多方综合分析后，更加确定了 KDJ 指标高位死叉发出的卖出信号的可靠性，此时投资者更应该果断获利了结，离场观望。否则在后市的大幅下跌中将损失惨重。

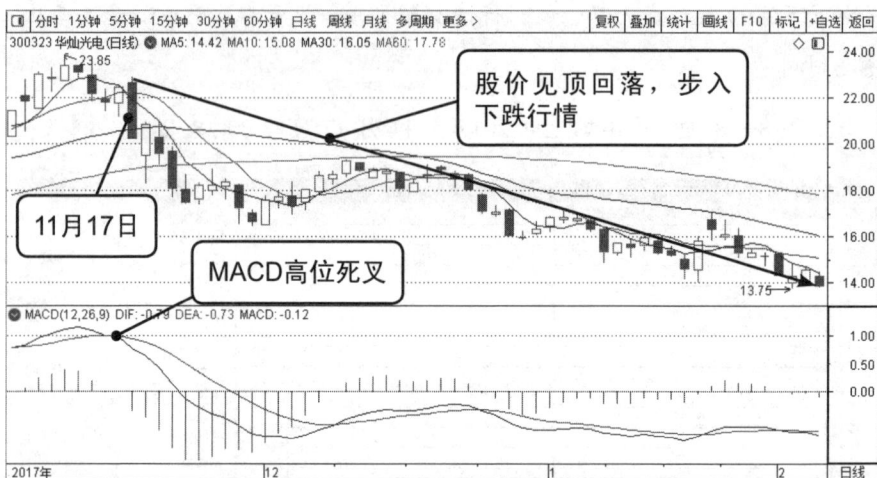

图 8-19　华灿光电 2017 年 11 月至 2018 年 2 月的 K 线走势

NO.091　KDJ 与股价的背离

　　KDJ 与股价的背离是指股价不断创出新高或新低时，对应的 KDJ 指标却并没有再创新高或新低，甚至不断创出新低或新高，与股价的走势完全相反。KDJ 与股价的背离也分顶背离与底背离，具体介绍如下所示。

◆ **KDJ 与股价的顶背离**：KDJ 与股价的顶背离是指当股价不断创出新高，而对应的 KDJ 指标却不创新高，而是不断创新低。当出现这种情况，表示市场多空力量已经发生转变，虽然暂时多头力量稍占上风，但未来空头力量的壮大不可小视。此时的顶背离发出的是行情反转在即，后市看跌的信号，投资者宜尽快获利了结，以避免后市下跌带来的风险。

◆ **KDJ 与股价的底背离**：KDJ 与股价的底背离是指当股价不断创出新低，而对应的 KDJ 指标却不创新低，而是不断创出新高。当出现这种情况，表示市场多空力量已经发生转变，虽然暂时空头力量稍占上风，但未来多头力量的壮大不可小视。此时的底背离发出的是行情反转在即，后市看涨的信号，投资者不能再盲目出货，而应逢低吸纳，持股待涨。

实例分析

中交地产（000736）股价低位区与 KDJ 底背离，行情有望企稳回升

如图 8-20 所示为中交地产 2018 年 11 月至 2019 年 3 月的 K 线走势。

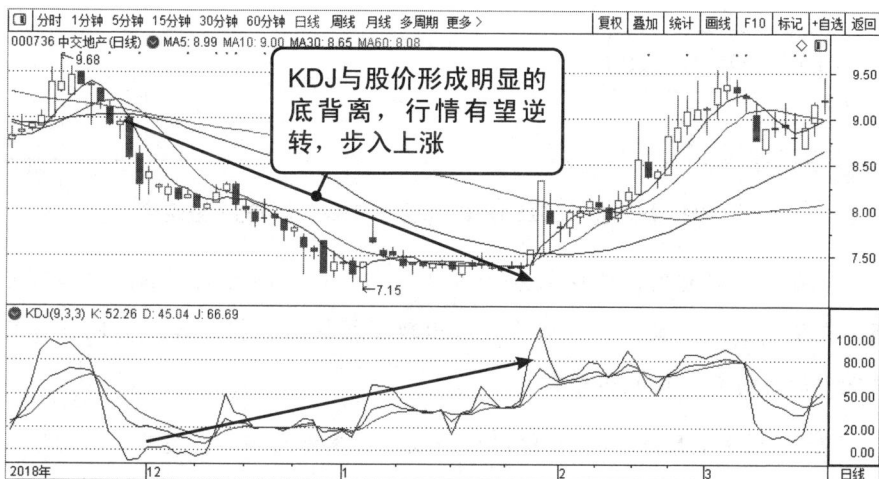

图 8-20 中交地产 2018 年 11 月至 2019 年 3 月的 K 线走势

从图中可以看到，该股在 2018 年 11 月中旬到 2019 年 1 月初，经历了一波快速下跌行情，尤其在 2018 年 12 月以后，均线系统呈现出空头排列，表明趋势将继续深幅下跌。

但是，观察此时对应的 KDJ 指标，却出现了与股价相反的走势，指标没有下跌，反而重心逐步推高，与股价形成了典型的底背离形态。当出现

这种背离现象后，可以预测股价下跌的空间有限，行情有望止跌回升，投资者可以密切关注该股未来的发展，对于激进的投资者而言，可以在此分批建仓，抄底。

如图 8-21 所示为中交地产 2018 年 12 月至 2019 年 4 月的 K 线走势。

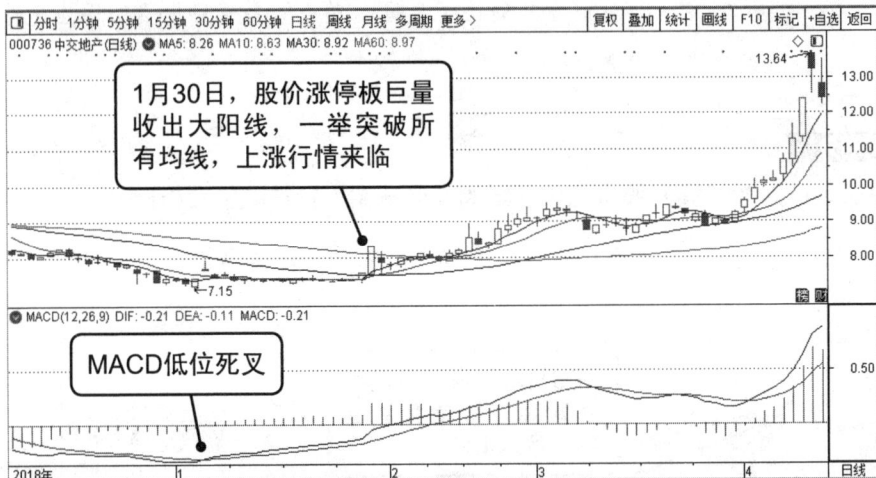

图 8-21 中交地产 2018 年 12 月至 2019 年 4 月的 K 线走势

从图中可以看到，该股在 2019 年 1 月初创出 7.15 元的新低时，MACD 指标在低位出现金叉，并且随后股价出现窄幅横盘走势，加强了 KDJ 底背离发出的行情见底信号的可靠性。

在 2019 年 1 月 30 日，股价以涨停板巨量收出大阳线，突破所有均线，形成强有力的上涨，稳健的投资者此时就可以毫无顾虑，积极做多，持股待涨。从后市的走势来看，该股后市依托 5 日均线走出了一波可观的上涨行情。

从零开始
看懂盘口分析

第 9 章

揪住庄家，看懂主力盘面

　　股市无庄不活，庄家在股市中扮演重要的角色，由于庄家拥有散户投资者所不具备的优势，因此对于个股往往也只有主力才有能力来左右其未来发展。因此了解庄家的操作手法成为了散户与庄家博弈的关键。在本章将揭露一些庄家的常见盘面操作，以帮助投资者做到知己知彼，成为股市上的大赢家。

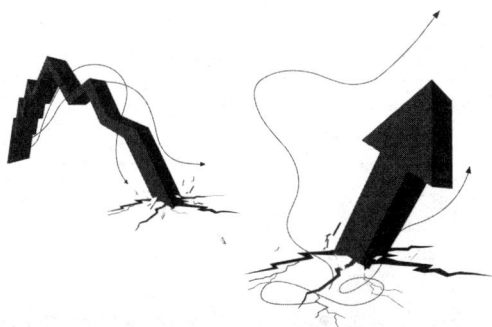

9.1 了解庄家的真实面目

庄家是中国股市中一股不容小觑的重要力量，因为它具有足够强大的实力，可以在证券市场中呼风唤雨。也许，投资者精心挑选的心仪股票就有庄家的参与。

那么，在庄家操作下的股票就有可能出现与投资者分析相违背的走势，让散户毫无防备地被庄家算计。因此，要想更好地在股市中获得收益，就十分有必要分析庄家行为背后的含义。

NO.092 什么是庄家

庄家就是利用资金、筹码、消息、心理等各种有利因素进行投资，且资金雄厚的组织或个人。

从控盘时间的长短可以将庄家分为长线庄家、中线庄家和短线庄家，各种类型的庄家的具体介绍如表 9-1 所示。

表 9-1　长线庄家、中线庄家和短线庄家的介绍

类型	具体描述
长线庄家	长线庄家以价值取胜，控盘周期超过半年，有的甚至是 2 ~ 3 年。因为控盘能力强，从而推升股价持续走高，此类庄家一般会选择业绩优良的个股
中线庄家	中线庄家稳扎稳打，控盘周期一般为半年，营造波段式上涨趋势，在关键位置有明确的买入或者出货信号
短线庄家	短线庄家快进快出，控盘周期不超过一个月，收集筹码隐蔽，一旦派发则是股价的大幅变动

从庄家的性质来看，庄家又被分为法人和个人投资者、市场的机构投资者和国家的机构投资者。

◆　法人和个人投资者一般包括上市公司的控股股东或个人投资者。

- ◆ 市场的机构投资者包括券商、公募基金和私募基金等。

- ◆ 国家的机构投资者包括社保基金和一些保险基金等。

依据其操作的阶段不同可分为新庄、老庄和被套庄，其具体介绍如表9-2所示。

表9-2　新庄、老庄和被套庄的介绍

类型	具体描述
新庄	新庄是指新近介入某只股票的主力，即刚开始介入吸货阶段的庄家。这类庄家在选股、选时、资金、题材等方面都有较充分的准备。对于新庄，由于它存在一个筹码吸收期，一旦成交量放量时，投资者则可以考虑跟进；同时由于新庄要大幅拉高才获利，经常出现单边市，所以跟新庄要敢于追涨
老庄	老庄是指已经完成了吸筹与拉高，只等待派发的庄家。老庄账面盈利丰厚，落袋为安思想较重，一般不会冒险大幅拉高，大多采用高位原地派发
被套庄	被套庄是指在高位未出货或未出尽货，股价下跌而被市场套牢的庄家，分为轻度被套和深度被套两种。其中，轻度被套的庄家拉高不需要收集筹码，只要借机拉高就行，因此突然性较强，较难预测。而深度被套的庄家由于套牢的较深，要想解套就必须要有较大升幅，所以它一旦拉高，升幅通常较为可观，这类庄家与轻度被套的庄家一样，因为不需要收集筹码，因此，从成交量方面也不容易准确把握其走势

根据资金实力不同，股市的庄家可分为强庄和弱庄，其具体介绍如表9-3所示。

表9-3　强庄和弱庄的介绍

类型	具体描述
强庄	所谓的强庄，并不是庄家一定就比别的庄强，而是某一时间段的走势较强，或是该股预期的升幅巨大
弱庄	弱庄一般指资金实力较弱的庄家，所以在拉升阶段只能慢慢推升，靠洗盘，打差价来抬高股价。由于弱庄的持仓量较低，靠打差价就能获得很大的收益，所以累计的升幅并不大

无论是哪种类型的庄家，都具有如图9-1所示的特点。

① 庄家具有雄厚的资金，融资渠道多，融资金额大。

② 庄家往往有专门的研究机构，对国家宏观经济形势和上市公司基本面有详尽的把握，因此具有专业的分析。

③ 庄家操盘往往都会经过周密的考虑，有详细的计划和完整的组织决策体系。

④ 庄家的社会关系广泛，他们和参与政府政策的制定者有良好的互动。

⑤ 庄家为了不被法律规定所束缚，总会找到许多对策来实施自己的坐庄计划。他们尤其喜欢开设大量的交易账户，这样一方面可以将自己的交易和其他散户交易鱼龙混杂，另外一个方面是保证自己不会被觉察。

图 9-1 庄家具有的特点

NO.093 庄家喜欢选什么样的股票

庄家与普通的散户投资者是一样的，投资股市的目的都是为了盈利，因此在选择股票的时候，也是特别慎重的，不会轻易地选择某只股票来操作，一般都会在前期做大量的评估。

但是，从大量的事实来看，庄家通常喜欢操作的股票类型如表9-4所示。

表 9-4　庄家喜欢选择的股票类型

庄家操作股票的类型	具体描述
绩优成长股	这点与普通投资者一样，庄家也喜欢选择业绩良好、成长性较好的股票，因为这样的股票投资风险较小，而且上涨走势比较稳定
中小盘股	中小盘股的股价相对于大盘股而言，更容易拉动，因此一些庄家对这样的股票情有独钟，在这样的盘内，庄家可以完全控盘，并且一旦拉升，涨幅也比较高

续表

庄家操作股票 的类型	具体描述
冷门股	冷门股不易被市场重视，也容易被投资者遗忘，这样的股票其股价长期以来没有多大的变动，因此很容易被庄家选中，待庄家悄悄吸筹完成建仓之后，便开始炒作该股，赢得市场关注，待散户察觉到追涨买入时，股价已经处于高位了
ST股	庄家虽然比较喜欢业绩优良的股票，但是对 ST 股也是来者不拒，只要该股热点足够，那么业绩如何便不再重要了，庄家炒作这样的股票一般时间不会太长，较短时间内庄家便会操作完成，获利出局

除此之外，庄家在进军一只股票之前不但会考虑方方面面的关系，对股市进行认真调查、周密分析，而且还要有严格的执行标准和方法。在选股的过程中，庄家往往会在以下方面进行考察。

- ◆ 庄家往往会着重考察目标股在最近几年是否被爆炒过。通常一只股经历过一次爆炒之后大涨回落而陷入沉寂期，其调整期通常很长，一般为一两年或更长时间，而且在整个调整期，个股也会表现出疲软情况，所以这类股票在近期是不能再介入炒作的。

- ◆ 庄家要考察目标股当前是否潜伏有其他庄家或机构。如果存在多个庄家竞炒一只股，则坐庄的难度会增大，博杀起来就会造成两败俱伤的局面，从而最终影响收益。

- ◆ 选择目标股的实质就是对市场信息和自身研发能力的评判。庄家会对目标股的基本面、流通盘、题材和概念、操作价值等方面进行全面考察，从而确定最恰当的介入时间。

- ◆ 庄家瞄准一只股票后，会对该股的上市公司进行全面调研，具体包括该公司在其行业中所处的地位、成长性、产品的市场潜力、公司的经营能力、管理水平和财务状况以及该公司的主要股东的资料。通过获取的第一手资料来为是否选定该股提供指导。

◆ 资深的庄家一般都会看中那些久久地在低位横盘的个股，这样的个股，散户都不太注意，或者视之为鸡肋。但是正是这类股票，一旦被炒醒，其价格有可能会快速攀升。

NO.094 了解不同庄家的操盘特点

我们知道，庄家可分为法人和个人投资者、市场的机构投资者和国家的机构投资者。对于不同的庄家，其操作手法是不同的。下面具体来了解不同庄家的操作特点，从而为投资者精准跟庄提供参考。

（1）法人或个人投资者灵活操作

法人或个人庄家持股很灵活，他们喜欢炒作热点股票，并且是炒完就撤，多数散户被套牢就是因为选中了这种庄家潜伏的个股。

这类庄家的选股很隐秘，他们在建仓之前不会向外界透漏任何消息，只有等到某只股票发布公告的时候，才会发现这个庄家已经进驻到该股了。而此时，股价已相对处于一个高价位区域，等到散户们想跟风炒作时，这类庄家早就做好了出局的准备或者已经出局。

（2）QFII 喜欢长期持有

QFII 全称是 Qualified Foreign Institutional Investors，是合格的境外机构投资者的英文简称。常见的境外投资机构有摩根大通银行、摩根士丹利国际有限公司、花旗银行等。

这类机构活动于中国的股市中，其最看重的是上市公司的基本面，尤其注重公司的业绩和成长性。QFII 机构在经过长久的深入分析讨论后，决定投资某只股票时会选择长期投资，因为有了 QFII 的长期潜伏，该公司股票的走势会有较好的潜伏性，一旦启动上涨，幅度也会比较惊人。

（3）券商机构的优先条件

券商机构内部通常有很多优秀的投资分析专家，他们每天都在搜集资料，计算数据，所以对大盘变化以及个股未来的走势有着敏锐的洞察力。因此，如果某只股票有券商投资进驻，则该股十有八九都会上涨。

对于券商机构投资者而言，他们也是喜欢做长期投资，但是如果某只个股是券商一致看好的，那么此时该股大多情况下已经处于高位了，因此，对于券商推荐的股票，散户投资者一定要仔细分析该股目前处于哪个走势阶段，切勿盲目听信券商的推荐，介入要谨慎。

（4）基金机构广泛撒网

基金机构投资者主要是指公募基金庄家，这类庄家在基金销售之前会在招募书上将入股的公司类型以及其他内容进行一定描述。

许多散户投资者喜欢跟这样的庄，因为基金庄家喜欢采取游击战的方式操作某只股票，很少长期持股的情况，这与一般散户的操作方式很接近，因此他们的投资方向成为散户们决策的重要依据。

但是，由于散户投资者得到的消息具有滞后性，因此，当散户们知道基金公司重仓某只股票的时候，该股票已经上涨了一定幅度，此时的价位是否适合散户继续跟进，需要考虑清楚。

再者，并不是每只基金重仓的股票都会快速上涨，在某些市场条件下，基金重仓的股票可能会出现下降。所以投资者在获得个股有基金重仓的消息后，一定要分析股价所处的价位在哪个阶段，以及市场条件是否支撑该股继续上涨，切勿盲目追涨。

（5）国家机构投资者一段时间持有

国家机构投资者的资金实力通常都较为雄厚，而且对于政策方面的变动比其他的投资者更加敏感。这些比较活跃的机构主要包括社保基金或者保险公司的资金。

类似这样的机构在认定某只股票后，一般都会重仓进驻，但是通常不会长期持有，当投资价值得到体现后，他们一般都会迅速撤离。因此，在某些上市公司的十大流通股股东中往往会出现第一季度还有社保基金的持股，到第二季度他们就已经退出了的情况。

NO.095　庄家操盘手法

我们对庄家的基本知识以及庄家的持股特点等进行了解后，现在就来了解庄家在坐庄的整个过程中，具体有哪些操盘手法。

由于庄家是大户投资者，他们为了达到盈利的目的，会通过操盘的手法来控制股价的涨跌。庄家操盘惯用的操作手法包括 4 个阶段，分别是建仓、洗盘、拉升、出货，具体的操盘内容如图 9-2 所示。

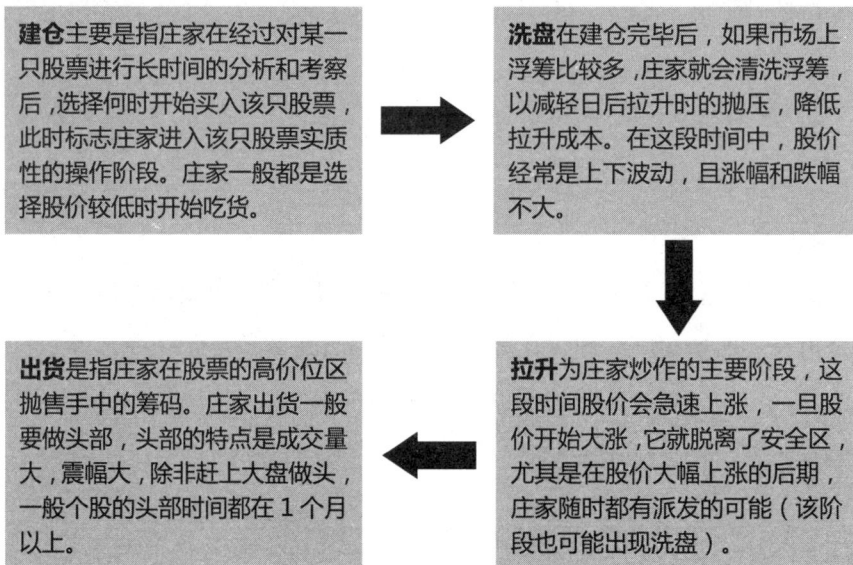

建仓主要是指庄家在经过对某一只股票进行长时间的分析和考察后，选择何时开始买入该只股票，此时标志庄家进入该只股票实质性的操作阶段。庄家一般都是选择股价较低时开始吃货。

洗盘在建仓完毕后，如果市场上浮筹比较多，庄家就会清洗浮筹，以减轻日后拉升时的抛压，降低拉升成本。在这段时间中，股价经常是上下波动，且涨幅和跌幅不大。

拉升为庄家炒作的主要阶段，这段时间股价会急速上涨，一旦股价开始大涨，它就脱离了安全区，尤其是在股价大幅上涨的后期，庄家随时都有派发的可能（该阶段也可能出现洗盘）。

出货是指庄家在股票的高价位区抛售手中的筹码。庄家出货一般要做头部，头部的特点是成交量大，震幅大，除非赶上大盘做头，一般个股的头部时间都在 1 个月以上。

图 9-2　庄家操盘的 4 个阶段

小贴士 *区别主力和庄家*

股市上的主力主要是指有能耐操控个股涨跌，甚至是大盘走势的小部分群体，包括机构、炒家、庄家或者上市公司本身，但是在平常的说法中，投资者所说的主力一般指庄家。

9.2 主力的建仓手法

主力在坐庄前会在股价的低位收集到尽可能多的筹码，完成建仓操作。而成本的高低是其最终获利多少的决定因素，因此，主力总是会想办法尽一切可能降低持仓成本。下面就来认识一下主力建仓的不同手法。

NO.096 横盘建仓

横盘建仓一般出现在股价长期下跌之后。主力在低位暗中吸筹，由于资金的注入，使得股价逐步止跌企稳，只要市场上有抛单，主力就会全部通吃。当股价稍微有上升，此时主力就会用大单打压，将股价压下去，该股整个走势就呈现为长期在一个窄幅的价格区间内波动，形成横向盘整的格局。

这样的建仓手法所用的时间会较长，一般要3个月以上，有的长达半年甚至更久，因此很多散户因手中筹码长时间横盘而失去持股耐心，纷纷割肉去追强势股，主力则趁机悄悄吸纳这些廉价筹码，逐步完成建仓工作。

横盘吸筹期间，每日的成交量虽然不大，但累计的成交量却非常可观。这种股票一旦启动，涨势往往十分惊人。

对于未介入的投资者，不要在横盘阶段盲目抄底，可持币观望。当股价放量被拉升突破前期盘整的高点时，视为一个买入机会。如果该股缩量拉高股价脱离盘整高点，形成明显的涨势，则说明庄家吸筹彻底，盘中的大部分筹码都在主力手中，后市将有一波强势上涨行情，投资者可逢低吸纳跟庄，持股待涨。

实例分析

深南电A（000037）大幅下跌末期，主力横盘建仓分析

如图 9-3 所示为深南电 A 在 2018 年 7 月至 2019 年 2 月的 K 线走势。

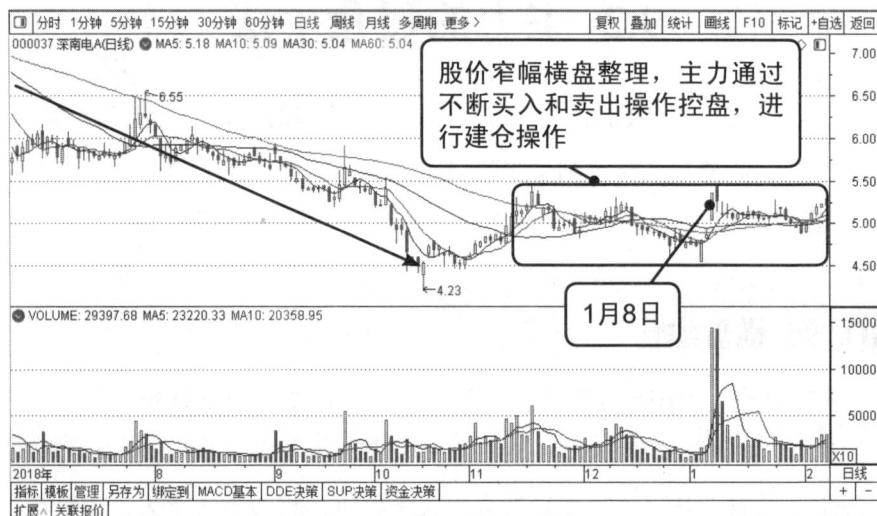

图9-3 深南电 A 在 2018 年 7 月至 2019 年 2 月的 K 线走势

从图中可以看到，该股在大幅下跌的过程中，成交量变化不大，市场交投清淡。在股价下跌到 2018 年 10 月中旬创出 4.23 元的低价后股价止跌，随后成交量缓慢放大拉升股价，股价企稳回升，说明此时有主力资金进驻该股。

但是该股在上升到 5.5 元的价位线后受阻，股价打压下跌，成交量也明显缩量，造成一种股价反弹受阻继续下跌的趋势，使得部分散户纷纷割肉抛售，以期望降低损失，主力则趁机接盘，悄悄进行建仓操作。

然而该股下跌到 30 日均线的位置后止跌，再次步入上涨过程中，如此反复走势，股价始终保持在 4.5 ～ 5.5 元的价位区间窄幅波动，主力建仓动作明显，但是具体要持续多久时间，还不能准确预测。

2019 年 1 月 8 日，该股放量高开高走将股价快速拉高封涨停后再也没有被打开，当日股价以 5.36 元的价格收盘，成交量明显放量，而且主力锁仓状态良好。

但是股价并没有有效突破前期的盘整高点，仍然在 5.5 元的压力位下方，而且均线系统杂乱交错在一起，后市难免会出现再次下跌横盘的走势，所以，稳健的投资者此时不要盲目看到天量就积极做多。

次日股价继续跳空高开，但是随后一路震荡下跌，当日放量收出阴线，股价上冲 5.5 元的压力位不破，后市继续步入一个多月的横盘整理期。

如图 9-4 所示为深南电 A 在 2018 年 12 月至 2019 年 4 月的 K 线走势。

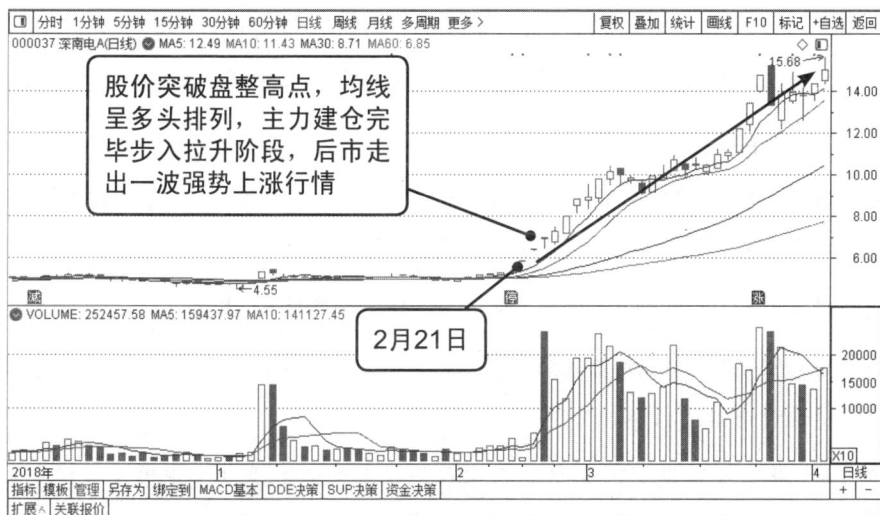

图9-4 深南电A在2018年12月至2019年4月的K线走势

从图中可以看到，该股在 2019 年 2 月 21 日以涨停板开盘拉高股价，随后再也没有被打开，直到当日收盘，当日以一字 K 线缩量突破 5.5 元的压力位。

次日股价继续涨停板跳空收出一字线，说明此时主力建仓完毕，且锁仓状态良好，只需用很少的量就能让股价脱离长达3个多月的横盘整理走势。

而且此时均线系统也发散形成明显的多头排列走势，此时投资者要积极做多，逢低吸纳，果断介入该股，享受后市暴涨行情带来的丰厚利润。

NO.097 缓跌建仓

缓跌建仓也叫边压边吸建仓，这种建仓手法大多出现在冷门股或长期下跌的个股中，这类股票已经基本被市场所遗忘。由于股价走势阴气沉沉，很少出现跳空走势，股价总体下跌速度缓慢，K线以小阴线和小阳线为主，有时会有小阳星或者小阴星，期间震荡幅度不大，单日跌幅也不大，但下跌周期很长。

这种个股走势，投资者对后市多持悲观的态度，认为在每次股价反弹上冲，都是解套或出逃的时机，因为很难判断出股价在什么时间可以真正见底，早一天出局就少一天的损失，于是纷纷抛售手中的筹码，而主力则趁机接下抛盘，进行建仓。

当股价止跌企稳时，就标志着主力建仓完毕，后市将迎来上涨行情，稳健的投资者可以在股价企稳回升的势态明确后再介入。

对于套牢的散户而言，当分析出股价在缓慢下跌建仓时，坚决捂股，必将赚得盆满钵满。那么怎么判断出主力的缓跌建仓手法呢？可从如下盘面信息来进行分析。

- ◆ 整个缓跌期间的成交量总体水平是萎缩的，缓跌途中遇反弹成交量可能略有放大但不会很充分，也不能持续。
- ◆ 单日突发巨量的反弹则不太正常，显得过激。但到了后期，特别是逼多的时候，成交量可能会放大不少。

◆ 股价缓跌中不断以反弹的方式进行抵抗，甚至走出局部小型的V形、W形或头肩底形等反弹形态，股价维持一段虚假向好的行情后，继续下跌。前期的这种反弹是为继续下跌积蓄下跌的能量。直到无力反弹，出现暴跌行情就意味着下跌行情的最后一跌来临，主力建仓接近尾声，股价可能见底。

◆ 股价运行似波浪运动，只不过像退潮的海水一样，一个波浪比一个波浪低。即股价反弹的高点一个比一个低，低点一个比一个更低，而且从波浪形态数浪都很难判断股价何时真正见底。

实例分析

中航善达（000043）下跌行情中，主力缓跌建仓分析

如图9-5所示为中航善达2018年4月至10月的K线走势。

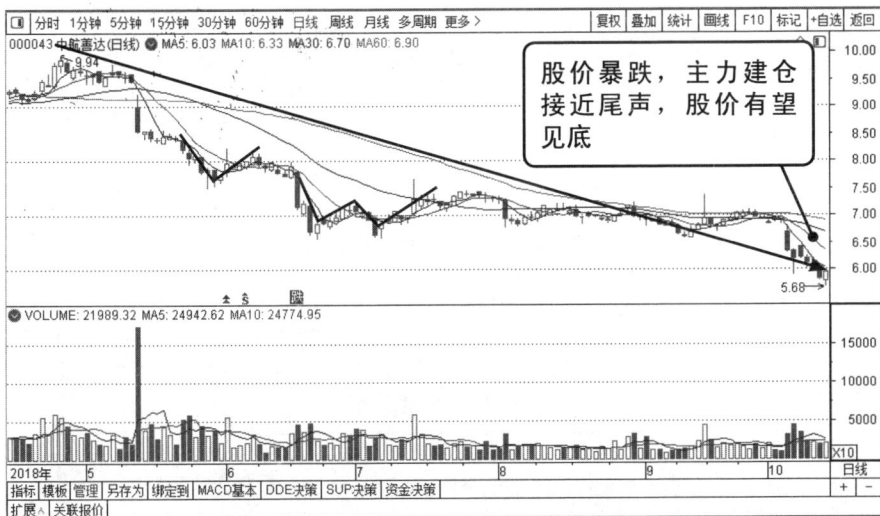

图9-5 中航善达2018年4月至10月的K线走势

从图中可以看到，该股在6月初有一波快速止跌回升的行情，K线出现V形底，但是反弹无量支持，该股很快继续受到打压下跌。紧接着，该股在

6月中旬有企稳的现象，K线走出 W 底形态，但是盘面中仍然无量支撑，使得这波反弹行情在 7 月底便受到 30 日均线的压力作用继续下跌。

这里的 V 形底和 W 底是主力建仓阶段刻意制造的盘面向好的假象，目的是让前期的套牢盘有看到解套的机会而抛售，主力则趁机承接抛盘，悄悄地进行建仓操作。

该股后市继续下跌，整个成交量也在逐步萎缩，反弹的高点越来越低，止跌低点一个比一个更低。最终该股在 10 月底出现暴跌行情，短短几个交易日，股价从 7 元下跌到 5.68 元，跌幅接近 20%。

这一跌可能就是行情的最后一跌，主力建仓接近尾声，持币投资者可密切关注该股后期的走势。持股投资者此时就要坚决捂股，切勿再盲目看空后市。

如图 9-6 所示为中航善达 2018 年 10 月至 2019 年 4 月的 K 线走势。

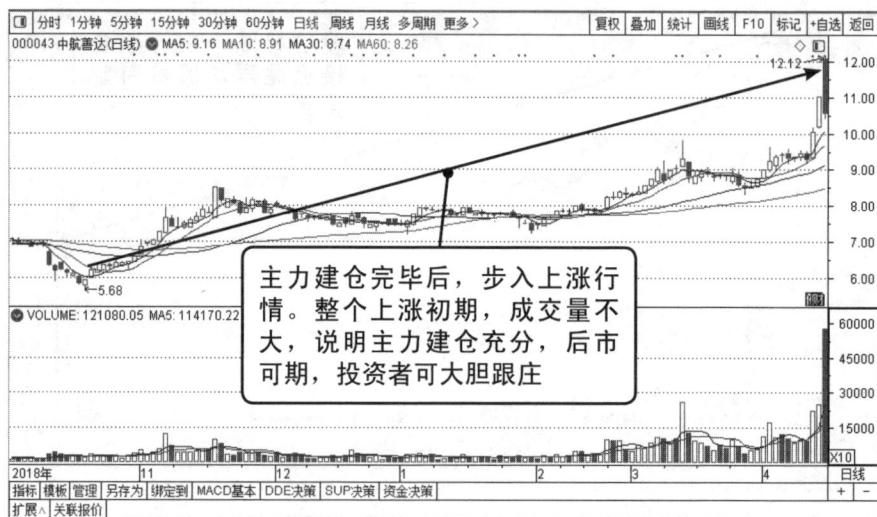

图 9-6 中航善达 2018 年 10 月至 2019 年 4 月的 K 线走势

从上图中可以看到，该股创出 5.68 元的低价后，主力建仓完毕，随后步入缓慢拉升的阶段，整个拉升过程中，成交量并没有明显放大，始终保持小量，说明在前期的下跌过程中，主力建仓充分。

对于在主力建仓阶段未来得及买入的投资者，此时可以在股价连续缓慢被拉升脱离下跌趋势的时候，逢低吸纳跟庄，持股待涨。

9.3 主力的洗盘手法

有的主力建仓完成后，直接进入拉升阶段；而有的主力在建仓阶段如果没有收集到足够的筹码，直接拉升会有大量套牢盘或短期获利盘抛盘，造成拉升阻力。

为了减少拉升阻力，此时主力就会进行洗盘，清理浮筹。散户投资者有必要了解主力的洗盘手法，从而避免不被主力轻易踢出局。下面就来具体介绍几种常见的主力洗盘手法，供散户投资者参考。

NO.098 打压洗盘

打压洗盘也叫回档洗盘。这是主力比较惯用的一种洗盘方式，也是一种比较凶狠无情的洗盘方式。整个洗盘过程以大幅回落为主，一般洗盘时间会在一周，有的短至一两天，因此，打压洗盘的典型特点就是"狠"和"快"。这样既节省了洗盘的时间，又达到了洗盘的效果。

打压洗盘从日K线上来看，往往是巨量长阴，形态极为凶险，其主要目的就是吓唬那些不仔细观察盘面的技术派人士，造成一种股价会继续下跌的假象，持股投资者纷纷抛售股票，主力接盘从而完成建仓操作（如果在上涨一段时间后，主力再次打压洗盘，此时主要是营造一种放量出货的假象，让短期获利者出局）。

所以主力不会只进行一次打压洗盘，而是反复多次打压，动摇散户的信心，迫使其抛售出手中的筹码，而被驱赶出局。

当股价被打压至很低时，成交量缩量至很小时，就标志着主力洗盘结束，此时就是散户投资者介入的最佳时机。

实例分析

沈阳机床（000410）上升初期，主力利用连续阴线打压洗盘

如图 9-7 所示为沈阳机床 2018 年 7 月至 2019 年 2 月的 K 线走势。

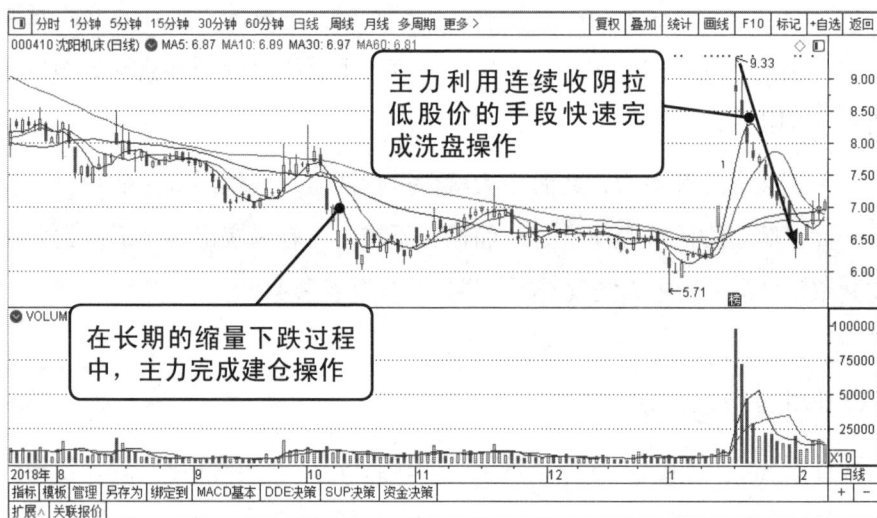

图 9-7 沈阳机床 2018 年 7 月至 2019 年 2 月的 K 线走势

从图中可以看到，主力在该股长期的缩量下跌过程中完成建仓，在 2019 年 1 月 2 日创出 5.71 元的低价后直接反转，随后股价主力急速拉抬股价，快速突破 9 元的价位线，短短几个交易日，股价出现 63% 的涨幅。

随后该股连续收阴，将股价快速打压至 6.3 元附近，并跌破走平的 30 日和 60 日均线，与此同时，成交量出现明显的缩量。说明此轮主力此次打压洗盘的手段极其有效，成功地将前期在建仓过程中未出局的部分套牢盘和短期获利盘清理出局。

如图 9-8 所示为沈阳机床 2018 年 11 月至 2019 年 4 月的 K 线走势。

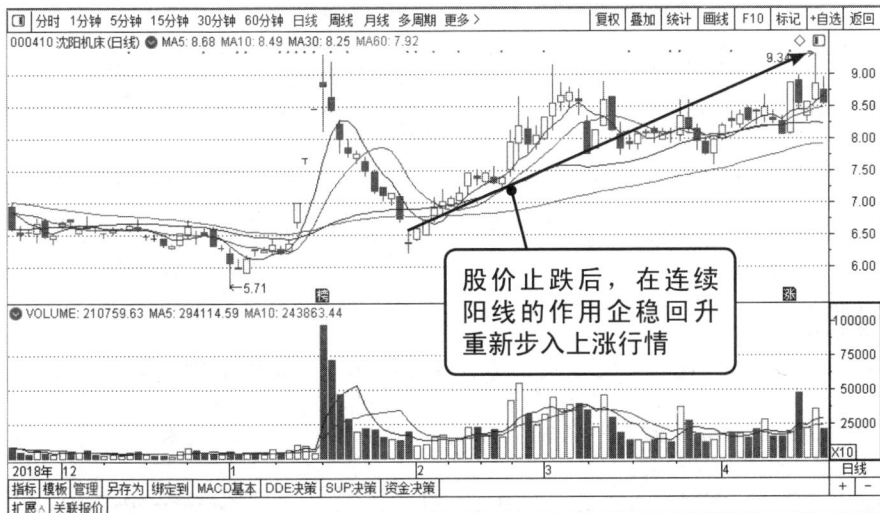

图 9-8 沈阳机床 2018 年 11 月至 2019 年 4 月的 K 线走势

从图中可以看到，该股在 1 月底跌破 30 日和 60 日均线后，在 2 月初很快在连续阳线的作用下将股价逐步拉高，重新站在向上的均线系统上，表明主力洗盘结束。后市主力将继续拉升股价，投资者可逢低吸纳，跟庄介入，积极做多。

NO.099 平台洗盘

平台洗盘类似于横盘整理，其特征是股价在一定范围内长时间横盘整理。在盘整期间，成交量萎缩，股价走势平缓，K 线以小阴线和小阳线为主。

平台洗盘较多地出现于整个行情较好，市场相对活跃的情况下，此时个股表现出牛皮沉闷走势，很多散户经不起主力的长时间消磨，便有了强烈的换股欲望。在散户失去持股耐心后，就会纷纷抛售手中的筹码，主力就达到了洗盘的目的。

这种洗盘方式，侧重于用时间去消磨散户，以时间换空间，平台横行的时间越长，股价波动的范围越窄，主力洗盘越彻底，后市的涨幅就越大。对于一些价位较低的个股，市场就有"横有多长，竖有多高"的说法。

因此，如果投资者介入了这样的个股，一定要有持股耐心，不要轻易被主力清理掉。对于持币投资者而言，可密切关注该股，一旦股价突破前期盘整高点，则意味着上涨的主升期来临，投资者应积极买入，顺势跟庄。

实例分析

苏宁环球（000718）上涨初期，主力借助平台走势清洗盘中浮筹

如图 9-9 所示为苏宁环球 2018 年 9 月至 2019 年 2 月的 K 线走势。

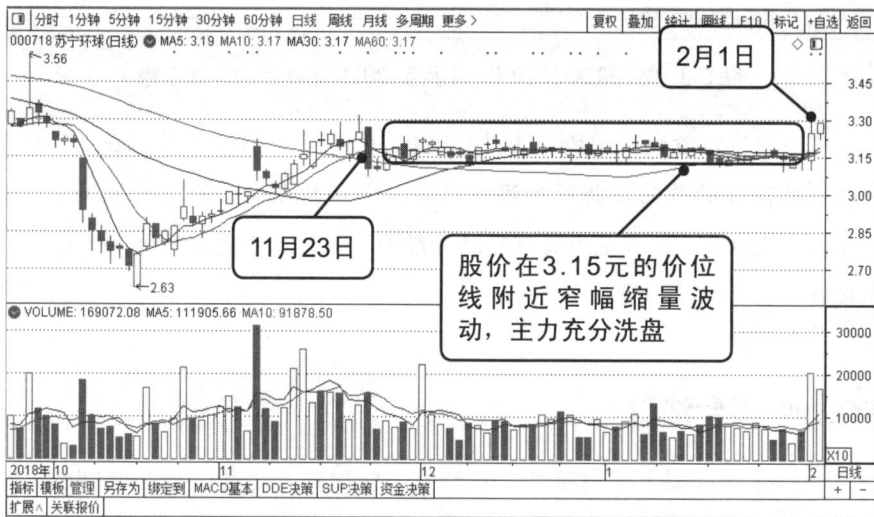

图 9-9 苏宁环球 2018 年 9 月至 2019 年 2 月的 K 线走势

从图中可以看到，该股大幅下跌后，在 2018 年 10 月中旬创出 2.63 元的低价后止跌，随后股价依托 5 日均线逐步攀升步入上涨行情，但是最终在 3.3 元的价位线上涨受阻，在 11 月 23 日高开后一路走低，当日以 4.62%

的跌幅收出大阴线拉低股价。

随后该股步入了一个长时间的横盘走势过程中，整个股价围绕 3.15 元的价位线窄幅波动，成交量出现了明显的缩量，主力洗盘动作明显，持币投资者不要急于介入，应等待主力洗盘。该股最终在 2019 年 2 月 1 日放量拉高股价突破盘整高点，标志着平台洗盘结束，下面来观察当日的分时图。

如图 9-10 所示为苏宁环球 2019 年 2 月 1 日的分时走势。

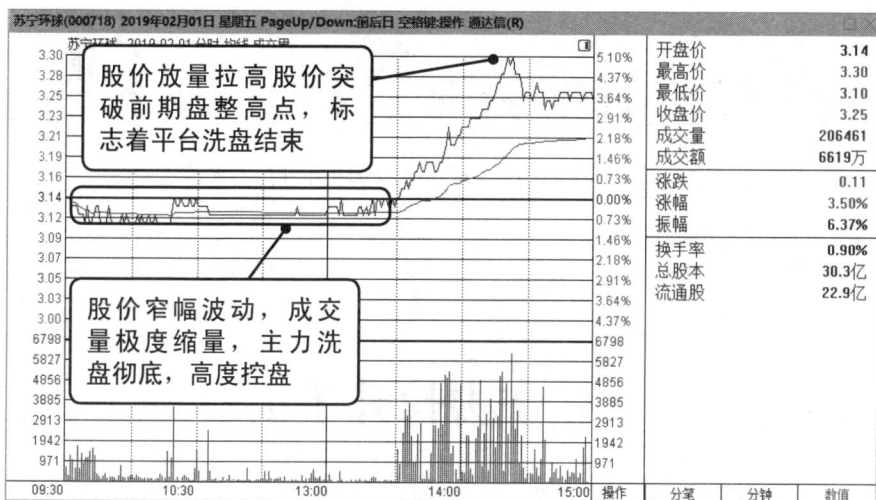

苏宁环球(000718) 2019年02月01日 星期五 PageUp/Down:前后日 空格键:操作 通达信(R)

股价放量拉高股价突破前期盘整高点，标志着平台洗盘结束

股价窄幅波动，成交量极度缩量，主力洗盘彻底，高度控盘

开盘价	3.14
最高价	3.30
最低价	3.10
收盘价	3.25
成交量	206461
成交额	6619万
涨跌	0.11
涨幅	3.50%
振幅	6.37%
换手率	0.90%
总股本	30.3亿
流通股	22.9亿

图 9-10 苏宁环球 2019 年 2 月 1 日的分时走势

从图中可以看到，该股当日开盘后始终横盘窄幅波动，成交量出现明显的地量，说明主力洗盘彻底，此处主力控盘度较高。在 13:30 左右，该股突然放量将股价拉高，当日以 3.5% 的涨幅阳线报收有效突破盘整高点，说明横盘整理行情结束，后市看涨。

如图 9-11 所示为苏宁环球 2018 年 12 月至 2019 年 4 月的 K 线走势。

从图中可以看到，该股经过平台洗盘后，股价开始大幅上涨，一举脱离前期的洗盘区域。

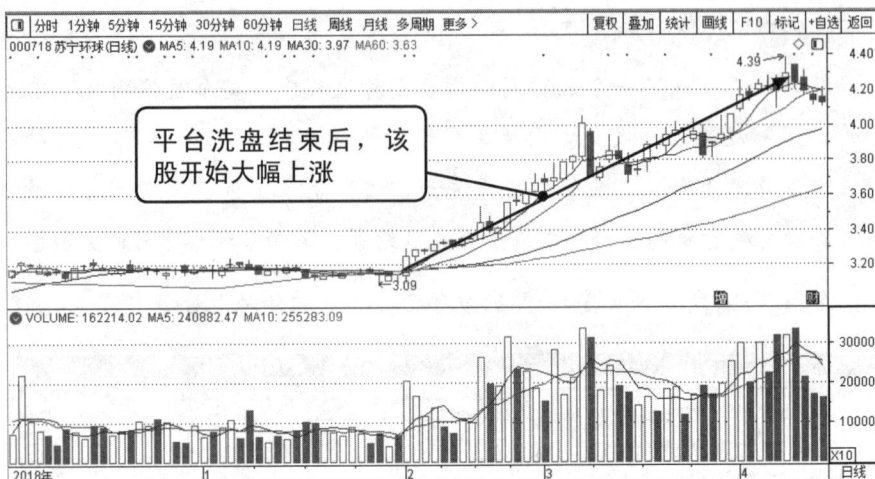

图 9-11 苏宁环球 2018 年 12 月至 2019 年 4 月的 K 线走势

9.4 主力拉升手法

主力拉升是其在坐庄过程中赚取利润的必经之路。在这个阶段，主力会主动拉升股价，对于前期未进入该股的散户而言，此阶段可逢低吸纳，积极买入，短期持股就会获得收益。下面具体来看看主力在拉升过程中有哪些拉升手法，从而帮助散户更好地寻找买入机会。

NO.100 急速拉升

急速拉升是指主力在经过前期的建仓或洗盘后，收集到了大量的筹码，并且高度控盘，此时开始大手笔的主动拉升股价，股价走势表现强势上涨，快速被拉升至高位。此时的 K 线多以连阳或涨停出现，甚至连续跳空高开，形成一波"井喷式"行情，一般散户因为股价涨速过快，无法或不敢介入。

急速拉升股价的方式操作手法较凶狠，主力并不在乎剩余散户筹码在他主动拉抬股价的过程中形成的抛压。这样既可以节省资金，缩短拉升时间，又可以打开上升空间。

急速拉升的个股，在启动前都有一个低迷期，成交量出现萎缩，此时投资者就应该跟踪关注。一旦发现股价放量向上突破，或者以很小的成交量就能把股价拉到涨停且封涨停，投资者就应该立即跟庄进入，这是最佳的入场时机。

如果投资者还没来得及介入，或者股价连续出现开盘封涨停的行情而无法介入，此时也不必着急，因为这种拉升方式，由于速度快、涨幅大，而且跳空缺口多，在短期内缺口一般不会回补，主力也很难在高位一次性完成出货任务，所以急速拉升后通常都有一个调整期，投资者可抓住股价的整理过程，择机买入，抓住第二波拉升。但是这波拉升是主力为了出货做的准备，所以投资者不要盲目追高，设置好止盈点，安全投资最重要。

实例分析

启迪古汉（000590）长期低迷走势后，股价急速被强势拉升

如图 9-12 所示为启迪古汉 2016 年 8 月至 2019 年 2 月的 K 线走势。

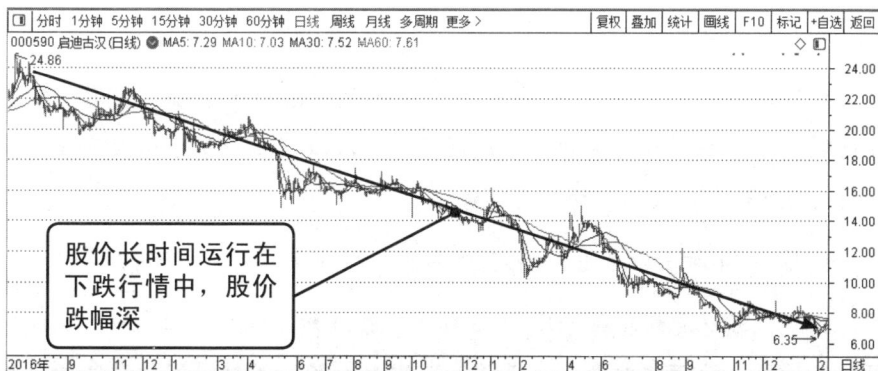

图 9-12 启迪古汉 2016 年 8 月至 2019 年 2 月的 K 线走势

从图中可以看到，该股经历了一波深幅下跌行情，整个下跌走势持续了两年多的时间，股价从最高的 24.86 元下跌到最低的 6.35 元，跌幅近 75%。下面观察股价运行到低价区的走势。

如图 9-13 所示为启迪古汉 2018 年 12 月至 2019 年 3 月的 K 线走势。

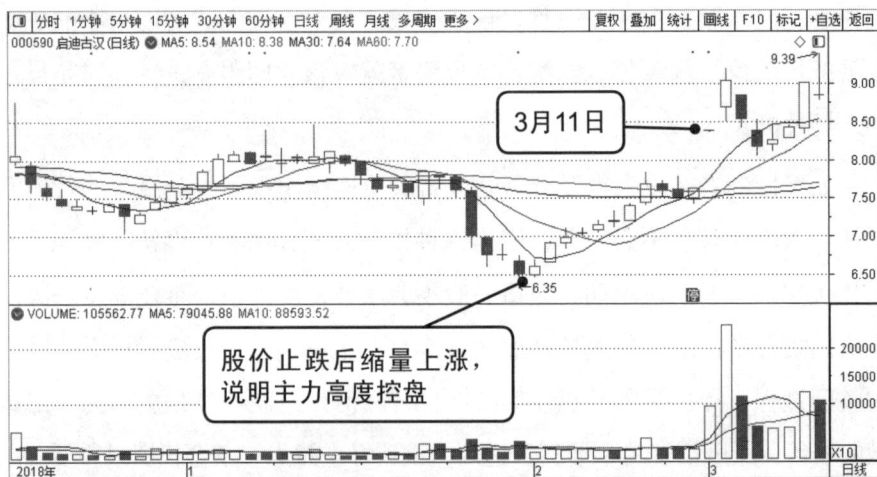

图 9-13 启迪古汉 2018 年 12 月至 2019 年 3 月的 K 线走势

从图中可以看到，该股大幅下跌过程中，成交量出现极度缩量的情况，说明主力在缓跌行情中悄悄建仓，且吸筹充分。在股价创出 6.35 元的低价后，股价缓慢上涨，在整个上涨过程中，成交量仍然呈现极度缩量状态，更加确定主力高度控盘。

随后该股在 2019 年 2 月 22 日停盘，并于 3 月 11 日复盘，复盘当日，股价跳空高开拉高股价突破前期反弹高位，次日股价继续放量拉高股价。下面来观察这两个交易日的分时走势。

如图 9-14 所示为启迪古汉 2019 年 3 月 11 日和 12 日的分时走势。

从图中可以看到，在 3 月 11 日当天，股价开盘就放量拉高股价至涨停板，随后再也没有被打开，直至收盘。次日，股价继续跳空放量高开，随后股价短暂回落后逐步被拉高，并在 14:00 后多次触及涨停，但是整个成交量除了开盘的放量以外，其他时间均出现地量，更加说明此时主力高度控盘，虽然在这两个交易日后，主力出现两根阴线拉低股价，但是整个回调在10日均线上方获得明显的支撑，说明盘中浮筹很少，后市非常看好，投资者可以积极跟庄。

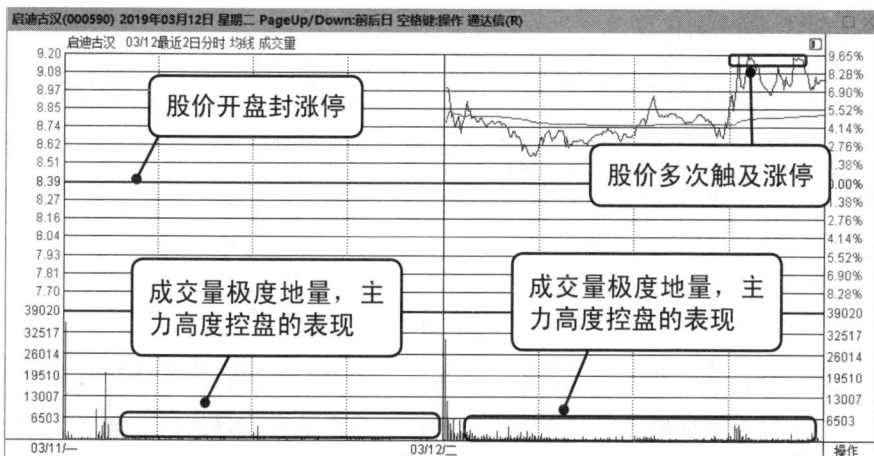

图 9-14 启迪古汉 2019 年 3 月 11 日和 12 日的分时走势

如图 9-15 所示为启迪古汉 2019 年 1 月至 4 月的 K 线走势。

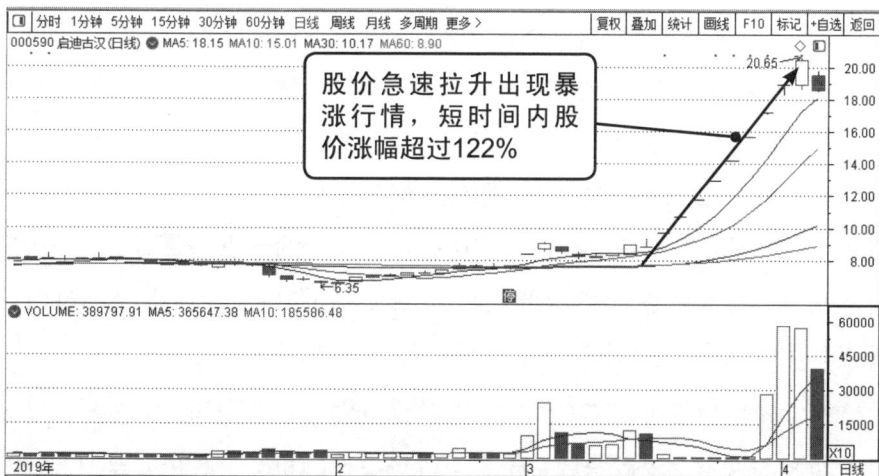

图 9-15 启迪古汉 2019 年 1 月至 4 月的 K 线走势

从图中可以看到，该股随后经历了一波快速拉升行情，整个拉升过程中，成交量极度地量，K 线出现连续跳空的一字涨停形态。短短几个交易日，股价就从 9 元附近上涨到 20 元以上，涨幅超过 122%。

NO.101 阶梯拉升

阶梯拉升是指股价先上涨一个阶段，然后横盘一个阶段，将那些没有耐心的持股者踢出局，而后主力再把股价拉高一段空间，同样又停下来进行横盘整理，如此反复，不断地把股价逐步推高，在整体上就呈现出一种阶梯形态。

一般而言，采用阶梯拉升的主力，通常有以下 3 类。

◆ 第一类是资金实力不足，控盘能力不强的主力，担心在拉升过程中顶不住市场上获利盘的抛压，因此采取这种循序渐进、稳扎稳打的方式拉高。

◆ 第二类主力性情较为温和，喜欢不温不火地做波段。

◆ 第三类主力可能因为保密工作做得不好，导致在股价拉升阶段出现大量的跟风盘，对后市股价继续拉升造成阻力，此时主力迫不得已，只能通过阶梯拉升的方式赶走盘中的跟风者，才能完成拉升操作。

在阶梯拉升过程中，每一次的拉抬，成交量会逐步温和放大，K 线图上也会时不时地出现中阳线或者大阳线。但是在横盘修整时，成交量要明显地缩小。并且在整个阶梯拉升过程中，每次拉升的高点都要高于前一次拉升的高点，每次调整形成阶梯时的低点都要高于前一次调整形成阶梯时的低点，从而让股价重心整体向上不断推进，完成拉升。

通常阶梯拉升过程不会只有一个阶梯就完成拉升操作，一般都会反复几次拉抬与调整，这就给散户带来了进场操作的机会，散户只要把握好时机进场便可以操作。具体的操作策略有以下两种。

◆ 对于技术功底扎实的投资者，此时可以在股价放量冲高回落，或者
放量收出阴线时，抛售手中的持股，从而规避横盘带来的调整风险。
在出现调整结束信号时再买进该股，通过在阶梯形成过程中高抛低
吸进行短线操作，赚取差价。

◆ 对于技术功底不扎实的投资者，在股价平台整理时，找准进场机会
后，就果断持股，不要轻易在主力的整理阶段被清理出局。但是一
定要时刻注意股价上涨的位置，一旦出现大幅上涨后，就要警惕主
力出货了。

实例分析

江铃汽车（000550）进入拉升阶段后，股价呈阶梯拉抬形态上涨

如图 9-16 所示为江铃汽车 2018 年 5 月至 12 月的 K 线走势。

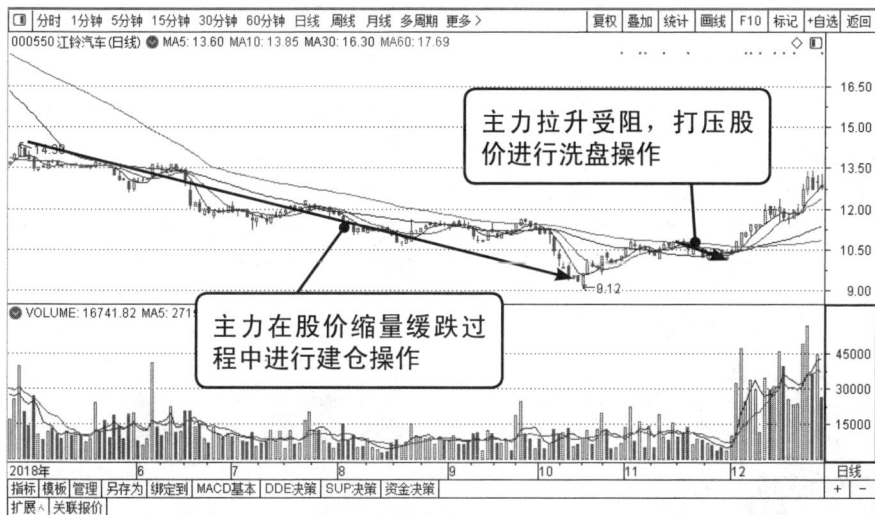

图 9-16 江铃汽车 2018 年 5 月至 12 月的 K 线走势

从图中可以看到，该股在大幅下跌的过程中，成交量逐步变小，说明
主力在股价缓跌过程中进行建仓操作。股价最终于 10 月中旬创出 9.12 元的

新低后止跌，随后股价逐步攀升。

在整个上涨过程中，股价始终受到 60 日均线的压力，说明盘中还存在大量抛压，主力趁机采用回落调整的方式进行洗盘操作，成交量快速缩小。最终该股在 11 月底止跌企稳，洗盘结束，随后股价放量被拉升进入上涨拉升阶段。

如图 9-17 所示为江铃汽车 2018 年 11 月至 2019 年 4 月的 K 线走势。

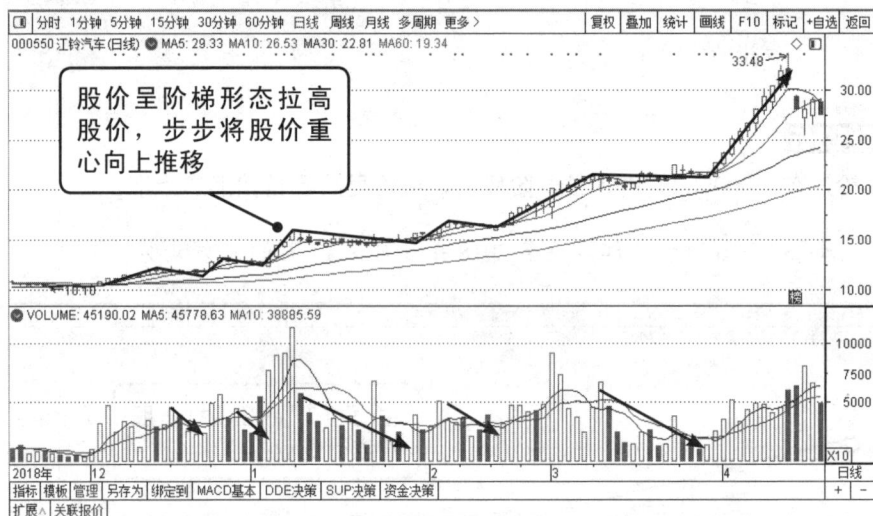

图 9-17 江铃汽车 2018 年 11 月至 2019 年 4 月的 K 线走势

从图中可以看到，该股从最低的 10 元附近被最高拉高到 33.48 元的高价。在整个拉升阶段中，呈现明显的阶梯形态，在每一次的拉升中，成交量都明显放量，在横盘或回落过程中，成交量均出现不同程度的缩小，股价重心被逐步向上推移。

在此轮上涨行情中，投资者在任何阶段跟庄，持股一段时间，均会获得不同大小的收益。

9.5 主力的出货手法

出货是主力变现的必经之路，是主力坐庄的最后阶段，也是收获果实的阶段。主力作为盘内巨额资金量的持有者，一旦撤资，对股价的打击是无法形容的。作为散户投资者，尤其在股价大幅上涨的末期，要谨慎跟庄。

下面介绍几种主力在高位常见的出货手法，投资者熟悉这些出货手法后，可以正确识别主力出货，从而跟庄撤离，避免高位追涨被套。

NO.102 拉高出货

庄家先拉抬股价，让投资者认为股价在拉升而纷纷买入，待股价见顶后，庄家开始大幅出货，这种先拉升股价再出货的方式就是拉高出货。

拉高出货就是主力通过用少量资金拉高股价，吸引散户投资者跟风买进，然后在高位出货。这种出货手法主要是主力利用人性的弱点，针对投资者盲目追高的心理，吸引散户投资者入局的把戏。通常，拉高出货令许多散户防不胜防，深受其害。

拉高出货有一个重要的前提，就是当前股价已经大幅上涨到股价的高价位区。对于什么时候是股价的高价位区，这主要与游资的风格、股票的概念、业绩以及盘子大小息息相关，不能一概而论。但是，一般情况下，股价从底部上涨接近一倍或出现翻倍行情的价位，散户都要谨慎追高了。

当股价在高价位区域时，投资者要密切关注股价的分时图，从分时图中可以辨别出主力拉高出货的意图。常见的主力拉高出货的分时图有以下几种。

◆ 个股在前一天出现涨停，第二天开盘后大量成交。开盘大量成交是资金出局的表现。除了分时图中股价快速上涨封涨停以外，遇到这种情况时，投资者都要极力回避。因为开盘大量成交都说明主力已经出局。除非当前的大盘环境非常好，主力才会有可能再次进场。一般是冲高也会回落，分时冲高回落也是出货的形态。

◆ 个股开盘时就出现几笔大单快速拉高股价，在随后股价回落时，也伴随着大量的成交量，此时也说明主力正在出货。所以不管在开盘还是盘中，一旦出现几笔大单快速拉高股价的情况，投资者都要谨慎追高。

◆ 股票当日基本以跌停的价格开盘，让散户随意拣货，当散户还沉浸在捡到便宜筹码的喜悦中时，次日主力便大幅杀跌，进行出货。所以投资者在股价的高价位区尽量不要买大幅低开的股票。

实例分析

开创国际（600097）大幅上涨后主力拉高出货，行情见顶回落

如图 9-18 所示为开创国际 2016 年 2 月至 2017 年 2 月的 K 线走势。

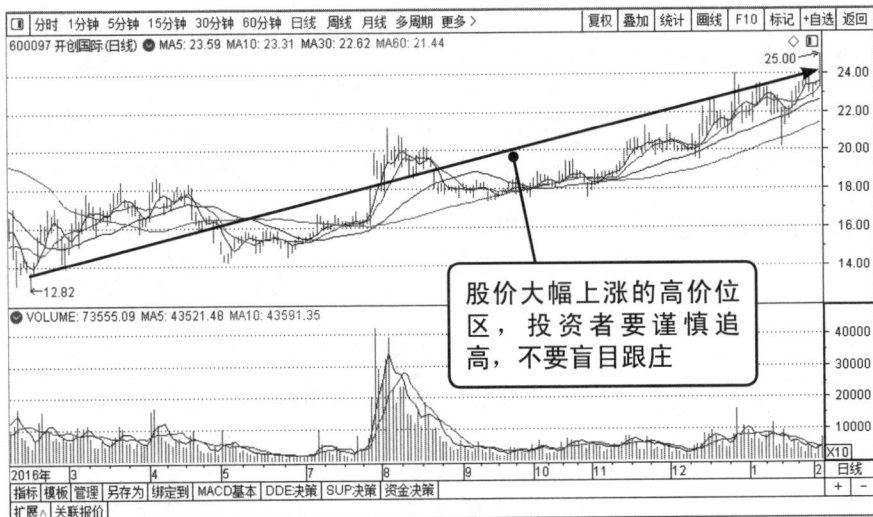

图 9-18 开创国际 2016 年 2 月至 2017 年 2 月的 K 线走势

从图中可以看到，该股在 2016 年 2 月创出 12.82 元的低价后，股价企稳回升步入长期震荡上涨的行情中，整个上涨时间持续了一年多，股价最高上涨到 25 元的高价，相对于上涨启动期的 12.82 元，股价上涨了 12.18 元，涨幅超过 95%。

虽然此时股价依托 5 日和 10 日均线，在向上的 30 日和 60 日均线上方震荡向上运行，但是投资者此时仍然要密切关注该股的分时图，警惕主力高位出货。

如图 9-19 所示为开创国际 2017 年 2 月 7 日和 8 日的分时走势。

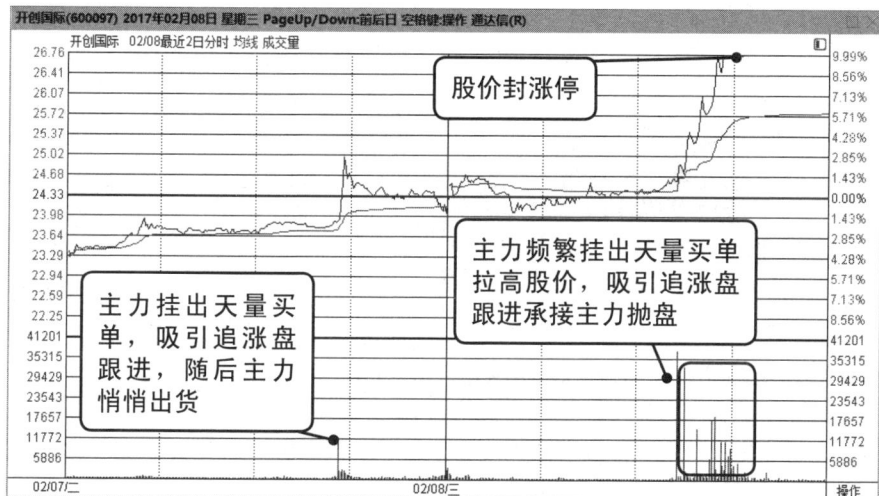

图 9-19 开创国际 2017 年 2 月 7 日和 8 日的分时走势

从图中可以看到，在 2 月 7 日当天，股价大幅低开后缓慢上涨，整个上涨过程中，成交量几乎没有，说明市场中出现惜售筹码，在 13:51 时主力挂出天量买单，让散户认为后市会继续上涨，从而纷纷进场，随后成交出现相对活跃，而主力测趁机悄悄出货。

次日，股价开盘后，股价始终窄幅波动变化，成交量同样是极度地量，在 13:25 后，主力频繁挂大单将股价快速拉高，吸引追涨盘继续追进，承接主力的抛盘，当日 14:00 后股价封涨停，成交量再次出现极度地量。

通过这两日的分时图可以明显看到，主力拉高出货的意图，投资者此时最好抛售出局，落袋为安。

下面继续观察该股后市的分时图。如图 9-20 所示为开创国际 2017 年 2 月 9 日和 10 日的分时走势。

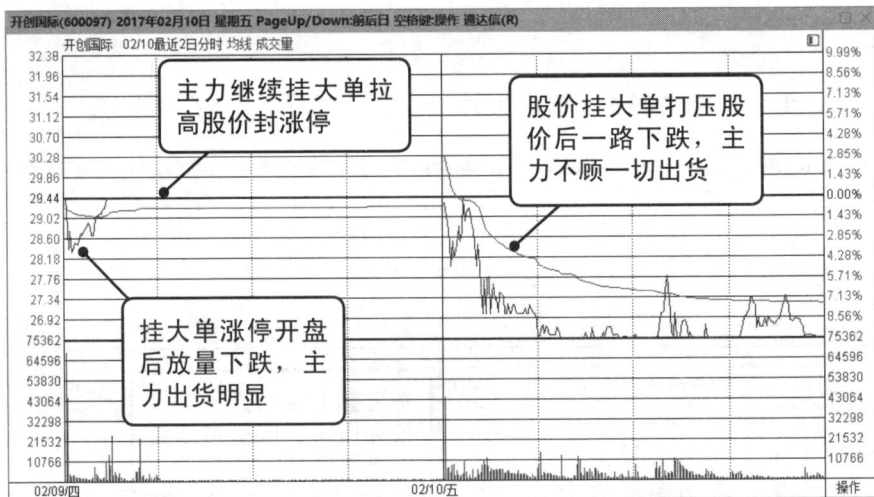

图 9-20 开创国际 2017 年 2 月 9 日和 10 日的分时走势

从图中可以看到，在 2 月 9 日当天，股价挂大单涨停开盘后股价大幅回落，在整个回落过程中，成交量也是明显的巨量，主力出货明显。为了让追涨盘来不及反应，主力很快使用小量拉高股价打到涨停板后封涨停，营造股价继续向好的假象。

次日该股开盘时，主力继续挂大单，但是高开后，股价一路震荡下跌，成交活跃，主力不顾一切出货，当日以跌停板放巨量收出大阴线。如果此时投资者还未出局，或者还未作出离场的计划，则在后市的下跌过程中将损失惨重。

如图 9-21 所示为开创国际 2017 年 2 月至 6 月的 K 线走势。

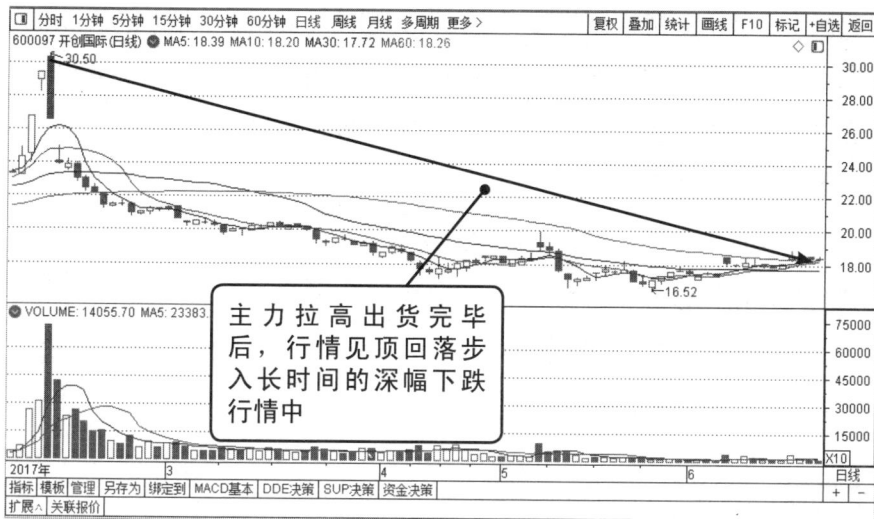

图 9-21 开创国际 2017 年 2 月至 6 月的 K 线走势

从图中可以看到，该股在 2 月 10 日当天收出巨量大阴线后，股价一路下跌，完全不给散户任何机会，投资者晚一天出局，就多一天的损失。

事实上，此轮下跌一直持续到 2018 年 10 月左右，才在 8.5 元左右止跌。可见，如果投资者在股价高价位区，没有分析出主力拉高出货的手法，没有来得及离场，将在后市的深幅下跌过程中被深度套牢。

NO.103 横盘出货

主力在将股价拉高到目标价位后，就会开始派发手中的筹码。高位横盘整理出货是主力派发的一种常见手段。这种出货方式由于短期快速拉升，然后在一定区间内震荡，给投资者造成一种震荡洗盘、蓄势的假象，很容易迷惑散户投资者。

由于主力在此时是以出货为目的，因此在盘中也表现得异常活跃，常常做出各种各样的假突破姿态，以此来引诱跟风盘。但是，在整个横盘出货的过程中，主力手中的筹码逐步被分散到散户手中，导致盘面浮动筹码日趋沉重，股价走势也日趋疲软。在失去控盘能力后，当股价跌至横盘位置的支撑位时，主力主动护盘的能力也会越来越弱。当主力派发接近尾声或者派发完毕后，主力会失去护盘的能力，股价跌破横盘的低位，后市见顶回落步入下跌行情。

与横盘洗盘不同的是，在横盘出货的过程中，成交量始终不能萎缩，尤其当股价接近移动平均线，且 5 日、10 日、30 日、60 日均线黏合在一起时，就是变盘的信号。如果随后均线系统调头向下时，变盘的概率就更大，投资者此时一定要果断抛售，落袋为安。

实例分析

长春一东（600148）翻倍上涨后主力横盘出货，行情见顶

如图 9-22 所示为长春一东 2016 年 6 月至 2017 年 2 月的 K 线走势。

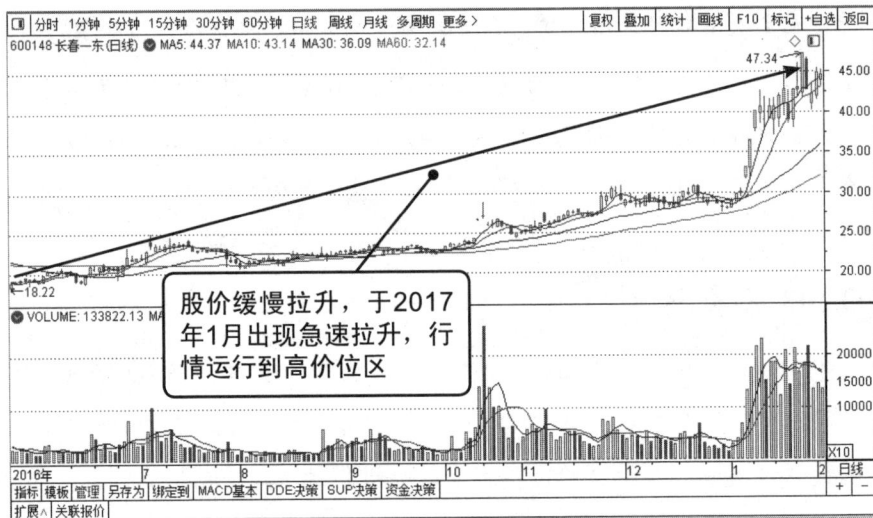

图 9-22 长春一东 2016 年 6 月至 2017 年 2 月的 K 线走势

从图中可以看到，该股在 2016 年 5 月的 18.22 元开启了上涨行情，随后股价缓慢攀升，在 2017 年 1 月，出现放量，急速拉高股价，并在 1 月 24

日创出 47.34 元的高价，至此，股价上涨了 29.12 元，涨幅接近 160%。

在翻倍行情的高价位区域，持股投资者要谨慎持股，持币投资者不要盲目追高，要仔细分析每日的股价走势情况。单从 1 月 24 日当日的 K 线图来看，该股当日以涨停板收出大阳线，且各均线系统呈多头排列，呈现涨势良好的形态。而从当日的分时图却可以发现主力出货的意图，下面来看看当日的分时走势。

如图 9-23 所示为长春一东 2017 年 1 月 24 日的分时走势。

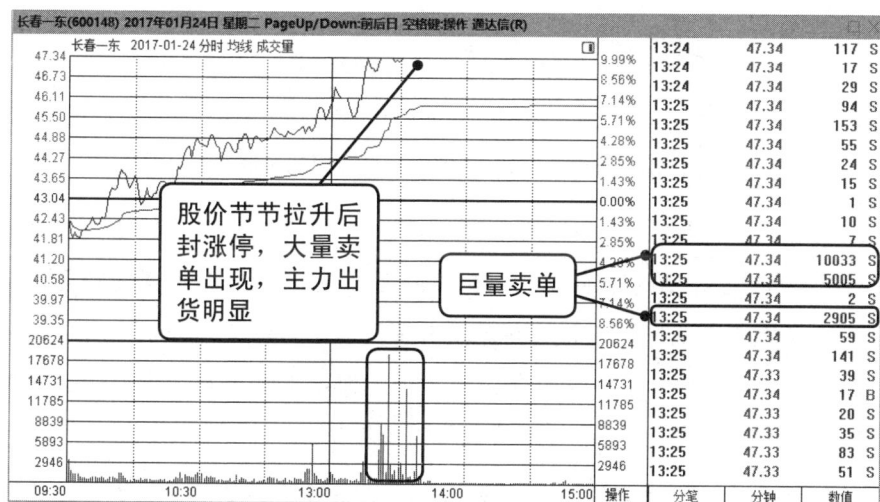

图 9-23 长春一东 2017 年 1 月 24 日的分时走势

从图中可以看到，该股当日挂大单低开，随后该股震荡被节节拉高，在早盘临近收盘时，主力大量挂出买单，吸引跟风者追涨。

下午开盘后，该股的成交量仍然不大，将股价步步拉高，并最终打到涨停板，创出 47.34 元的最高价。观察此时的分笔交易情况，明显出现卖单，尤其在 13:25，更是出现连续的巨量卖单，主力借机出货意图显而易见。

如图 9-24 所示为长春一东 2017 年 1 月至 6 月的 K 线走势。

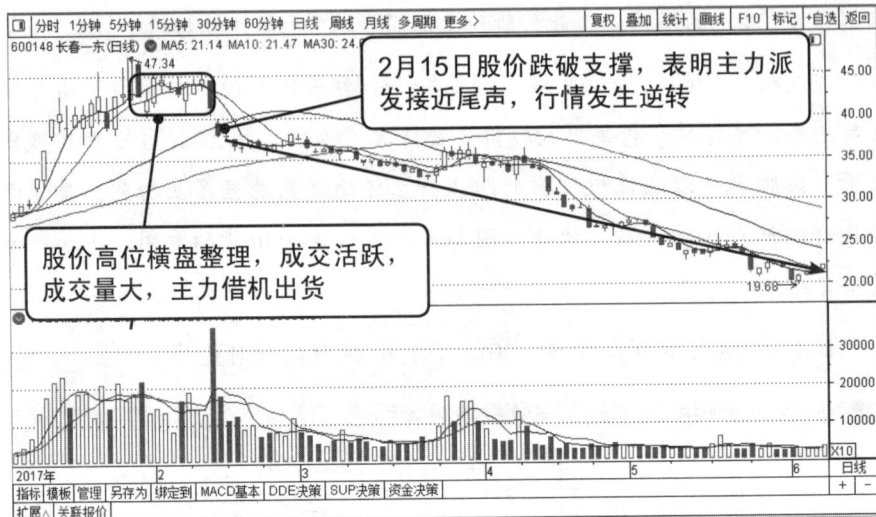

图9-24 长春—东2017年1月至6月的K线走势

从图中可以看到，该股在创出47.34元的高价后，该股出现横盘整理，股价受到45元价位线的压制，始终在40元至45元的价位区间波动变化。观察对应的成交量，此时并没有出现明显的缩量，但是相对于前期的长期拉升阶段来说，此时的成交量仍然非常大。因此更加确定了主力借助横盘整理走势在高位悄悄出货，投资者最好离场观望。

在2月14日，股价出现巨量大阴线，次日股价放量低开低走，继续拉低股价跌破40元的支撑位并下穿30日均线，说明主力派发接近尾声，此时已无力护盘，后市看跌，下跌行情来临了，投资者要果断清仓。否则在后市的漫漫跌势中，将损失惨重。